45 Weißensteiner Almenrunde
46 Aldeiner Almenrunde
47 Krabesalm
48 Auener Alm und Öttenbacher Alm
49 Genterer Alm
50 Ebenbergalm
51 Getrumalm
52 Haniger Schwaige und Plafötschalm
53 Hoferalpl und Tuffalm
54 Mahlknechthütte
55 Zallingerschwaige
56 Stöfflhütte
57 Almen Juac und Stevia
58 Broglesalm
59 Almen auf Gschnagenhardt
60 Glatschalm und Dussleralm
61 Kaserillalm und Gampenalm
62 Aferer Almen
63 Ochsenalm
64 Kreuzwiesenalm
65 Almgebiet von Starkenfeld
66 Zirmaitalm
67 Wumblsalmen
68 Klammalm
69 Wurzeralmen und Schneideralm
70 Gewingesalm und Martalm
71 Aglsalm
72 Telfer Almen
73 Alrißalm
74 Ziroger Alm und Enzianhütte
75 Grubbergalm
76 Simile-Mahd-Alm
77 Ronerhütte
78 Fane-Alm
79 Almen im Altfaßtal
80 Englalm
81 Alm Kleinfanes
82 Fodara Vedla und Senes
83 Schönbergalm
84 Niederhoferalm
85 Wollbachalm
86 Bruggeralm und Rötalm
87 Durra-Alm und Knuttenalm
88 Angereralm und Lanzwiesenalm
89 Grünwaldalm und Hochalm
90 Grente-Alm
91 Kumpfleralm
92 Schwörzalm
93 Steinzgeralm
94 Taistner Vorderalm
95 Versell
96 Stumpfalm und Kaseralm
97 Uwaldalm
98 Silvesteralm
99 Klammbachalm
100 Nemesalm

Südtiroler Almen

100 schöne Wanderungen

Hanspaul Menara

Südtiroler Almen

100 schöne Wanderungen

VERLAGSANSTALT ATHESIA | BOZEN

BENUTZERHINWEIS
Alle Angaben in diesem Wanderführer wurden vom Autor sorgfältig recherchiert. Sollten Sie bei Ihren Wanderungen dennoch Unstimmigkeiten bemerken, nimmt der Verlag Ihre Hinweise gerne entgegen (buchverlag@athesia.it). Die Benutzung dieses Wanderführers erfolgt auf eigenes Risiko. Eine Haftung für etwaige Unfälle und Schäden wird weder vom Autor noch vom Verlag übernommen.

BIBLIOGRAFISCHE INFORMATION DER DEUTSCHEN NATIONALBIBLIOTHEK
Die Deutsche Nationalbibliothek verzeichnet diese Publikation in der Deutschen Nationalbibliografie; detaillierte bibliografische Daten sind im Internet abrufbar: http://dnb.d-nb.de

UMSCHLAGBILD
Blick von der Seiser Alm zu den nordseitigen Grödner Bergen

BILD SEITE 2
Almgebiet am Südhang der Plose mit Blick zum Peitlerkofel

BILD SEITE 6
Feuerlilie auf den Bergwiesen von Kolfuschg

BILD SEITE 8
Die Murmeltierhütte auf der Seiser Alm; darüber der Plattkofel

BILD SEITE 11
Die Dussleralm in Villnöß unter den Geislerspitzen

2012

Umschlagfoto: SMG – Clemens Zahn
Fotos: Hanspaul Menara
Wegkarten: © by Kompass-Karten GmbH
Karl-Kapferer-Straße 5, A-6020 Innsbruck
Lizenznummer: 01-0412-LVB
Übersichtskarte: Heinz Matthias, Neumarkt
Design & Layout: Athesia Verlag
Druck: Athesia Druck, Bozen

ISBN 978-88-8266-831-0

www.athesiabuch.it
buchverlag@athesia.it

Inhaltsverzeichnis

Wipptal

Pustertal, Gadertal, Tauferer-Ahrntal

das würzige Bergheu gewonnen. Die im vorliegenden Buch abgedruckten Bilder mögen das Gesagte belegen.

Das Buch kann selbstverständlich nur ein kleines Streiflicht auf das Thema Almen werfen. Aber vielleicht vermag es doch, die oben angesprochene Vielfalt vor Augen zu führen und dazu anzuregen, die faszinierende Welt der Südtiroler Almen selbst zu erwandern und zu erleben.

Hanspaul Menara

Die Mastaunalm im Schnalstal

SPORT
ALLIANCE
the way for sport

bezügliche Informationen gerade in Bezug auf die Almen einem besonders raschen Wandel unterworfen sein können. Wer kann schon mit Bestimmtheit sagen, was der nächste Sommer für welche Alm bringen wird. Wer diesbezüglich auf Nummer sicher gehen will, sollte daher vor Antritt der Almwanderung im Tal entsprechende Erkundigung einholen.

Im Vordergrund des Buches steht, wie bei einem Wanderführer auch nicht anders zu erwarten, der landschaftliche Aspekt. Verbinden wir doch mit dem Begriff Alm, wie eingangs angedeutet, die Vorstellung von blühenden Bergwiesen, von friedlich weidendem Vieh, das aus Rindern, aber auch aus Pferden, Schafen und Ziegen bestehen kann, von malerischen Almhütten, alles zusammen schön sonnig gelegen und von einer erhabenen Hochgebirgswelt umrahmt. Hinzu kommen in unserer Vorstellung dann natürlich auch frische Kuhmilch, würziger Bergkäse und schön gelbe Almbutter, gemütliche Einkehr und freundliche Almleute, möglichst bestehend aus dem bärtigen Senner, der feschen Sennerin und dem lustigen Hütbuben.

Dieses Klischee ist nicht völlig aus der Luft gegriffen, und so manches vom Genannten kennzeichnet tatsächlich viele Almen. Allerdings gibt es zwischen den einzelnen Almen auch erhebliche Unterschiede. Ist schon die Bergumrahmung äußerst vielgestaltig und unterschiedlich, so gilt dasselbe für die Aussicht, für das Almgelände, für die Hütten, für die Almleute, für den Grad der Modernisierung oder für die Bemühung, Althergebrachtes zu bewahren. Und es gilt für die Lage der Almen, für ihre Größe, für die Betriebsform und die Besitzverhältnisse.

»Die« Alm schlechthin also gibt es nicht. Jede hat ihre Eigenheiten und Besonderheiten, aber es ist gerade diese Vielfalt, die das Gesamtbild der Almlandschaft so anziehend und das Almwandern so faszinierend macht. Jede Almwanderung ist anders, jeder Schritt wartet mit Neuem auf.

Zum Bild der Almen und zu ihrer Vielfalt gehören nicht zuletzt auch die vielen Almsagen, der reiche Namensschatz, auch das Wissen darum, dass das hochalpine Grünland in seiner heutigen Form nicht allein von der Natur bereitgestellt wurde, sondern teilweise auch das Ergebnis mühevoller Rodungs- und Entsteinungstätigkeit ist. Und wenn wir über die Geschichte der einzelnen Almen auch weit weniger gut Bescheid wissen als über die der tiefer gelegenen Kulturlandschaft, so gewähren uns zumindest bei größeren Almgebieten die schriftlichen Quellen doch den einen und anderen Einblick in das Almleben von einst, in die Rechtsgewohnheiten, die Bewirtschaftungsformen, die Streitfälle und was sonst mit der Geschichte der Almen zusammenhängt. So werden Almbestand, Almleben und Almwirtschaft auch zu einem interessanten Bereich der bergbäuerlichen Kulturgeschichte.

Vieles vom Althergebrachten hat sich gewandelt, manches von den einstigen Almtraditionen ist zum Teil oder zur Gänze erloschen, so manche Hochalm ist auch aufgelassen. Dennoch bildet die Almwirtschaft für sehr viele Bergbauern immer noch einen festen Bestandteil der Landwirtschaft. Nach wie vor trifft man bewirtschaftete Almen und die Freiheit des Bergsommers genießende Weidetiere an, nach wie vor werden da oben Milchprodukte hergestellt, nach wie vor wird da und dort

Zu diesem Buch

Wie schon der Titel des Buches zum Ausdruck bringt, handelt es sich nicht um eine wissenschaftliche Abhandlung über die Almwirtschaft in Südtirol, sondern um ein Wanderbuch. Denn Almen gehören zu den schönsten Wanderzielen der alpinen Landschaft. Zwischen den bewaldeten Talflanken und dem felsigen Hochgebirge gelegen, wird der Charakter der Alm von grünen Grasmatten, einfachen Hütten und einer oft großartigen Bergszenerie bestimmt; und die Länge der Zugänge hält sich in Grenzen, sodass Almwanderungen in den meisten Fällen auch Wanderungen für Jung und Alt sind.

Dieser alpine Grünstreifen, der sich, wenn wir uns die Berglandschaft aus der Vogelperspektive betrachtet vorstellen, wie ein Band rund um die Täler legt, sich aber manchmal auch zu ausgedehnten Flächen verbreitert, wurde bereits vor sieben-, acht- oder gar neuntausend Jahren sommersüber von mittelsteinzeitlichen Jägergruppen aufgesucht und dann von der Jungsteinzeit bis zum heutigen Tag von den sesshaften Bergbauern als Weidegebiet genutzt.

Dadurch, dass der Bergbauer sein Vieh oder zumindest einen Teil davon den Sommer über auf die Alm bringt, spart er viel von dem im Hofbereich mühsam geernteten Futter; und so ermöglicht die Alm gerade auch dem Kleinbauern die Haltung eines etwas größeren Viehbestandes. Das Gras mancher Bergwiesen wird auch gemäht und liefert ein besonders würziges Heu, und auf vielen Almen gesellt sich zur rein landwirtschaftlichen Nutzung ein bescheidener gastgewerblicher Betrieb. Dieser Zuerwerb hat in den letzten Jahren zwar zugenommen, doch ist er keine Erfindung unserer Tage. Denn schon als das Wandern und Bergsteigen im 19. Jahrhundert anfing, zu einer beliebten Freizeitbeschäftigung zu werden, erfüllten viele Almhütten auch eine gewisse Schutzhütten- oder Gasthausfunktion – wenn auch in einer äußerst einfachen Form.

Jedenfalls stellt das Buch hauptsächlich solche Almen vor, die einerseits landschaftlich lohnende Wanderziele darstellen, andererseits aber auch bewirtschaftet sind und mit einer Gastschenke aufwarten, in der dem Besucher nicht selten auch so mancher kulinarische Leckerbissen aus der alpenländisch-bäuerlichen Küche angeboten wird, die teilweise in ganz Südtirol einheitlich ist, teilweise aber auch von Talschaft zu Talschaft ihre Unterschiede und Besonderheiten aufweist. So gibt es bespielsweise Gebiete, auf deren Almen man den sogenannten Graukäse herstellt, während man ihn in anderen Gebieten wieder nicht kennt; ebenso besitzt fast jede Talschaft ihre eigenen Teigwaren, und manche Sennerin oder »Almköchin« hat sogar ihren eigenen hochalpinen Gemüsegarten vor der Hütte und ihre persönlichen Geheimrezepte für die Herstellung von Fleisch-, Mehl- und Eierspeisen in der Schublade. Und neben den »Allerweltsgetränken« gibt es auch »Almspezifisches«, vorab natürlich die herrliche Almmilch, die wirklich noch von »glücklichen« Kühen stammt, da und dort auch Ziegenmilch und, manchmal als Begrüßungstrunk gereicht, ein mit den jungen Zapfen der Legföhren angesetztes »Latschenschnapsl«.

Aber wenn der Wanderer auch auf den meisten der in diesem Buch vorgestellten Almen einkehren kann und bewirtet wird, so versteht sich das Buch nicht als Gaststättenführer, zumal dies-

Murmeltier im Gebiet der Klammbachalm

In touristischer Hinsicht kann die Alm als Stützpunkt am Aufstieg zur Hollbrucker Spitze im Karnischen Hauptkamm betrachtet werden oder auch als Rastort an einer, die ganze Sextner Ostseite durchquerenden Höhenroute, uns ist sie hingegen bereits Ziel und Krönung des bequemen Weges, der von Moos durch die Waldhänge ansteigt, über deren Wipfel in immer umfassenderer Pracht die Felszacken der Sextner Dolomiten aufragen, bis sich diese wirklich unvergleichliche Felsarena dann im Bereich der Klammbachhütte dem Wanderer in ihrer ganzen Mannigfaltigkeit zeigt.

Wegverlauf: Bei der Kirche von Moos im Sextental (1337 m) auf der kurzen Nemesstraße ostseitig zwischen den Häusern hinauf, dann auf dem breiten Forstweg (Mark. 13) zuerst kurz durch Wiesen und dann stets durch Wald durchwegs nur leicht ansteigend hinauf bis zur Weggabel, an der links der breite Weg zur Klammbachalm abzweigt; auf diesem nun dem Wegweiser »Klammbachalm« folgend in etwa ½ Std. durch Wald und Bergwiesen mäßig ansteigend hinauf zur Klammbachalm (1944 m; Ausschank); ab Moos gut 2 Std.
Der Abstieg erfolgt auf dem Anstiegsweg (1½ Std.) oder auf längeren Alternativrouten, die der Wanderkarte entnommen werden mögen.

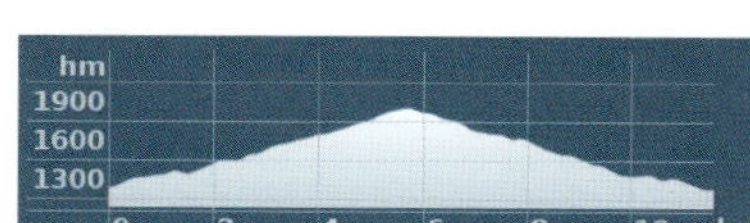

Pferde auf der Nemesalm gegen die Sextner Dolomiten (Dreischusterspitze)

Zur Nemesalm 1877 m

Waldwanderung vom Kreuzberg aus

100

Orientierung und Schwierigkeit
Für etwas gehgewohnte Wanderer leicht und problemlos

Karten 1 : 50.000
Kompass, Blatt 58 (Sextener Dolomiten); Freytag-Berndt, Blatt S 10 (Sextener Dolomiten – Ampezzo – Marmarole)

3 Std. | 7,5 km | 250 Hm

Die ausgedehnte Nemesalm, auf der sich im Sommer die Wiesen und Alpenrosensträucher zu einem wahren Blütenmeer entfalten, liegt am Westhang des Karnischen Hauptkammes, und das heißt, dass sich ihr gegenüber die östliche Seite der Sextner Dolomiten erhebt. Hier also sanft geformte, gewellte Böden, dort dagegen schroffe, senkrechte Zacken, Türme und Wände.

Die Nemesalpe gehört aber auch zu den geschichtsreichsten Almen Südtirols, und sie übertrifft in dieser Hinsicht so manche andere Alm. Menschliche Anwesenheit vor Jahrtausenden ist durch mittelsteinzeitliche Funde belegt, hinzu kommt aus der Bronzezeit auch eine große Lanzenspitze, und aus der Eisenzeit stammt offenbar der Name, der auf das keltische »nemeton« (Weide) zurückgeführt wird; und auch urkundlich scheint die Alm bereits im Jahre 965 auf (sofern die entsprechende Urkunde echt ist).

Die Alm ist also zweifellos ein uraltes Weidegebiet, und auch die Heugewinnung spielte sicher schon früh eine Rolle.

Alpenrosen auf der Nemesalm in Sexten

Noch heute herrscht reges Leben und Treiben da oben gegenüber den einzigartigen Sextner Dolomiten. Doch das alles verwundert nicht. Denn die Alm ist immerhin gut tausend Hektar groß, heute noch weiden im Sommer an die 700 Stück Vieh da oben, und zur Alm gehört eine stark besuchte Gastschenke. Doch trotz alledem hat diese herrliche weite Landschaft, abgesehen von den Almgebäuden und dem Güterweg, keine nennenswerten Eingriffe durch den Menschen über sich ergehen lassen müssen.

Als landschaftlich und naturkundlich besonders hübsche Alternative zum Hauptweg, der von Moos heraufführt, schlage ich nachfolgend den Weg vor, der vom Kreuzbergpass her durch schöne Waldungen mit dazwischen eingelagerten Furchen und Hochmooren führt und vor allem dem Naturfreund zu empfehlen ist.

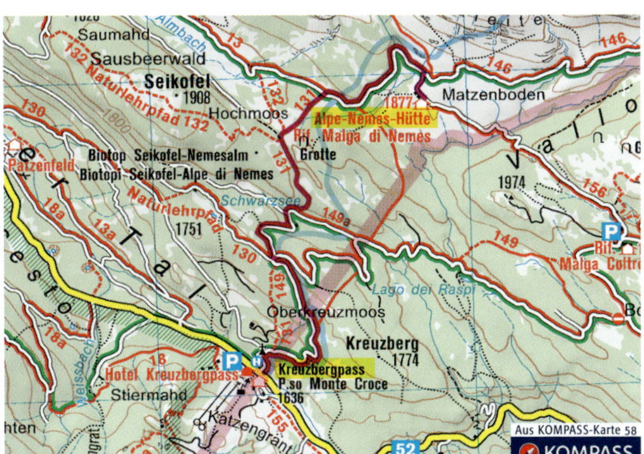

Wegverlauf: Vom Kreuzbergpass (1636 m; Straße von Sexten herauf, Gastbetriebe, großer Parkplatz) den Wegweisern »Nemesalm« und der guten Markierung 131 folgend durch Wald mäßig ansteigend und vorbei an einer Michaelskapelle zu einem länglichen Moor, weiter zu einem Waldrücken, jenseits auf Forstweg in Kehren ein Stück abwärts zu einem langen Moortal, danach wieder hinauf zu einem Waldrücken und zum Rand eines weiteren länglichen Moors; dort rechts auf längerem Knüppelsteg über das Moor und durch Wald zu dem von Moos heraufkommenden Güterweg und teils auf diesem, teils auf Abkürzungsweg hinauf zur Nemesalm (1877 m; Almgaststätte; ab Kreuzbergpass 1½ Std.).

Rückkehr zum Ausgangspunkt: Auf dem beschriebenen Hinweg; ähnliche Gehzeit.

Literaturhinweis

eine Auswahl

Außerer, Karl: »Castlrutterische Seiser Albm Zetl«. Die älteste Aufzeichnung der Seiseralpen-Ordnung, in: Der Schlern, Jg. 1930, S. 280

Beikircher, Werner – **Hellweger,** Karl: Alpinführer Tauferer-Ahrntal, Bozen 1987

Bernhart, Udo – **Laner,** Jul Bruno: Seiser Alm; Stuttgart 1997

Dondio, Willy: Schutzhütten in Südtirol, Calliano 1988

Fink, Hans: Die Pfistrader Alm, in: Der Schlern, Jg. 1983, S. 320

Fink, Hans: Wanderlandschaft Südtirol – volkskundlich erforscht, erlebt und erzählt, Bozen 1983

Fischer, Klaus: Die Passeirer Gerichtsalmen, in: Der Schlern, Jg. 1972, S. 445

Grass, Nikolaus: Aus der Rechtsgeschichte der Seiser Alm, in: Der Schlern, Jg. 1986, S. 293

Heyl, Johann Adolf: Volkssagen, Bräuche und Meinungen aus Tirol, Brixen 1897 (Faksimiledruck, Bozen 1989)

Hilscher, Herbert: Ergebnisse einer Almerhebung in Südtirol, Bozen 1967

Jung, Gabriele: Die Almwirtschaft des Ultentales, in: Der Schlern, Jg. 1985, S. 255

Keim, Maike: Kulturgeographie des Schnalstales, Innsbruck 1971

Kübler, Peter: Fanes – Wandern durch Geschichte und Landschaft, Bozen 1989

Laner, Jul Bruno – **Bernhart,** Udo: Seiser Alm, Stuttgart 1997

Langes, Gunther: Burggrafenamt und Meran, Bd. 4 der Reihe Südtiroler Landeskunde, Bozen 1989

Langes, Gunther: Überetsch und Bozner Unterland, Bd. 3 der Reihe Südtiroler Landeskunde, Bozen 1990

Lunz, Reimo: Archäologie Südtirols, Calliano 1981

Mahlknecht, Bruno: Südtiroler Sagen, Bozen 1981

Mayr, Christoph – **Ortner,** Peter: Südtiroler Naturführer, Bozen, 1977

Menara, Hanspaul: Handbuch der Südtiroler Wanderwege, 2 Bde, Bozen 1993, 1999

Menara, Hanspaul: Silexfund aus dem Mastauntal (Schnals), in: Der Schlern, Jg. 2000, S. 852

Menara, Hanspaul: Südtiroler Gipfelwanderungen, Bozen 1999

Menara, Hanspaul: Südtiroler Höfewanderungen, Bozen 2003

Menara, Hanspaul: Südtiroler Höhenwege, Bozen 1997

Menara, Hanspaul: Südtiroler Schutzhüttenwanderungen, Bozen 2001

Menara, Hanspaul: Südtiroler Seenwanderungen, Bozen 1999

Ortner, Peter – **Mayr,** Christoph: Südtiroler Naturführer, Bozen 1977

Pauli, Ludwig: Die Alpen in Frühzeit und Mittelalter, München 1980

Rademacher, Reinhard: Silexfund auf der Seiser Alm, in: Der Schlern, Jg. 1995, S. 188

Rampold, Josef: Bozen, Bd. 7 der Reihe Südtiroler Landeskunde, Bozen 1985

Rampold, Josef: Eisacktal, Bd. 5 der Reihe Südtiroler Landeskunde, Bozen 1996

Rampold, Josef: Pustertal, Bd. 2 der Reihe Südtiroler Landeskunde, Bozen 1998

Rampold, Josef: Vinschgau, Bd. 1 der Reihe Südtiroler Landeskunde, Bozen 1991

Richter-Santifaller, Bertha: Beiträge zur Ortsnamenkunde der Seiser Alpe, in: Der Schlern, Jg. 1934, S. 130, und Jg. 1935, S. 21

Stemberger, Hans: Die Nemes-Alpe, in: Der Schlern, Jg. 1949, S. 53

Südtiroler Gebietsführer, zahlreiche Bände im Taschenbuchformat, Bozen ab 1972
Wachtler, Michael – **Stingl,** Volkmar: Dolomiten – Das Werden einer Landschaft, Bozen 1998
Werner, Karl Heinz: Die Almwirtschaft des Schnalstales (= Veröffentlichungen der Universität Innsbruck 20), Innsbruck 1969
Zingerle, Ignaz Vinzenz: Sagen aus Tirol, Innsbruck 1891 (photomechan. Neudruck, Graz 1969)

Register

Unsere Welt. Unser Bier.
Die Biere der Spezialbier-Brauerei Forst entstehen dort, wo die Natur noch ihren Lauf nimmt. So brauen wir das Bier hier ausschließlich aus erstklassigen Rohstoffen, wie dem weltbesten Hopfen oder geheimen Hefekulturen. Klares Bergwasser, saubere Luft sowie die einzigartigen und unnachahmbaren Landschaften Südtirols: das sind die Elemente, die dem Forst Bier seit jeher seinen unverfälschten Geschmack verleihen. www.forst.it
SPEZIALBIER-
BRAUEREI
FORST
BIRRA-BIÈRE-BEER-BIER

Entdecke Südtirol
sentres.com
Works with iPhone
ANDROID
Touren finden und mitnehmen. Dein digitaler Begleiter für Südtirol. Mit topografischer Südtirol Karte – online und offline!

Vinschgau

Weidevieh auf der Reschner Alm

Zur Reschner Alm 2000 m

Sennalm und Gastschenke über dem großen Stausee

Blickt man von Reschen nordwestlich hinauf gegen den markanten Bergaufbau des Piz Lat, kann man zwei Gebäude erkennen, die fast aussehen wie ein kleiner Paarhof; um einen solchen handelt es sich allerdings nicht, sondern um die Almgebäude der Reschner Alm, die erst 1979 erbaut wurden, nachdem die eine Viertelstunde höher gelegenen früheren Almhütten schon längst verfallen waren.

Auf dieser sozusagen neuen, in 2000 Meter Höhe gelegenen Alm, einer Gemeinschaftsalm der Fraktion Reschen, weiden im Hochsommer 80 Milchkühe – nicht wenige in einer Zeit, in der auf sehr vielen Almen fast nur noch Galtvieh gesömmert wird und höchstens ein Paar Milchkühe für den Eigenbedarf gehalten werden. Käse bereitet wird auf der Reschner Alm zwar nicht, aber dafür wird viel Milch an die Sennerei geliefert.

Die Almwirtschaft und die Gastschenke sind getrennt, wie man das heute auch anderwärts antrifft; so brauchen die Bewirtschafter der Alm sich nicht um die Gäste zu kümmern, und

1

Orientierung und Schwierigkeit
Für etwas gehgewohnte Wanderer leicht und problemlos
Karten 1:50.000
Kompass Blatt 52 (Vinschgau); Freytag-Berndt Blatt S 2 (Vinschgau – Südliche Ötztaler Alpen)

2 ½ Std.	6,8 km	503 Hm

Die Hütten der Reschner Alm gegen Klopaierspitze und Reschensee

die Pächter der Gastwirtschaft müssen sich nicht mit dem Vieh und der entsprechenden Arbeit abgeben. So bleibt denn die Gastwirtschaft bei gutem Wetter im Herbst, wenn die Lärchen in ihren leuchtenden Farben besonders schön in den dunkelblauen Himmel ragen und auch die Aussicht besonders klar ist, auch länger bewirtschaftet, während das Almvieh schon Mitte September zu Tal geht.

Die Almzufahrt führt von der Rojener Straße her, und wer es besonders bequem haben will, erwandert sich die Alm auf diesem Weg. Aber das wäre höchstens ein Spaziergang und keine richtige Wanderung. Und landschaftlich ist es ohnehin hübscher, von Reschen abseits der Straßen durch die Wald- und Wiesenhänge anzusteigen.

Wegverlauf: Vom nordwestlichen Dorfrand von Reschen (1497) stets der Beschilderung »Reschner Alm« und der Markierung 5 folgend zunächst auf dem zum Fallierteck führenden Sträßchen westseitig durch Wiesenhänge eine knappe halbe Stunde hinauf, bis rechts der Fußweg 5 abzweigt (ca. 1650 m; Wegweiser), und dann auf diesem großteils durch Waldhänge bzw. am Rand von Wiesen teilweise in Kehren hinauf zur Reschner Alm (2000 m; Ausschank; ab Reschen 1½ Std.).
Abstieg wie Aufstieg, gut 1 Std. Längere Alternativabstiege mögen evtl. der Karte entnommen werden.

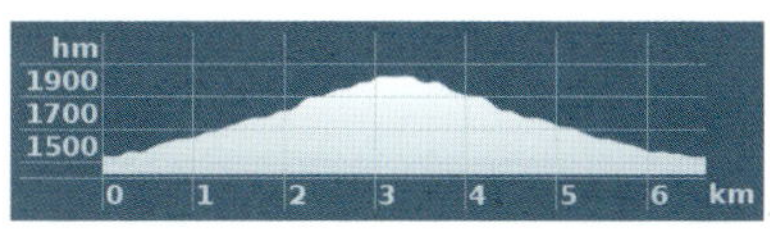

Auf den Planeiler Bergwiesen gegen die westlichen Vinschgauer Berge

Zur Planeiler Alm 2069 m

Vom Dorf Planeil zum Weidegebiet auf »Furgles«

Das ziemlich lange Planeiltal mündet oberhalb von Mals von Nordosten her auf die Malser Haide aus. Im äußeren Teil dieses Hochtales liegt sonnseitig das Dörfchen Planeil, das ganze übrige Planeiler Tal ist heute aber unbesiedelt, denn der Petesetteshof, der einzige ehemalige Bauernhof im Talinneren, ist längst abgekommen.

Nicht abgekommen hingegen ist die Planeiler Alm am Sonnenhang des Planeiler Westkammes, und so darf das Vieh nach wie vor da oben die Freiheit des Bergsommers genießen.

Diese Alm, deren alter Name auch Furgles-Alm lautet, ist unser Wanderziel. Dabei behalten wir uns den alten Fußweg, der ziemlich gerade zur Alm ansteigt, für den Abstieg vor und wählen für den Aufstieg die bequemen Güterwege, die uns zuerst ein gutes Stück neben der rauschenden Puni, dem Planeiler Talbach, ins einsame Planeiltal führen und von dort nur mäßig steil zur Alm ansteigen.

Dabei kommen wir am Standort des genannten einstigen Petesetteshofes vorbei, und wir durchwandern Wiesenböden und Hochmoore, die von einer ganzen Reihe stolzer Berggipfel umstanden werden.

2

Orientierung und Schwierigkeit
Für etwas gehgewohnte Wanderer in jeder Hinsicht leichte und problemlose Rundtour; die Wege gut beschildert

Karten 1:50.000
Kompass, Blatt 52 (Vinschgau);
Freytag-Berndt, Blatt S 2
(Vinschgau – Südliche Ötztaler Alpen)

3 ½ Std.	10 km	470 Hm

Die Hütten der Planeiler Alm

Dann freilich verlassen wir den Talgrund und steigen am Sonnenhang zur Alm auf, und dabei wird die Aussicht immer weiter und freier, sie umfasst den ganzen oberen Vinschgau, und schließlich, bei der Alm selbst, schaut sogar König Ortler mit seinem breiten weißen Spitzhut zu uns herüber.

Die Planeiler Alm ist kein Gasthaus, und daher tut man gut daran, etwas Proviant selbst im Rucksack mitzubringen; aber wenn der Senner nicht gerade anderweitig verpflichtet ist, bekommt man vielleicht doch etwas zu trinken. Doch das alles ist eigentlich Nebensache; denn so angenehm es sein kann, in einer gemütlichen Almschenke einzukehren, im Vordergrund stehen hier im Planeiltal wie auch bei jeder anderen Almwanderung doch die Eindrücke, die die Landschaft vermittelt.

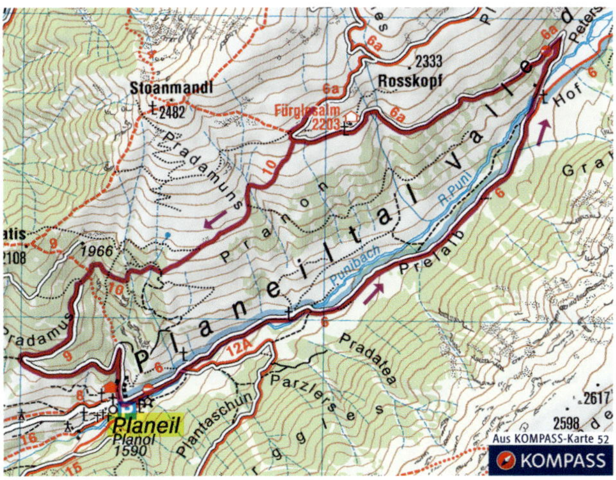

Wegverlauf: Vom Dorf Planeil (1599 m; hierher Straße von Mals herauf) der Markierung 6 folgend auf dem breiten Talweg in schöner, nur leicht ansteigender Wanderung durch die Wiesenhänge hinein zu den rechts liegenden Mauerresten des Petesetteshofes und noch kurz weiter, bis links der breite Weg abzweigt, auf dem wir in aussichtsreichem, nur mäßig steilem Höhersteigen die Planeiler Alm erreichen (2069 m; kein offizieller Ausschank); ab Planeil knapp 2 Std.
Abstieg: Von der Almhütte auf dem talaus führenden Weg durch die Weidehänge zuerst eben, dann kurz bergab und dann wieder eben hinaus bis ober Planeil und schließlich ziemlich steil hinunter zum Ausgangspunkt; ab Alm knapp 1½ Std.

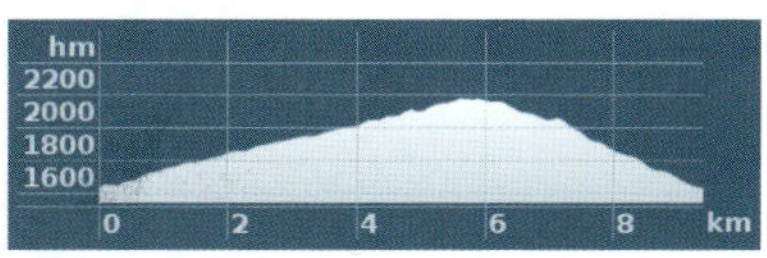

Eine der Schliniger Almhütten

Zur Schliniger Alm 1926 m

Wanderziel in »Planbell«, dem schönen Boden

3

Orientierung und Schwierigkeit
In jeder Hinsicht leicht und problemlos, auch für schwächere Geher geeignet
Karten 1:50.000
Kompass, Blatt 52 (Vinschgau); Freytag-Berndt, Blatt S 2 (Vinschgau – Südliche Ötztaler Alpen)

2 Std.	10,4 km	200 Hm

Sie liegt, wie sehr viele andere Almen auch, am Weg zu bekannten und viel besuchten Zielen. Da ist zunächst die Sesvennahütte, dann kommen der Sesvennasee und der Furkelsee und schließlich der vergletscherte Piz Sesvenna. Wer also gehtüchtig, bergerfahren oder gar hochgebirgstüchtig ist, strebt diesen hohen Bergzielen zu.

Vielen aber genügt auch der Besuch der Schliniger Alm mit ihrer äußeren und inneren Hütte, und es gibt wohl niemanden, der seine Genügsamkeit bereut. Denn wer zu schauen und zu erleben versteht, findet überall Sehens- und Erlebenswertes. Und das gilt auch für das Schliniger Tal innerhalb der gleichnamigen Ortschaft, die sich bereits vor vielen Jahren einen Namen als erstes autofreies Dorf in Südtirol gemacht hat.

Da das Dorf nicht im Talschluss liegt und dieser sich eben hinzieht, bildet er ein hübsches Wandergebiet mit Wiesen, Lärchenbeständen, alten und weniger alten Wegen. Und ganz hinten, wo der Bach über die senkrechte Schwarze Wand stäubt,

Die Almschenke »Planbell« auf der Schliniger Alm

liegen denn auch die Schliniger Almgründe. Dort wird auch ausgeschenkt, und so kehrt nicht nur mancher tüchtige Berggeher nach geglückter Hochtour hier ein, sondern auch der, wie gesagt, nicht ganz so tüchtige Geher, der von Schlinig auf dem einen der beiden Wege zur Alm gewandert ist und dann auf dem anderen wieder ins Dorf zurückkehrt.

So gestaltet sich der Almbesuch zu einer hübschen Rundwanderung. Taleinwärts führt unser Gang durch ausgedehnte Wiesen am Sonnenhang. Hier kommen wir an Kreuzwegstationen und an stattlichen Bildstöcken vorbei, von denen der äußere der hl. Anna und der innere dem hl. Sebastian geweiht ist. Auf dem Rückweg hingegen wandern wir unten neben dem Schliniger Bach dahin.

Wie anderwärts in unserem Tal begegnet uns auch hier in so manchem Flurnamen das uralte rätoromanische Idiom. Einer dieser Örtlichkeitsnamen lautet »Planbell« – ihn trägt nun auch die Gastschenke der Schliniger Alm. Planbell bedeutet so viel wie »schöner Boden« und könnte für das weitgehend flache Almgelände von Schlinig nicht treffender gewählt sein.

Wegverlauf: Von Schlinig (1738 m, hierher Straße von Burgeis im oberen Vinschgau) der Markierung 1 folgend auf dem geteerten Weg mehr oder weniger eben durch Wiesenhänge talein zur Kapelle St. Anna (1787), nun kurz unter hohen Lärchen durch, dann durch Wiesen weiter talein zur Kapelle St. Sebastian (1817 m) und zu den äußeren Hütten der Schliniger Alm mit Gastschenke (»Alp Planbell«, 1868 m; ab Schlinig knapp 1 Std.). Von da evtl. Abstecher zum Talschluss.

Rückkehr: Auf dem Herweg kurz talaus, dann rechts ab, auf breitem Forstweg bald über den Talbach und dann stets orografisch rechts talaus; zuletzt wieder über den Bach und kurz ansteigend zurück nach Schlinig; ähnliche Gehzeit.

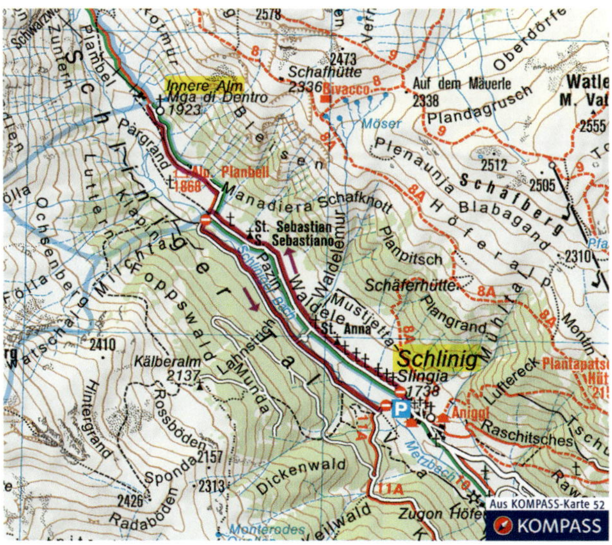

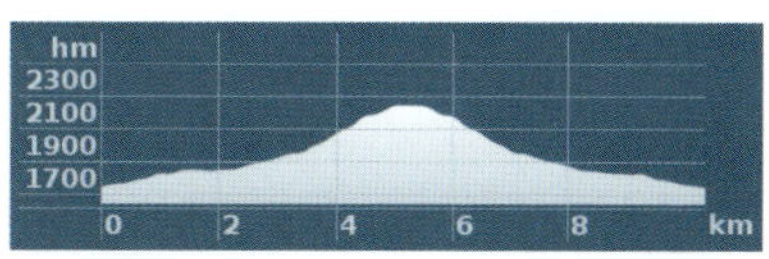

Die Rifairalm hoch über Taufers im Münstertal mit ihren ausgedehnten Weidehängen

Zur Rifairalm im Münstertal 2146 m

Einsame Hochalm unterm Piz Chavalatsch

4

Orientierung und Schwierigkeit
Zwar anstrengend, aber sonst für gehgewohnte Bergwanderer leicht und problemlos
Karten 1:50.000
Kompass, Blatt 52 (Vinschgau); Freytag-Berndt, Blatt S 2 (Vinschgau – Südliche Ötztaler Alpen)

2 ½ Std. | 8,7 km | 926 Hm

Sie liegt hoch über der Waldgrenze, und wer sie erreicht hat und es sich hier gemütlich macht – für manche ist die Alm auch nur Zwischenstützpunkt am Weg zum Gipfel des Chavalatsch –, blickt gerade hinab ins Münstertal und nach Norden hinüber zu den teilweise aus dolomitischen Gesteinen aufgebauten und daher ebenso eigenwilligen wie unverwechselbaren Berggestalten der Sesvennagruppe, die das vom Münstertal nordseitig abzweigende Avignatal umschließen.

Wie sehr viele Almen nach dem Bauernhof oder dem Dorf benannt sind, zu dem sie gehören, ist auch unsere Alm nach dem am Bergfuß unweit von Taufers gelegenen Weiler Rifair benannt, von wo ein markierter Weg heraufführt zur Alm; doch wir wählen als Ausgangspunkt für den Aufstieg nicht Rifair, sondern den etwas höher gelegenen Weiler Puntweil, sodass sich der anstrengende Aufstieg um etwa 20 Gehminuten verkürzt, was angesichts der Länge der Tour durchaus nicht ungelegen kommt.

Auch auf der Rifairalm wächst der Blaue Eisenhut – giftig, aber schön.

Auf den ausgedehnten, wenn auch großteils steilen Weiden der Rifairalm, einer sogenannten Interessentschaftsalm, sömmert immer noch ziemlich viel Vieh, und bei einem meiner Besuche zeigte mir der Senner nicht ohne Stolz die vielen Käselaibe, die er zusammen mit seinen drei Gehilfen aus der bekannt guten Almmilch hergestellt hatte und die darauf warteten, mit der Materialseilbahn ins Tal befördert zu werden.

Eine offizielle Gaststätte ist mit der Rifairalm freilich nicht verbunden, aber wer gehgewohnt genug ist, dass ihm die Bewältigung von fast 1000 Höhenmetern nicht die letzten Kraftreserven kostet, für den ist der Besuch der Rifairalm in jedem Fall lohnend; wozu auch der Umstand das Seine beiträgt, dass die Alm nicht zu den heillos überlaufenen Plätzen der Alpen gehört.

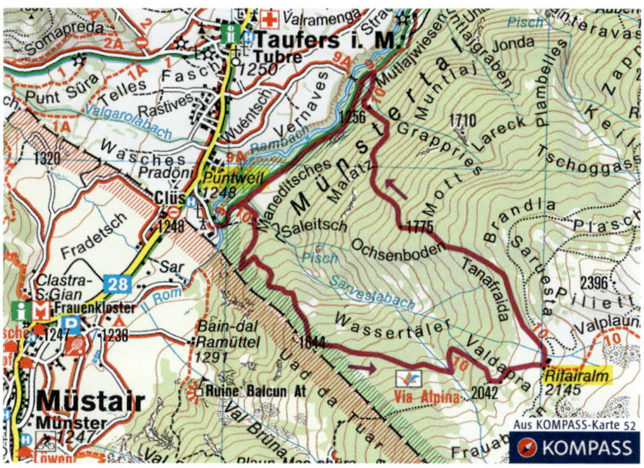

Wegverlauf: Vom Weiler Puntweil unweit von Taufers im Münstertal (1220 m, die Zufahrt hierher zweigt nahe der Schweizer Grenze von der Münstertaler Straße südseitig ab) der Markierung 10 folgend auf steilem, aber schattigem Weg durch anfangs sehr steile, später sich etwas zurücklehnende Waldhänge in langem Anstieg hinauf zur Baumgrenze und über die Grashänge empor zur Alm (2146 m; kein offizieller Ausschank); ab Puntweil 2½–3 Std.
Abstieg: Am besten auf dem Anstiegsweg, ca. 1½ Std.
Grundsätzlich bietet sich zwar auch der nach Rifair hinabführende Weg an (ebenfalls Markierung 10), doch muss dann von dort in ¾-stündigem leichten Anstieg nach Puntweil zurückgekehrt werden.

Die Glurnser Alm mit Blick zur Nordseite des Vinschgaus

Zur Glurnser Alm 1978 m

Aussichtsreiches Ziel über dem Städtchen Glurns

Sie liegt schattseitig hoch über dem mittelalterlichen, noch zur Gänze von Stadtmauern umschlossenen Städtchen Glurns, die kleine Alm, die zwar schon seit vielen Jahren für die Almleute eine Zufahrtsmöglichkeit hat, aber nach wie vor auf dem alten Weg erwandert werden kann.

Doch von Glurns bis zum Beginn des schattigen Waldweges dehnen sich zunächst einmal weite, nur mittelsteile Wiesen eines großen Murkegels aus, dessen Material sich in erdgeschichtlicher Vergangenheit am Hang des Glurnser Köpfls nach und nach losgelöst und an dessen Fuß angesammelt hat.

Am höchsten Punkt dieses Schwemmkegels steht weithin sichtbar das weiß getünchte Martinskirchlein, und hier beginnt nun der besagte Weg. Er führt durch ziemlich steile, aber angenehm schattige Fichten- und Lärchenwälder empor und erreicht schließlich die Grashänge der zwar ebenfalls steilen, aber außerordentlich schön gelegenen und nicht nur vom Almvieh, sondern auch von vielen possierlichen Murmeltieren bewohnten Glurnser Alm, die nach ihrer Lage auch die Bezeichnung »Köpflalm« trägt.

5

Orientierung und Schwierigkeit
Für einigermaßen gehtüchtige Wanderer in jeder Hinsicht leicht und problemlos
Karten 1:50.000
Kompass, Blatt 52 (Vinschgau); Freytag-Berndt, Blatt S 2 (Vinschgau – Südliche Ötztaler Alpen)

5 Std. | 10,6 km | 1070 Hm

Der Fußpfad zur Glurnser Alm

Die Alm bietet einfache Einkehrmöglichkeit, aber vor allem bietet sie einen unvergleichlichen Blick über den oberen Vinschgau, dessen grüne Talböden und Berghöhen von den vergletscherten Hochgebirgsgipfeln der Sesvennagruppe und der Ötztaler Alpen umrahmt werden.

Wer an einem Hochsommertag einen kühlen Waldanstieg und eine hübsche Alm abseits überlaufener Moderouten sucht – in dieser Wanderung findet er das Gesuchte; wobei anzufügen ist, dass man nicht unbedingt den erwähnten alten Fußweg wählen muss, sondern auch dem um einiges längeren, dafür aber bedeutend bequemeren Güterweg den Vorzug geben kann; am lohnendsten aber ist es wohl, die beiden Wege miteinander zu verbinden und so den Besuch der Glurnser Alm zu einer abwechslungsreichen Rundwanderung zu gestalten.

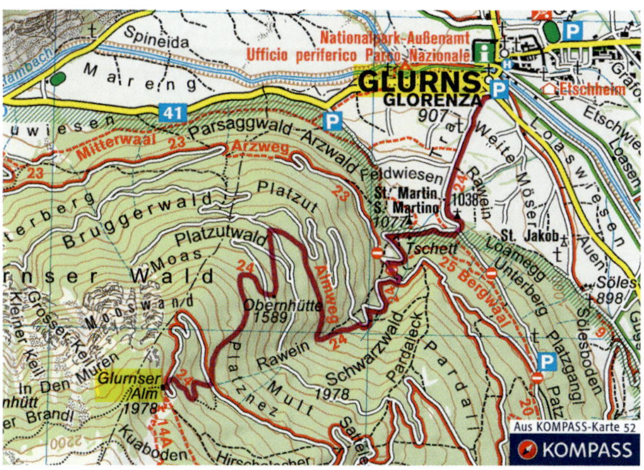

Wegverlauf: Vom Städtchen Glurns (908 m) bzw. von dessen Südtor auf einem schmalen Flursträßchen südwärts durch Wiesen in einer knappen ½ Std. gerade hinauf zum Kirchlein St. Martin (1075 m) und dann stets der Markierung 24 folgend und die Forststraße teilweise verfolgend, größerenteils aber auf dem alten Weg abkürzend in langem Anstieg durch den Wald mäßig bis stark ansteigend empor zur Glurnser Alm (1978 m; Ausschank); ab Ausgangspunkt 3 Std.

Abstieg: Entweder auf dem beschriebenen Anstiegsweg (2 Std.) oder zur Gänze in vielen Kehren über die um einiges längere Forststraße.

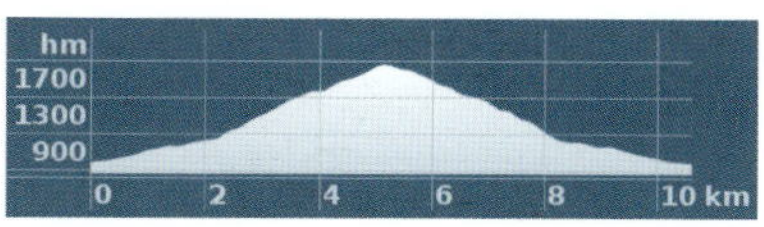

Die kleine Schartalm hoch über Lichtenberg

Lichtenberger Almen 2066 m

Rundwanderung oberhalb der Lichtenberger Höfe

Diese Wanderung führt uns in die Almregion hoch über der mächtigen Lichtenberger Burgruine und auch hoch über den gleichnamigen Berghöfen. Dort oben sieht der Almsommer noch immer an die 300 Stück Vieh auf der Bergweide. Die Hauptgebäude der Alm liegen sonnig knapp oberhalb der Waldgrenze im Gutfalltal, das gegen den Piz Chavalatsch hinaufzieht, doch zum Almgebiet des Dorfes Lichtenberg und der Lichtenberger Höfe gehören auch die kleine Schartalm weiter im Südosten und die Tschagainalm weiter nordöstlich mit ihren bescheidenen Hirtenhütten.

Ein hübscher markierter Almsteig durchquert die Zone der Waldgrenze und verbindet die einzelnen Almen miteinander, ein lauschiger Höhenweg, an dem im Frühsommer neben all den anderen Blumen die vielen Alpenrosen in voller Blüte stehen und im Herbst die Lärchen zu lodernden Flammen werden; aber der Almbesuch ist natürlich besonders im Hochsommer zu empfehlen, wenn das Vieh auf der Weide ist.

6

Orientierung und Schwierigkeit
Für gehtüchtige Wanderer
unschwierige Tour
Karten 1:50.000
Kompass, Blatt 52 (Vinschgau);
Freytag-Berndt, Blatt S 2
(Vinschgau – Südliche Ötztaler Alpen)

6 Std. | 16,7 km | 1140 Hm

Wetterkreuz an unserem Weg

Die Wanderung von Alm zu Alm ergibt zusammen mit dem Auf- und dem Abstieg eine geschlossene Runde, die im Dorf Lichtenberg ihren Ausgangs- und Endpunkt hat. Sie ist ziemlich lang und daher nur gehfreudigen und gehtüchtigen Wanderern zu empfehlen, aber das Wegenetz ist großteils gut markiert und beschildert, sodass es zumindest hinsichtlich der Orientierung kaum Probleme geben dürfte.

Die Wanderung führt durch herrliche Bergwälder, durch freie Wiesen und durch Almgebiete, die weder aufgelassen noch von technischen Eingriffen beeinträchtigt sind; möglicherweise gibt es Einkehrmöglichkeit auf der Dorferalm, doch sollte man diesbezüglich vor dem Antritt der Tour im Tal entsprechende Erkundigung einholen.

Wegverlauf: Vom Dorf Lichtenberg im oberen Vinschgau (927 m; zwischen Prad und Glurns gelegen) stets der Markierung 12 folgend (anfangs Hofzufahrt, später teilweise steiler Forstweg) südwärts über den Pineithof hinauf zum Platzhof (1354 m) und dann immer durch schattseitige Waldhänge mäßig bis stark ansteigend südwestwärts hinauf zur kleinen Schartalm (1829 m; ab Ausgangspunkt gut 2½ Std.); nun stets der Markierung 13 folgend auf dem Höhensteig teils etwas ansteigend, teils eben durch die Waldhänge zu einer Bergwiese mit Wetterkreuz (2063 m) und weitgehend eben weiter hinein ins Gutfalltal und zu den Haupthütten der Lichtenberger Almen (Lichtenberger Alm, Dorferalm; 2066 m); ab Lichtenberg ca. 3½ Std.
Abstieg: Auf gutem, zunächst unmarkiertem, aber später mit Nr. 14 markiertem Weg die Alm- und Waldhänge querend hinunter gegen die Pazzinhöfe (ca. 1540 m) und weiterhin stets mit Markierung 14 teils durch Wald, teils durch die Wiesen der Lichtenberger Höfe größtenteils abseits der Höfestraße hinunter nach Lichtenberg; ab Alm ca. 2½ Std.

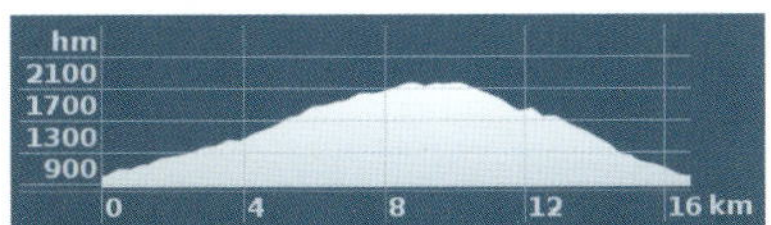

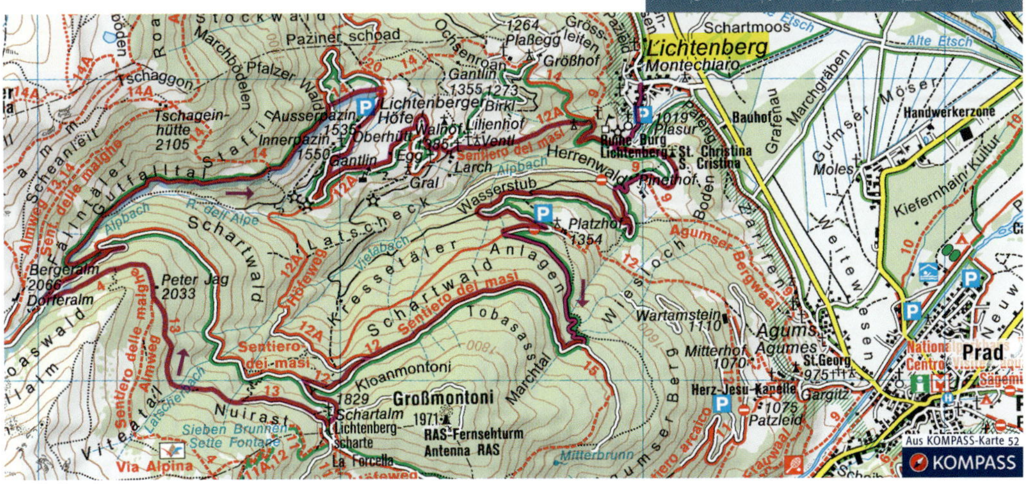

Die Matscher Alm im gleichnamigen Vinschgauer Seitental

Zur Matscher Alm 2045 m

Längerer Spaziergang innerhalb der Glieshöfe

Eigentlich handelt es sich bei diesem Wanderziel um die Äußere Matscher Alm, doch da die Innere Matscher Alm aufgelassen ist, wird die Äußere Alm, die Einkehrmöglichkeit bietet, meist einfach nur Matscher Alm genannt.

Sie liegt eine halbe Gehstunde innerhalb der letzten Bauernhöfe und des Gasthauses Glieshof, und wer bis dorthin mit dem Auto fährt, für den ist der Gang zur Alm keine Wanderung, sondern ein Spaziergang. Daher empfehle ich dem gehfreudigeren Wanderer, das Fahrzeug in Matsch abzustellen und dort die Wanderung zu beginnen.

Das Matscher Tal mündet gerade dort von Norden her in den oberen Vinschgau, wo das Dorf Schluderns mit der berühmten Churburg liegt. Die Mündungsschlucht ist aber so schmal, dass die Zufahrtsstraße sie in weitem Bogen umgeht, und auch das Dorf Matsch mit seiner weithin sichtbaren, schon 1152 erwähnten Kirche und den eng aneinander geschmiegten Häusern klebt noch am steilen Hang; aber schon bald danach, im mittle-

7

Orientierung und Schwierigkeit
In jeder Hinsicht leicht und problemlos
Karten 1:50.000
Kompass, Blatt 52 (Vinschgau);
Freytag-Berndt, Blatt S 2
(Vinschgau – Südliche Ötztaler Alpen)

4 Std. | 18,5 km | 505 Hm

ren und inneren Matscher Tal, wo es nur noch einige Höfe, aber keinen größeren Weiler mehr gibt, breiten sich ausgedehnte Wiesenhänge aus, die schon fast den Charakter einer ausgedehnten Almlandschaft haben – was angesichts einer Höhenlage von 1800 Meter im inneren Talbereich kaum verwundert.

Dieses weitgehend baumfreie, bald steilere, bald flachere, bald hügelige Wiesental ist von technischen Eingriffen jeglicher Art verschont geblieben, es wird von schönen Berggipfeln umrahmt, und es bietet, besonders beim bekannten Kreuzeck, talauswärts einen prächtigen Blick zum fast 4000 Meter hohen Ortler.

Somit handelt es sich um eine prächtige, im Sommer herrlich blühende Wanderlandschaft. Und da sich der Höhenunterschied zwischen dem Ausgangspunkt und dem Ziel in Grenzen hält, ist die Wanderung zu den innersten Höfen und zur Matscher Alm noch als gemütliche Tour zu bezeichnen und demnach auch für Leute geeignet, die, aus welchen Gründen immer, steile Bergpfade lieber meiden.

Die über 3400 Meter hohe Saldurspitze überragt die Matscher Alm.

Wegverlauf: Vom großen Parkplatz kurz vor dem Dorf Matsch (1540 m; die Matscher Straße zweigt beim Tartscher Bühel von der Vinschgauer Talstraße ab) zuerst kurz hinein ins Dorf Matsch und dann stets auf der schmalen Talstraße ohne jegliche Orientierungsprobleme in teilweise ganz leicht ansteigender, teilweise aber auch eben verlaufender Wanderung durch die weiten und freien Wiesenhänge talein. Man überquert zuletzt den Talbach und erreicht schließlich das Gebiet der Glieshöfe (Gasthaus Glieshof, 1807 m), von wo ein breiter Fahrweg orografisch rechts leicht ansteigend talein zu einer Weggabel führt und von dort scharf links abdrehend durch die Wiesen der Matscher Alm zu deren Hütte führt (2045 m; Ausschank); ab Matsch gut 2 Std.
Rückkehr nach Matsch: Auf dem beschriebenen Weg, knapp 2 Std.

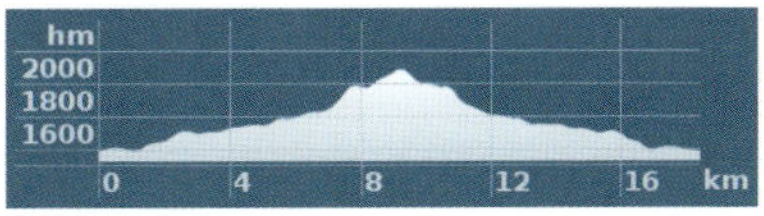

Die Kälberalm in Sulden gegen die Berge im Talschluss

Von Sulden zur Kälberalm 2248 m

Rundwanderung im Anblick des Ortlers

Die Hochweiden des Ortlerhofes auf der Westseite des Suldentales haben dem höchsten Berg Tirols zwar den Namen gegeben, die bedeutenderen Almen liegen jedoch auf dessen Ostseite.

Eine davon, die Kälberalm, befindet sich an den Hängen des Berges Schöneck und damit ungefähr nördlich von Sulden.

Diese Alm, in Karten und Publikationen auch als Stieralm bezeichnet, beherbergt sommersüber rund 80 Jungrinder, wobei die Hälfte aus dem Suldental und der Rest aus anderen Gebieten des Vinschgaus stammen.

Die ziemlich neue, knapp über der Waldgrenze gelegene Hirtenhütte stellt bei der Besteigung des gut 3100 Meter hohen Hinteren Schönecks einen willkommenen Rastpunkt dar, zumal im Normalfall auch Einkehrmöglichkeit geboten wird.

In dieser Hinsicht besitzt die Alm bereits alte Tradition. Wie wir einem Zeitungsbericht des fernen Jahres 1812 entnehmen, kehrten damals ein paar städtische Bergwanderer hier irgendwo

8

Orientierung und Schwierigkeit
Für gehgewohnte Wanderer leicht und problemlos

Karten 1:50.000
Kompass, Blatt 72 (Ortler – Cevedale); Freytag-Berndt, Blatt S 6 (Ortlergruppe – Martell – Val di Sole)

3 ½ Std. | 7,4 km | 404 Hm

Ortlerblick vom Aufstieg zur Kälberalm aus

in einer »Schäferhütte« ein und erlebten Folgendes: »Vier alte, phantastisch gekleidete Tiroler Hirten lagerten, mit Bärenfellen um die Schultern und ihr Pfeifchen schmauchend, traulich um das Feuer des Herdes. Sie machten uns gleich Platz und erzählten von ihren Heldentaten gegen Gämsen, Bären, Wölfe und – gegen die Franzosen…«

Abgesehen von diesem Besuch wird man schon damals beeindruckt zum Ortler hinaufgeschaut haben, und heute ist es nicht anders. Und schon wegen dieser prächtigen Aussicht ist die Kälberalm ein beliebtes und lohnendes Wanderziel, das von Sulden über einen nicht zu langen, durch Lärchenwald führenden Weg zu erreichen ist. Für die Rückkehr nach Sulden kann dann der Weg über das Gasthaus Waldruhe genommen werden, wodurch eine hübsche Rundwanderung entsteht.

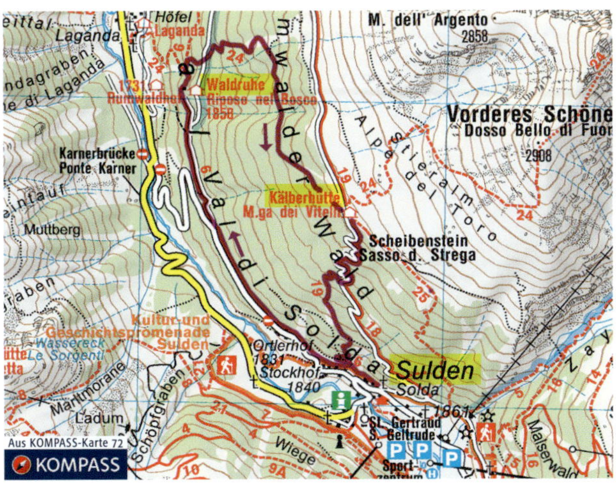

Wegverlauf: Von Sulden (1844 m, der Wegbeginn liegt beim Hotel »Alpina« auf der östlichen Talseite) stets der Beschilderung »Kälberalm« und der Markierung 18 folgend auf Fußweg durch Lärchenwald mäßig ansteigend hinauf zu breitem Forstweg und auf diesem (nun Mark. 19) in schöner Wanderung hinauf zur Kälberhütte (2248 m; normalerweise bescheidener Ausschank; ab Sulden knapp 1½ Std.).

Empfohlener Abstieg: Auf Steig 24 den Wegweisern »Gasthaus Waldruhe« folgend in teils leicht absteigender, teils ebener Querung durch die Waldhänge ein gutes Stück nordostwärts hinaus, dann teilweise in Serpentinen weiterhin durch Wald mittelsteil bis steil hinunter zum Gasthaus Waldruhe (1858 m). Von dort zuerst auf dem Zufahrtsweg, dann bergseitig abzweigend auf Steig 6 durch Wald und Lichtungen talein und zurück zum Ausgangspunkt (ab Alm gut 2 Std.).

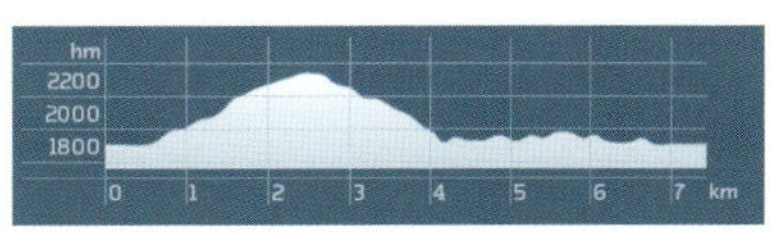

Die alte Hütte der Morteralm gegen die Ötztaler Alpen

Zur Morteralm 1908 m

Auf der Schattenseite des äußeren Martelltales

Sie liegt westexponiert am Hang des steilen Brandnertales, das von Südosten her ins äußere Martelltal mündet. Damit handelt es sich landschaftlich um eine echte Marteller Alm, den Namen aber hat sie von dem draußen, unweit von Goldrain gelegenen Dorf Morter; denn die Alm gehört dorthin.

In alter Zeit aber war sie im Besitz der sogenannten Marteller Vorhöfe an der Mündung des erwähnten Brandnertales, aber es gab zwischen den Vorhöfern und Morterern so manchen Weidestreit, und ursprünglich sollen die Vorhöfe und mit ihnen die Alm oben im Brandnertal sogar hinein nach Martell gehört haben. Doch als dann um 1540 ein Brand die Almhütten zerstörte, verzichteten die meisten Vorhöfer auf ihre Almrechte, sodass diese dann an Leute von Morter vergeben wurden. Das ist nun freilich alles lange her, und auch die Klagen, dass die auf der Alm gesömmerten Schweine den Boden übermäßig umwühlten, sind längst vergessen.

9

Orientierung und Schwierigkeit
Für einigermaßen gehgewohnte Wanderer in jeder Hinsicht leicht und problemlos

Karten 1:50.000
Kompass, Blatt 52 (Vinschgau);
Freytag-Berndt, Blatt S 2
(Vinschgau – Südliche Ötztaler Alpen)

4 Std. | 7,5 km | 826 Hm

Blick von der Morteralm zur Orgelspitze

Da die Alm noch etwas unterhalb der Baumgrenze liegt, ist es dunkler Bergwald, der sie umrahmt. Aber die ziemlich ausgedehnte Wiesenrodung mit den Hütten ist dennoch hell und freundlich. Und mag die Alm auch, in größerem Rahmen betrachtet, auf der sogenannten Vinschgauer Nörderseite liegen, so ist sie doch nach drei Seiten hin frei und offen und bietet eine schöne Aussicht, die vom 3250 Meter hohen, vergletscherten Hasenöhrl im Süden über die kühn in den Himmel stechende, etwas höhere Laaser Spitze im Westen bis zum eisschimmernden, 3600 Meter hohen Similaun im Norden reicht.

Die Alm besitzt mehrere Zugangsmöglichkeiten, wir wählen den Weg vom äußeren Martelltal herauf, wo die genannten Marteller Vorhöfe einen kleinen Weiler bilden. Es ist dies seinem Ursprung nach wohl der älteste Zugang zur Alm, auch wenn mittlerweile auch hier die Zeit der Güterwege Einzug gehalten hat. Der Weg durchquert das erwähnte Brandnertal, und bei diesem Namen könnte jemand an den oben erwähnten Almbrand denken; doch nach diesem sind Tal und Bach nicht benannt, sondern nach einem schon im 13. Jahrhundert urkundlich erwähnten Bauernhof.

Wegverlauf: Von der Häusergruppe Burgaun im äußeren Martelltal (1082 m; bei Kilometer 10 der Talstraße) zweigt bei einer Hinweistafel südseitig die mit Nr. 14 markierte Forststraße mit Fahrverbot ab. Auf dieser nun in leichtem Anstieg durch schönen Bergwald ostwärts hinein ins steile Brandnertal, nach dessen Überquerung teilweise in Kehren am steilen Waldhang hinauf zu den Almwiesen und über sie schließlich zu den Hütten der Alm (1908 m; Ausschank); Gehzeit ab Burgaun 2½ Std.
Der Abstieg erfolgt entweder auf dem Anstiegsweg (1½ Std.) oder aber auf dem Steig 13, der allerdings nur schmal und etwas länger ist; er zweigt kurz unterhalb der Alm vom Weg 14 ab und mündet unweit von Burgaun wieder in ihn ein.

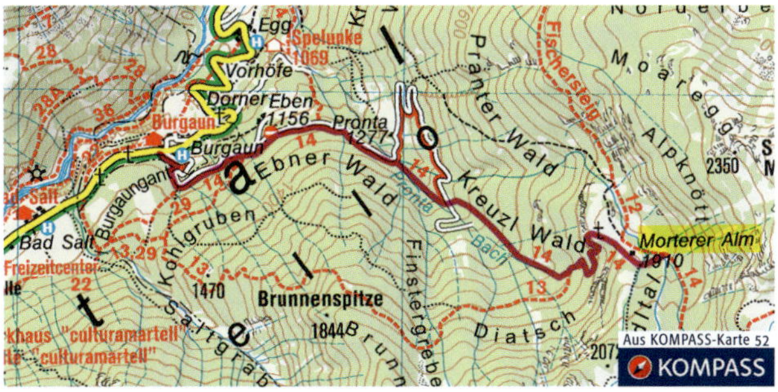

Die Soyalm auf der Westseite des mittleren Martelltales

Zur Soyalm 2073 m

Wanderziel unter der Zufrittspitze

Um im Marteller Haupttal zu erahnen, wo die Soyalm liegt, muss man schon genauer hinsehen. Denn das Seitental mit der Alm, das kurz nach Gand südseitig abzweigt, ist im unteren Teil dicht bewaldet, sehr steil und kaum ausgeprägt. Und so muss man auch als Wanderer erst einmal diese steilen Waldhänge durchschreiten, bevor das kleine Bergtal in seinem oberen Teil dann fast unvermittelt flacher wird und sich zu einer größeren Mulde ausweitet.

In dieser Verflachung liegt, teilweise von hohen Berggraten umschlossen, die hübsche Rodung der Alm mit Einkehrmöglichkeit. Die westexponierte Alm, auf der seit kurzem im Sommer auch schottische Rinder grasen, bietet einen schönen Ausblick auf die bis über 3300 Meter hohen Laaser Berge, vor allem aber einen Prachtblick zum vergletscherten Massiv der über 3400 Meter hohen Zufrittspitze, an deren Nordflanke der steile Soyferner haftet.

10

Orientierung und Schwierigkeit
In jeder Hinsicht leicht und problemlos; Weg gut begehbar und markiert

Karten 1:50.000
Kompass, Blatt 52 (Vinschgau); Freytag-Berndt, Blatt S 2 (Vinschgau – Südliche Ötztaler Alpen)

3 ½ Std. | 4,5 km | 616 Hm

Blick von der Soyalm zur vergletscherten Zufrittspitze

Über die Geschichte der Alm sind wir recht gut unterrichtet. So wissen wir, dass sie 1694 im Besitz des Freiherrn Johann Josef von Hendl in Goldrain und des Herrn Franz von Heidorff war; diese beiden Adelsherren hatten, wie damals schriftlich festgehalten wurde, »die Alben auf Sohy vor jahrn von der gemainschaft erkauft«. Später ging die Alm dann in den Besitz der Goldrainer Bauern über und ist seither eine sogenannte Fraktionsalm von Goldrain.

Um 1870 weideten hier an die 90 Rinder, um 1980 waren es noch rund 60, und Ende Juni des Jahres 2000 erhielt das einheimische Vieh ausländischen Zuwachs in Form von fünf rostbraunen, gedrungenen Schottlandrindern mit etwas längerem, krausem Fell, langer Stirnmähne und langen Hörnern; beim Almauftrieb zeigte sich zwar, dass diese hübschen Tiere nicht gewohnt waren, brav auf dem Weg zu bleiben, aber sie erreichten die Alm dann doch, und dort gab es die leidige Sache mit den Wegen erfreulicherweise nicht mehr.

Wegverlauf: Von der Höfegruppe Unterhölderle im mittleren Martelltal (1457 m; ca. 2 km innerhalb der Siedlung Gand) auf dem mit Nr. 4 markierten Fußweg teilweise in Serpentinen durch den steilen Lärchenwald hinauf, dann kurz hinein in den Graben des Soybaches, nach dessen Überquerung am gegenüberliegenden Hang hinauf und zuletzt über die Almwiesen zur Almhütte (2073 m; Ausschank); ab Ausgangspunkt knapp 2 Std. Abstieg: Über den Aufstiegsweg, 1½ Std.

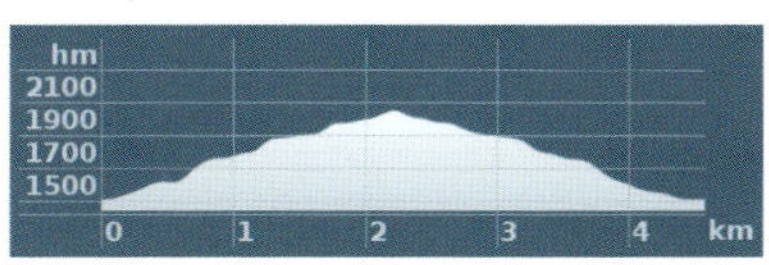

Weidevieh auf der Lyfi-Alm mit Blick zur Zufrittspitze

Zur Lyfi-Alm 2165 m

Rundwanderung auf der Marteller Sonnenseite

Am Weg vom Zufrittsee hinauf zur Lyfi-Alm durchschreitet man teils Waldhänge, teils aber auch Weideflächen. Dort weidet im Sommer etliches Vieh, und auch höher oben erspäht man Weidetiere.

Die Almgebäude aber stehen mitten im Wald, und das erstaunt den Wanderer doch einigermaßen. Zwar wird im Almgebäude viel Butter und Käse bereitet und das nebenstehende Wohngebäude enthält auch eine Gastwirtschaft mit getäfelter Gaststube, aber dass rundherum kein Almanger und keine Bergweiden sich ausbreiten, ist doch sonderbar. Hat man hier vielleicht die Weidegründe für längere Zeit aufgelassen, sodass sie vom Wald verschlungen wurden? Oder wurden die Almgebäude von anderer Stelle, etwa wegen Lawinengefahr, hierher verlegt?

Des Rätsels Lösung findet sich unten im Stausee. Denn bevor dieser in den 60er Jahren errichtet wurde, breiteten sich dort, wo sich heute die Fluten wälzen, die Untere und Obere

11

Orientierung und Schwierigkeit
In jeder Hinsicht leicht und problemlos
Karten 1:50.000
Kompass, Blatt 52 (Vinschgau);
Freytag-Berndt, Blatt S 2
(Vinschgau – Südliche Ötztaler Alpen)

2 Std.	4,6 km	307 Hm

Weidevieh auf der Lyfi-Alm mit Blick zur Zufrittspitze

Marteller Alm aus, und auf den Hängen von Lyfi gab es nur Bergmähder, aber keine richtige Alm. Erst als dann der See die Marteller Hauptalmen verschlang, wurden weiter drin im Tal und hier auf Lyfi neue Almen geschaffen, wobei man die Hütten, um das ohnehin karge Weidegebiet zu schonen, im Wald errichtete.

So ist die Lyfi-Alm, sofern man nur die Hütte meint, aufgrund der Waldumrahmung nicht besonders aussichtsreich. Aber das ändert sich schnell, wenn man nordwärts ein Stück gegen die Weidehänge ansteigt oder, wie nachfolgend als Wanderung empfohlen, auf einem hübschen Weg hinein zu den Grasflächen der ehemaligen Peder-Stieralm wandert, wo zeitweise auch das Vieh der Lyfi-Alm weidet. Denn dann breitet sich vor uns die gesamte vergletscherte Hochgebirgswelt der Marteller Südseite aus, angefangen von der Zufrittspitze im Osten bis zum über 3700 Meter hohen Cevedale im Westen.

Wegverlauf: Vom Gasthof Zufritt am gleichnamigen Stausee im inneren Martelltal (1880 m; Parkplätze) der Beschilderung »Lyfi-Alm« und der Markierung 10 folgend auf Fußweg durch Wald mittelsteil hinauf zu einer ausgedehnten Viehweide und zuletzt wieder durch Wald (nun Markierung 6/10) zur Hütte der Lyfi-Alm (2165 m; Ausschank, Käseproduktion); ab Ausgangspunkt ¾ Std.
Als Abstiegsvariante sei folgende schöne Route empfohlen: Von der Lyfihütte auf hübschem Weg 35 zuerst kurz aufwärts und dann stets eben mit Prachtblicken zu den südlichen Marteller Bergen durch lichte Bergwälder in ½ Std. zum Pederleger (2250 m), hier scharf links ab (Wegweiser »Zufritt«) und auf Fußweg 20 A durch Wald großteils nur mäßig absteigend hinab zum Ausgangspunkt; ab Lyfihütte gut 1 Std.

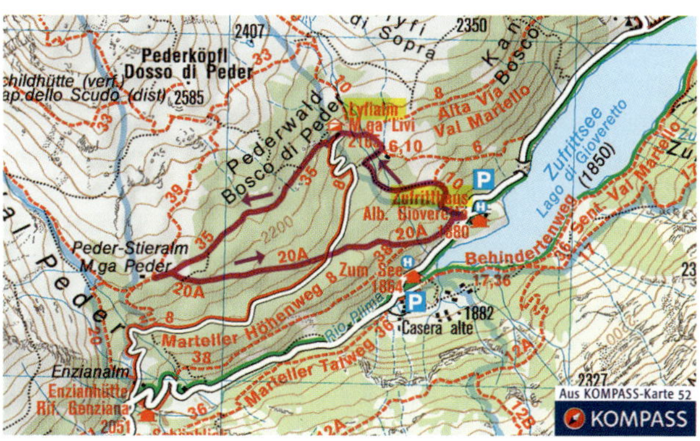

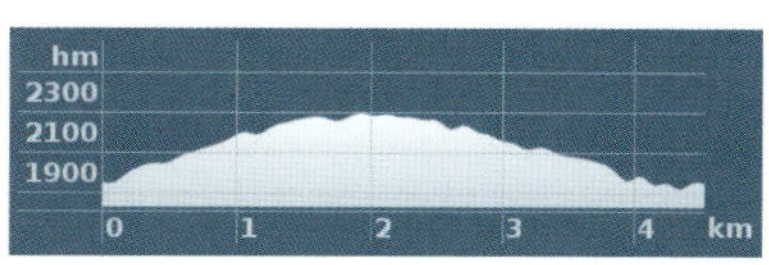

Die Marzonalm auf der Vinschgauer Südseite

Zur Marzonalm 1595 m

Einstiger Hof mit Blick zum Sonnenberg

Die Marzonalm – eigentlich handelt es sich um die untere, da es bedeutend höher auch eine obere gibt – liegt auf der Vinschgauer Schattenseite südöstlich über Kastelbell nur knapp 1600 Meter hoch, und das ist selbst für eine schattseitige Vinschgauer Alm recht niedrig. So handelt es sich natürlich nicht um eine Alm oberhalb der Waldgrenze, sondern um eine Rodungsinsel inmitten der Waldhänge, und zwar um eine recht ausgedehnte, auf der an die 50 Stück Vieh weiden. Es gibt hier auch Einkehrmöglichkeit in der hübschen, dem Sonnenaufgang zugewandten Wohnhütte, während das nahe »Futterhaus« landwirtschaftlichen Zwecken dient.

Im Frühjahr wird mit dem Vieh aufgefahren, im Herbst erfolgt der Almabtrieb. So ist das heute. Aber es war nicht immer so. Denn früher einmal, und zwar vom 13. Jahrhundert bis um 1600 herum, war Marzon ein von allerlei Nörggelesagen umrankter, ganzjährig bewohnter Bauernhof. Und dies erklärt nun die geringe Höhenlage der heutigen Alm.

12

Orientierung und Schwierigkeit
Absolut leicht und problemlos, auch für sehr schwache Geher geeignet
Karten 1:50.000
Kompass, Blatt 52 (Vinschgau);
Freytag-Berndt, Blatt S 2
(Vinschgau – Südliche Ötztaler Alpen)

1 Std. | 3,3 km | 115 Hm

Weidevieh auf der Marzonalm gegen die Schnalser Berge

Der einstige Hof war als solcher aber dann doch offenbar nicht lebensfähig, und auch der immerhin rund dreistündige Aufstieg mag wohl mit ein Grund für die Auflassung gewesen sein. Heute allerdings ist der kürzeste Weg zur Alm dank einer schmalen Bergstraße nur noch ein halbstündiger Spaziergang für den, der es nicht doch vorzieht, auf den fahrbaren Untersatz zu verzichten. So ist die Marzoner Alm nicht nur eine der niedrigsten, sondern auch eine der am bequemsten zugänglichen und eine der meistbesuchten des ganzen Vinschgaus. Und da das vorliegende Buch genügend längere Zugänge enthält, beschreibe ich hier sozusagen als Ausnahme von der berühmten Regel den genannten bequemsten Zugang vor allem für Leute, die langen Touren aus welchen Gründen auch immer – vielleicht weil sie noch sehr klein oder schon etwas betagt sind – nicht gewachsen sind.

Wegverlauf: Der sozusagen klassische Aufstieg führt von Kastelbell (577 m) bzw. vom Ortsteil Marein stets mit Markierung 19 über den Hof Großlind in rund dreistündigem Aufstieg zur Alm. Man kann aber über eine Höfe- und Bergstraße von Kastelbell-Marein über den Weiler Freiberg bis zu einem kleinen Parkplatz beim Schlumsbach fahren (1480 m; hier eine alte Brettersäge). Von da führt nun der für Pkw-Verkehr gesperrte Forstweg (Mark. 7, beschildert) in nur leichter Steigung durch steile Waldhänge nordostwärts zu den Wiesen und zur Hütte der Marzonalm (1595 m; ab Schlumsbach eine gute ½ Std.). Abstieg: Wie Aufstieg, knapp ½ Std.

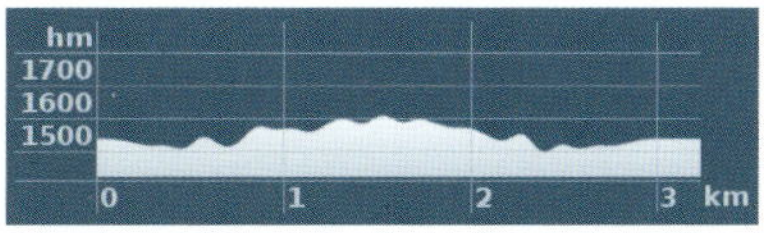

Die Obere Mairalm am Fuchsberg gegen die Schnalser Hochgebirgswelt (rechts die Weißkugel)

Dicker Alm und Mairalm am Fuchsberg 2095 m

Wandergebiet hoch über der Mündung des Schnalstales

Liegt schon der Dickhof (oder Dickerhof) himmelhoch über der Mündung des Schnalstales, so gilt das erst recht für die zu diesem Hof gehörige Alm: Nicht weniger als 1500 Höhenmeter liegen zwischen ihr und der Vinschgauer Talsohle. Aber sie ist keineswegs aufgelassen; Vieh weidet in der Umgebung der Hütten, und bei einem meiner Besuche traf ich die »Sennerin« in der blitzsauberen Almküche fleißig beim Knödelmachen an.

Die Dicker Alm und mit ihr das ganze darunterliegende Gebiet des sogenannten Fuchsberges mit seinen himmelnahen Berghöfen ist dem äußeren Schnalstal zugewandt und damit westexponiert, und das gilt auch für die unweit der Dicker Alm gelegene Obere Mairalm, die mit ihren klobigen, sehr alten Blockhütten vor der Kulisse der Schnalser Hochgipfel ein ganz besonders archaisches Beispiel einer kleinen hochalpinen Sommersiedlung bietet.

Diese Alm in fast 2100 Meter Höhe soll, so vermuten manche, einst ein ganzjährig bewirtschaftetes Haufenhöfl gewesen sein, was insofern nicht ganz abwegig zu sein scheint,

13

Orientierung und Schwierigkeit
Für gehgewohnte Bergwanderer unschwierig
Karten 1:50.000
Kompass, Blatt 52 (Vinschgau); Freytag-Berndt, Blatt S 2 (Vinschgau – Südliche Ötztaler Alpen)

5 Std. | 11,1 km | 850 Hm

Auf der Dicker Alm am Vinschgauer Fuchsberg

als es hier irgendwo einst sogar gut 30 Meter höher das freilich längst verschwundene Gamplhöfl gab. Nur wenig tiefer aber kleben heute noch an den steilen Bergwiesen die Blockbauten der einst ganzjährig bewohnten Extremhöfe Metzlaun (heute auch Untere Mairalm genannt) und Hühnerspiel.

Der Besuch der Dicker Alm führt uns demnach nicht nur zu einer sehr hoch und entsprechend aussichtsreich gelegenen Alm, sondern auch in den Bereich der einstigen absoluten Obergrenze der bäuerlichen Dauersiedlungen im Alpenraum.

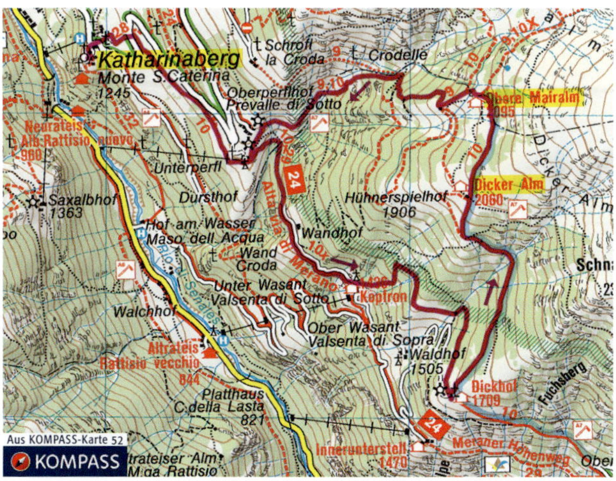

Wegverlauf: Von Katharinaberg (1245 m) auf Weg 28 südöstlich in etwa 15 Minuten hinauf zum Meraner Höhenweg (Mark. 24), auf diesem in weitgehend ebener Wanderung an Höfen vorbei südwärts zum Kopfronhof (1436 m), von da auf Weg 23 südostwärts durch die Steilhänge hinauf zum Dickhof (1709 m, Jausenstation) und auf Weg 10 nordwärts über Steilhänge hinauf zur Dicker Alm (2060 m; ab Dickhof 1 Std.); ab Katharinaberg gut 3 Std. Von der Dicker Alm zehnminütiger Abstecher auf nahezu ebenem Weg zur Oberen Mairalm lohnend (2095 m).
Abstieg: Entweder wie Aufstieg (ca. 2½ Std.) oder von der Oberen Mairalm auf Steig 10 A über die Untere Mairalm (Metzlaun) westlich teilweise im Zickzack an Gras- und Waldhängen durchwegs sehr steil hinunter zum Weg 24 und wie im Aufstieg zurück nach Katharinaberg (knapp 2 Std.).

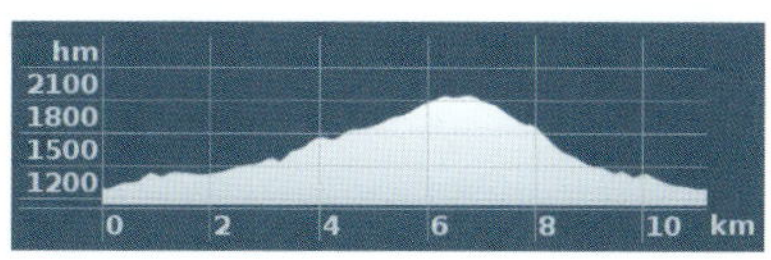

Die Klosteralm im Schnalstal

Zur Klosteralm in Schnals 2152 m

Die Alm der einstigen Kartäusermönche

14

Orientierung und Schwierigkeit
Für gehgewohnte Bergwanderer leicht und problemlos
Karten 1:50.000
Kompass, Blatt 52 (Vinschgau);
Freytag-Berndt, Blatt S 2
(Vinschgau – Südliche Ötztaler Alpen)

4 Std. | 6,6 km | 825 Hm

Besonders gehfreudige Bergwanderer peilen in Karthaus die trotz ihrer Höhenlage von über 2300 Meter nach wie vor bewirtschaftete und Ausschank bietende Penauder Alm im gleichnamigen Hochtal an, dem etwas weniger Gehtüchtigen sei hier hingegen die Klosteralm als Ziel empfohlen, die südwestlich von Karthaus knapp oberhalb der Waldgrenze liegt und einen schönen Blick auf die ostseitigen Schnalser Berge bietet, die bekanntlich dem Naturpark Texelgruppe angehören.

Wegen der freien und aussichtsreichen Lage und einer sich in Grenzen haltenden Gehdauer wird die Klosteralm, die auch Ausschank bietet, gern besucht. Im Übrigen liegt sie am Weg zum einsamen Saxalbersee, was ihr zusätzliche Besucher bringt.

Wie der nahe Klosterwald hat auch die Alm ihren Namen von der einstigen Zugehörigkeit zum Kartäuserkloster Allerengelberg, das sich an der Stelle des von den Einheimischen auch heute noch vielfach als »Kloster« bezeichneten heutigen Dörfchens Karthaus befand. Heute gehört die Alm einigen »Kloste-

Alpenaster auf der Klosteralm

rern«, also Karthauser Bauern. Die Alm ist nicht groß, der Senner hat nur ein halbes Dutzend Rinder zu betreuen, früher waren es fünfmal so viele. Aber die Alm besitzt zwei ordentliche Hütten und bietet Ausschank.

Der schöne alte Almweg, der in Karthaus beginnt, führt großteils durch hochstämmige Lärchenwälder in schönem, wenn auch durchwegs etwas steilem Anstieg zur Alm. Und darüber hinaus gibt es einen in Kehren weit ausholenden und daher längeren, aber nur mäßige Steigung aufweisenden Forstweg, der ebenfalls in Karthaus beginnt und in Teilen oder zur Gänze in die Wanderung mit einbezogen werden kann.

Wegverlauf: Von Karthaus (1327 m; außerhalb der Ummauerung großer Parkplatz) stets auf gut markiertem Fußweg 23 (am Feuerwehrhaus Schild »Klosteralm«) zuerst kurz durch Wiesen, dann stets durch steilen Lärchenwald mittelsteil empor; im Wald ziemlich bald erste Weggabel mit Wegweisern: links geht 23 weiter (»Klosteralpe« und »Saxalbsee«), rechts geht Markierung 20 ab (nach »Niederjöchl« und »Penaud-Alm«); später kreuzt der Fußweg die zur Alm führende Forststraße, die eine längere, aber bequemere Anstiegsmöglichkeit bietet, während der alte Weg steiler, aber kürzer zur Alm ansteigt. Zuletzt verlässt man den Wald und erreicht bald darauf die Alm (2152 m; Ausschank); ab Karthaus 2½ Std.
Abstieg: Entweder auf dem alten Fußweg (ca. 1½ Std.) oder über den breiten Forstweg (2 Std.).
Wanderziele von der Alm aus: Kreuzspitze (2576 m) – Steig 23 A, unschwierig, gut 1 Std.; Saxalbersee (2465 m) – Steig 23, 1 Std.

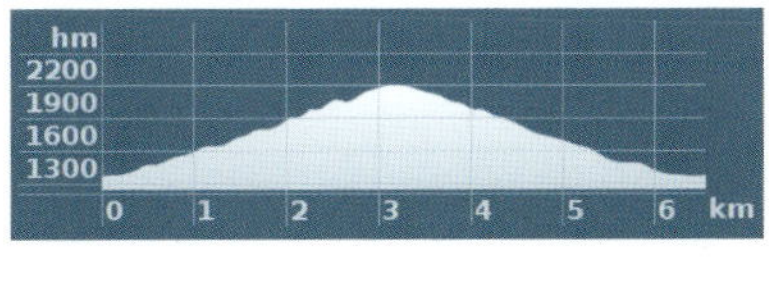

Die Mastaunalm im gleichnamigen Schnalser Seitental

Zur Mastaunalm in Schnals 1810 m

Von Unser Frau über den Mastaunhof zur Alm

15

Orientierung und Schwierigkeit
In jeder Hinsicht leicht und problemlos
Karten 1:50.000
Kompass, Blatt 52 (Vinschgau);
Freytag-Berndt, Blatt S 2
(Vinschgau – Südliche Ötztaler Alpen)

2 Std.	4,3 km	302 Hm

Für den Besuch der Mastaunalm muss man kein besonders tüchtiger Berggeher sein, und die kurze Wanderung, die allerdings auf alten Bergwegen erfolgt, dürfen sich auch Familien mit Kindern oder Senioren zutrauen.

Die hübsche Mastaunalm liegt im gleichnamigen Hochtal, das bei Unser Frau westseitig vom Schnalstal abzweigt und hinaufzieht zu einem bis über 3000 Meter hohen Bergkranz. Und durch das Tal fließt rauschend ein kristallklarer Bach.

Unser Anstieg zur Mastaunalm, der am Kirchhügel von Unser Frau beginnt, steigt durch hochstämmigen Lärchenwald zum Mastaunhof an, der neben dem Bach am Rand steiler Wiesen aussichtsreich auf einer kleinen Geländeschulter liegt und noch ein paar malerische Holzgebäude mit Schindeldächern umfasst.

So wie bis zum Mastaunhof folgen wir auch weiterhin dem teilweise von Sträuchern und Steinmauern gesäumten und mit Steinplatten ausgelegten alten Weg, der beim Bau des Fahr-

Wanderer im idyllischen Mastauntal

weges weitgehend unangetastet geblieben ist. Und nachdem wir einen Wiesenhang und dann wieder lichte Lärchenbestände durchquert haben, tut sich plötzlich die kleine Rodung der Mastaunalm vor uns auf; zwei wettergebräunte Holzgebäude stehen am Sonnenhang und sehen nicht nur wie ein kleiner Paarhof aus, sondern waren einst auch ein solcher. Davor liegt eine große umzäunte Wiese, und rundherum steht, wo das Gelände nicht zu steil und zu felsig ist, noch schöner Lärchenwald.

Rinder und Schafe bevölkern die Wiesen und Berghänge, und dasselbe tun auch noch viele Ziegen. Als Ausschank bewirtschaftet bleibt die Alm meist bis spät in den Herbst hinein, und wer sie zu dieser Jahreszeit besucht, durchwandert eine besonders farbenfrohe Landschaft. Aber die hohe Zeit der Alm ist natürlich auch hier der Sommer.

Wegverlauf: Vom Kirchplatz in Unser Frau in Schnals (1508 m) stets der Markierung 17 und den Wegweisern »Mastaunalm« folgend zum westlichen Dorfrand, dann auf dem alten Weg mäßig durch Waldhänge ansteigend hinauf zum Mastaunhof (1643 m; Jausenstation) und von da teils auf dem alten Weg, teils auf dem ungeteerten Fahrweg durch steile Wiesen und weniger steile Lärchenbestände großteils mäßig ansteigend hinauf zur Mastaunalm (1810 m; Ausschank); ab Ausgangspunkt ca. 1 Std. Abstieg: Wie Aufstieg.

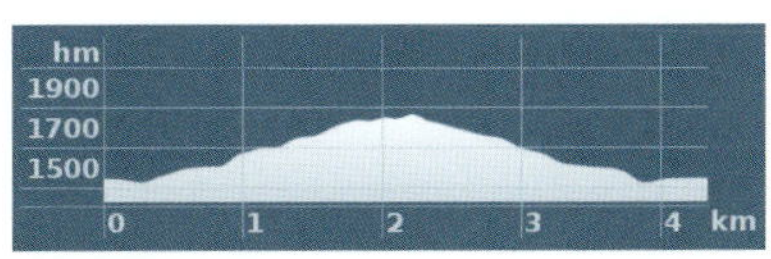

Die Penauder Alm unter der Schwarzen Wand

Von Karthaus zur Penauder Alm 2319 m

Leichte Wanderung auf der Schnalser Westseite

16

Orientierung und Schwierigkeit
Für gehgewohnte Wanderer in jeder Hinsicht leicht und problemlos

Karten 1:50.000
Kompass, Blatt 52 (Vinschgau); Freytag-Berndt, Blatt S 2 (Vinschgau – Südliche Ötztaler Alpen)

3 ½ – 4 Std. | 11,9 km | 770 Hm

Diese Wanderung führt uns in das vom unteren Vinschgau nordseitig abzweigende Schnalstal, und zwar ins Gebiet der malerischen, etwas erhöht am Talhang liegenden Ortschaft Karthaus. Hier befand sich einst das Kartäuserkloster Allerengelberg, dessen Kreuzgang mit den winzigen Mönchszellen noch heute großteils erhalten ist – eine besondere kulturhistorische Sehenswürdigkeit.

Von einem oberhalb Karthaus befindlichen Parkplatz wandern wir auf breitem Güterweg hinein in das Penaudtal, das unweit des Dorfes von Südwesten her in das Haupttal mündet. In dem einsamen Hochtal lag einst der gleichnamige, bereits 1333 urkundlich erwähnte Penaudhof, an den heute nur noch die Wiesenrodung erinnert.

Der breite Güterweg führt, dem rauschenden Penauder Bach entlang, zu einer hübschen und zu einer Zwischenrast einladenden Lichtung, es geht weiter zur Waldgrenze, und wenig später haben wir unser Ziel, die Hütten der genannten

Wetterkreuz auf der Penauder Alm gegen die Berge des Pfossentals

Alm, erreicht. Sie liegen am Rand eines breiten ebenen Grasbodens, in welchem man unschwer einen verlandeten Bergsee erkennen kann. Hier, in dem von markanten Berggipfeln umrahmten Quellgebiet des Penauder Tales, breitet sich das ausgedehnte Weidegebiet der nach Galsaun hingehörenden Alm aus. Bei einer Ausdehnung von über 1300 Hektar und einer Höhenlage von gut 2300 Metern handelt es sich um die größte und höchstgelegene Interessentschaftsalm Europas.

Zur Alm gehört auch eine kleine Käserei, und so bildet das Ganze ein lohnendes Wanderziel, das sich entsprechender Beliebtheit erfreut, wozu freilich auch der schöne, breite und für jedermann problemlos begehbare Zugangsweg viel beiträgt.

Wegverlauf: Anfahrt durch das Schnalstal nach Karthaus, hier noch vor dem großen Parkplatz rechts ab, an der Grundschule vorbei und dann auf einer Höfe- und Forststraße hinauf bis zu einem geräumigen Parkplatz im Wald (ca. 1550 m). Von da stets der Markierung 20 und den Wegweisern »Penauder Alm« folgend auf dem breiten, großteils mäßig ansteigenden Forstweg durch Wald und an den Wiesen des ehemaligen Penaudhofes sowie an einer größeren Lichtung vorbei hinauf zur Penauder Alm (2319 m; Gastschenke und Käserei; ab Ausgangspunkt 2–2½ Std.).
Der Abstieg erfolgt über den beschriebenen Aufstiegsweg in ca. 1½ Std.

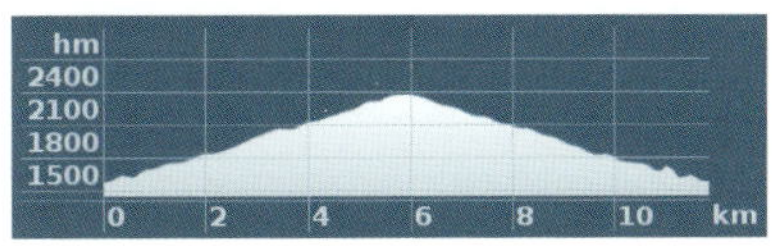

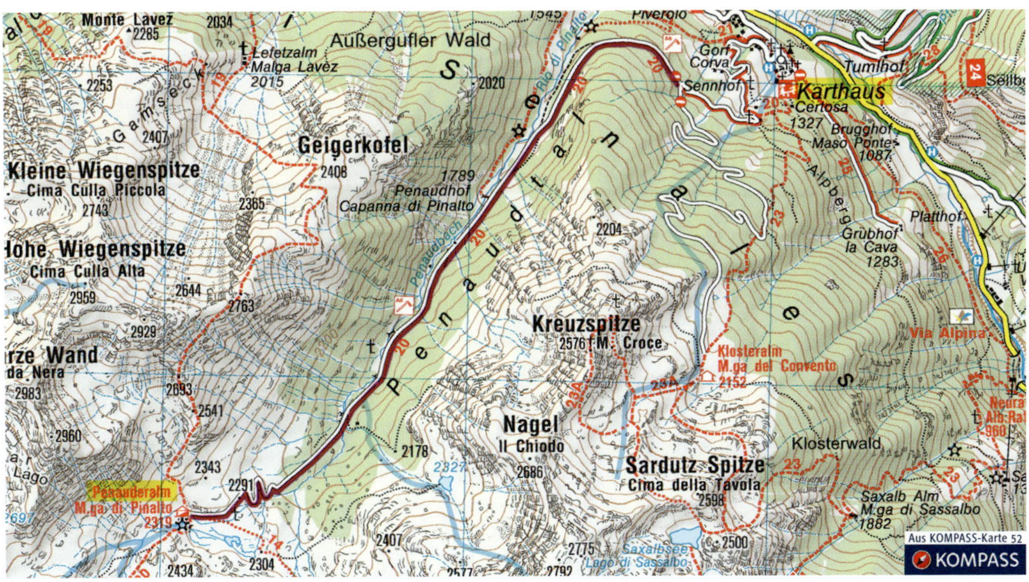

Die Hütten der Naturnser Alm hoch über dem unteren Vinschgau

Zur Naturnser Alm 1922 m

Runde von Aschbach über das Vigiljoch

Die sowohl als Alm wie auch als Einkehrstätte bekannte Naturnser Alm liegt südöstlich von Naturns nicht weniger als 1400 Meter über der Vinschgauer Talsohle, doch da wir als Ausgangspunkt für die Wanderung zur Alm das mit dem Auto oder mit der Seilbahn erreichbare Dörfchen Aschbach wählen, reduziert sich der zu bewältigende Höhenunterschied auf relativ bequeme 600 Höhenmeter. Ein zweiter Vorteil, den Aschbach bietet, ist der, dass mit dem Besuch der Naturnser Alm die Begehung des hübschen Höhenweges kombiniert werden kann, der die Alm mit dem Vigiljoch verbindet, sodass sich die Möglichkeit zu einer lohnenden Rundwanderung und der Besuch des einzigartigen Höhenkirchleins St. Vigil ergibt, in dessen Nähe übrigens ebenfalls Einkehrmöglichkeit besteht.

Da nun das Vigiljoch gar nur rund 1740 Meter hoch liegt, verringert sich der eigentliche Aufstieg auf eine gute Gehstunde, und so wird der Besuch der Naturnser Alm zu einer Rundwanderung, die sich fast jeder zutrauen darf.

Haben wir also das Vigiljoch erreicht, seinem Kirchlein Reverenz erwiesen und beim »Jocher« vielleicht auch eine erste Rast eingelegt, geht es zuerst zwar noch ein Stück durch Wald

17

Orientierung und Schwierigkeit
Für etwas gehgewohnte Wanderer leicht und problemlos
Karten 1:50.000
Kompass, Blatt 52 (Vinschgau); Freytag-Berndt, Blatt S 2 (Vinschgau – Südliche Ötztaler Alpen)

3 ½ Std. | 10,2 km | 560 Hm

Das Höhenkirchlein St. Vigil am gleichnamigen Joch

leicht ansteigend bergan, aber dann wandern wir über die Almhänge des Höhenrückens, der sich zwischen unterem Vinschgau und Außerulten erhebt, weitgehend eben westwärts.

Schon bald führt uns der bekannte Almenweg, auf dem man nach der Naturnser Alm noch weit von einer Alm zur anderen wandern könnte, auf die Nordseite des Kammes, wir kommen an einem malerischen Seelein vorbei, und dann erreichen wir die lang gezogene Hütte der Naturnser Alm, den prächtigen Dreitausendern der Texelgruppe gerade gegenüber und, wie gesagt, nicht weniger als 1400 Höhenmeter über dem Tal.

Wegverlauf: Zunächst Fahrt mit dem eigenen Fahrzeug oder der kleinen Seilbahn von Rabland (die Talstation befindet sich gegenüber dem Dorf am südlichen Bergfuß) hinauf zum Bergdörfchen Aschbach (1362 m) und von da zu Fuß der Markierung 28 folgend auf dem Güterweg mäßig steil durch Wald ziemlich gerade und ohne Orientierungsprobleme hinauf zum Vigiljoch (ca. 1740 m; in der Nähe das Gasthaus »Jocher« und das Höhenkirchlein St. Vigil); ab Aschbach gut 1 Std. Nun stets der Markierung und den Wegweisern »Naturnser Alm« folgend durch Wald südwestwärts bis unter den Rauchbühel und dann nahezu eben an der Waldgrenze hinüber zur Naturnser Alm (1922 m; Ausschank); ab Vigiljoch gut 1 Std. Abstieg: Von der Naturnser Alm stets der Markierung 27 folgend in großteils nur mäßig absteigender Querung des schönen Siebenbrunner Waldes – benannt nach dem Quellgebiet der »Sieben Brunnen« – nordostwärts hinunter nach Aschbach; ab Alm 1½ Std.

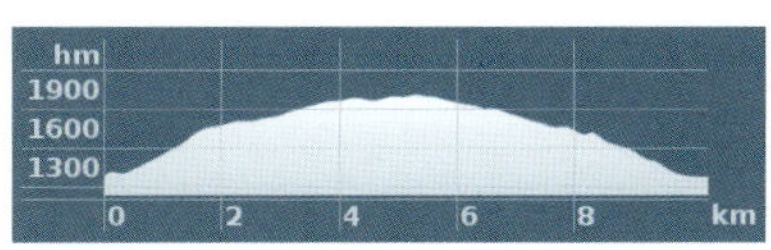

Auf der Egger-Grub-Alm im Passeiertal mit Blick zu den Pfelderer Bergen

Burggrafenamt und Meran

Die Leadner Alm am Tschögglberg

Zur Leadner Alm 1514 m

Einstiges Bauernhöfl am Tschögglberg

18

Orientierung und Schwierigkeit
In jeder Hinsicht leicht und problemlos, auch für schwächere Geher geeignet
Karten 1:50.000
Kompass, Blatt 53 (Meran);
Freytag-Berndt, Blatt S 1
(Bozen – Meran und Umgebung)

2 ½ Std. | 8 km | 310 Hm

Das Ziel unserer Wanderung heißt Leadner Alm, ist ein hübsches Plätzchen mit weitreichender Aussicht und liegt mit seiner viel besuchten Gaststätte zwischen den Siedlungsgebieten von Hafling und Vöran.

Seit Generationen kennt man »den Leadn« (das ist die Mundartform für Lehen) immer nur als Alm, wenn auch schon seit alter Zeit eine mit Ausschank und eine gut besuchte. Doch ähnlich wie bei der Marzonalm im Vinschgau haben wir es auch bei der Leadner Alm ursprünglich mit einem Bauernhof zu tun, ja zeitweise waren es sogar deren zwei. Das verwundert aber eigentlich nicht besonders, gibt es doch überall im Land Bauernhöfe, die in ähnlicher Höhe liegen.

1341 ist das Lehen schon urkundlich erwähnt, später wird es geteilt, und ein Teil heißt dann Platterhof. Doch das Leben hier in 1500 Meter Höhe ist nicht leicht, und so wird aus der Dauersiedlung eine Alm und schließlich ein Gasthaus. 1597 ist noch vom Lehenhof die Rede, 1621 dann aber nur noch von einer »Alben«.

Blühende Bergwiesen gegen die Texelgruppe

Der Hauptgrund dafür, dass der Leadn schon früh zur Alm wurde, mag wohl in seiner Lage auf einem westwärts verlaufenden und damit den Nordwinden stark ausgesetzten und außerdem auch wasserarmen Höhenrücken zu suchen sein, aber auch die allgemeine Klimaverschlechterung an der Wende vom 15. zum 16. Jahrhundert mag eine Rolle gespielt haben.

Wie dem nun auch sei. Von den größeren Ortschaften Hafling und Vöran in seiner Umgebung ist die Leadner Alm nicht weiter entfernt als so mancher andere Berghof, und das heißt für uns, dass es sich um ein Wanderziel handelt, das sich auch nur mäßig ausdauernde Geher ohne weiteres zutrauen dürfen.

Wegverlauf: Von Vöran (1204 m) der Markierung 1 folgend teils auf der Straße, teils diese abkürzend in ca. 20 Minuten nordostwärts hinan zum Gasthaus »Grüner Baum« an der Straße zwischen Vöran und Aschl/Mölten (1322 m; hierher auch mit dem Auto), von da auf dem nur leicht ansteigenden Fahrweg 16 nordwärts in einer Schleife durch Wiesen hinauf, dann in längerer Waldquerung zum Wiesensattel »Bruggen« (1455 m) und nordöstlich entweder auf dem Fußweg (Mark. 11) oder auf der Zufahrt durch die Wiesenhänge hinauf zur Leadner Alm (1514 m; Gaststätte); ab Ausgangspunkt knapp 1½ Std.

Abstieg: Entweder wie Aufstieg oder wie beim Aufstieg zurück zum Sattel Bruggen und auf dem Sträßchen ca. 500 m südwärts, dann links ab, auf Weg 16 A südostwärts durch Wiesen hinunter zum Rohrerhof (1316 m), auf dessen Zufahrt südwestwärts die Wiesen nahezu eben querend zurück zum Gasthaus »Grüner Baum« und wie im Aufstieg zurück nach Vöran; ab Leadner Alm 1 Std.

Auf den weiten Höhen des Tschögglberges: die Vöraner Alm

Zur Vöraner Alm 1875 m

Von Hafling über die Wurzeralm zum Ziel

19

Orientierung und Schwierigkeit
Für Gehgewohnte in jeder Hinsicht leicht und problemlos
Karten 1:50.000
Kompass, Blatt 53 (Meran); Freytag-Berndt, Blatt S 1 (Bozen – Meran und Umgebung)

3 ½ Std. | 9,9 km | 585 Hm

Unser Hauptziel, die Vöraner Alm, ist eine der höchstgelegenen Almen des Tschögglberges. Sie liegt nur wenige Schritte unterm Vöraner Joch, einer zentral und frei gelegenen Bergkuppe mit einzigartiger Aussicht, die vor allem die Dolomitzacken der Brentagruppe sowie die Gletscherberge des Adamello, der Ortlergruppe und der Ötztaler Alpen umfasst, während sich im Norden ziemlich nahe die Felsgestalten von Ifinger und Verdinser Plattenspitze erheben.

Das Gebiet zeichnet sich im Sommer aber auch durch seine mannigfaltige Alpenflora aus, die vom Enzian über Alpenazalee, Anemone und viele andere Arten bis zur Alpenrose reicht.

Als Ausgangs- und Endpunkt der Tour zur Vöraner Alm wählen wir das von Meran herauf auf guter Autostraße erreichbare Dorf Hafling, von wo der Aufstieg um einiges kürzer ist als jener von Vöran her. An diesem Aufstieg liegt zuerst die Almlichtung der Haisrainer Alm und dann in gut 1700 Meter Höhe die ebenfalls von Wald umrahmte Wurzeralm mit Ausschank und

Goldpippau und andere Blumen auf den Höhen der Vöraner Alm

Einladung zu einer Zwischenrast. Von der Wurzeralm ist es dann nur noch eine gute halbe Stunde zur Vöraner Alm. Dort hat man nicht nur das Ziel erreicht, sondern auch bereits drei Almen kennen gelernt, von denen freilich die Vöraner Alm weitaus die größte ist, handelt es sich doch um die Gemeindeweide des bekannten Tschögglberger Dorfes Vöran, auf der an die 150 Stück Vieh den Sommer verbringen.

Die Vöraner Alm hat sich in den vergangenen Jahren zu einem stark besuchten Wanderziel entwickelt; die 1986 anstelle der alten Almhütte erbaute heutige Hütte bietet Einkehrmöglichkeit, und den nötigen Strom für Gast- und Almbetrieb liefert eine hochmoderne, erst 1998 installierte Fotovoltaikanlage, von der man allerdings fast nichts sieht. So ist das Gesamtbild der Alm trotz der genannten Neuerungen nahezu unverändert geblieben und man findet auf diesen weiten Höhen noch immer die Stimmung und Idylle von einst.

Wegverlauf: Von Hafling (1290 m; Autostraße von Meran herauf) schwachen Wegweisern und stets der Markierung 2 folgend anfangs auf Höfezufahrt und dann auf dem alten Almweg (bequemer, aber länger ist die Almzufahrt mit der Mark. 2 A) zuerst durch Wiesen hinauf zum Wald, dann ein gutes Stück durch diesen zur Wiese der Haisrainer Alm, die man nordseitig umgeht, dann weiter zur Wurzeralm (1707 m; Ausschank, ab Hafling ca. 1¼ Std.) und auf dem guten Weg 2 durch Wald zur Vöraner Alm (1875 m); ab Hafling knapp 2 Std.
Abstieg: Wie Aufstieg (knapp 1½ Std.) oder über die Leadner Alm: Von der Vöraner Alm auf Weg 11 A über die Roßhütte (1711 m) südwärts hinunter zum Salabach (1679 m), jenseits durch die Waldhänge leicht absteigend hinaus zur Leadner Alm (1455 m) und von da stets der Markierung 16 folgend teils auf dem alten Weg, teils auf der Höfezufahrt zuerst durch Wald absteigend und dann Wiesenhänge querend zurück nach Hafling. Ab Vöraner Alm gut 2 Std.

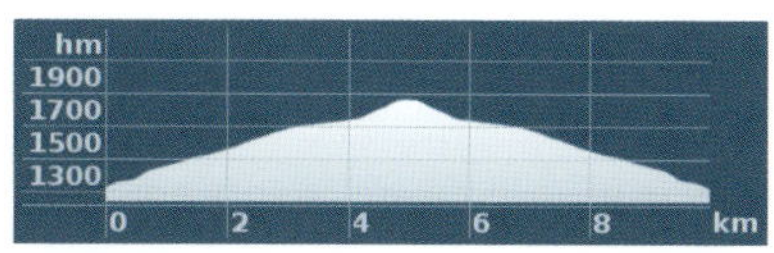

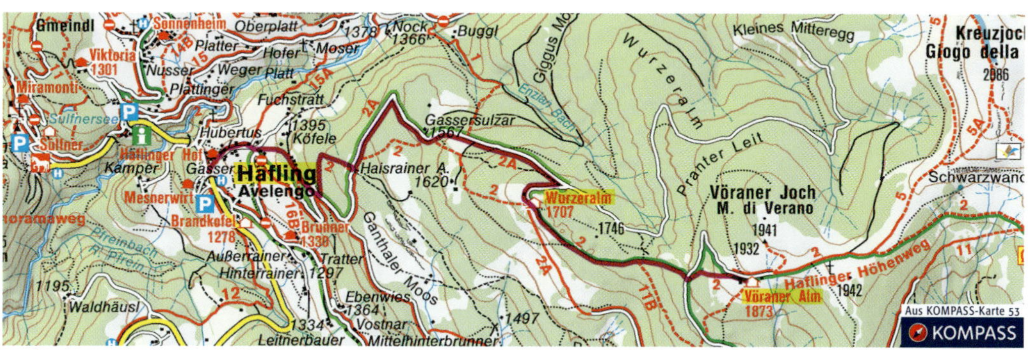

Die Hütte der Maiser Alm am Tschögglberg

Moschwaldalm und Maiser Alm 1783 m

Leichte Waldwanderung von Falzeben aus

Die beiden Almen liegen etwa 500 Höhenmeter oberhalb Hafling und können von dort in rund anderthalbstündigem, mittelsteilem Aufstieg erreicht werden.

Etwas kürzer und vor allem viel weniger steil ist dagegen der breite Zugangsweg, der auf Falzeben beginnt, wohin von Hafling herauf eine gute Autostraße führt.

Bei diesem Zugang quert man die schönen, wenn auch steilen Waldhänge, die den großen Graben des Sinichbaches flankieren, und erreicht dann jenen rundlichen Höhenrücken, auf dem, vom Moschwald umgeben, die hübsche Wiesenrodung der Moschwaldalm mit ihren wenigen Hütten liegt und weit nach Südwesten über Berge und Täler schaut. Hier kann man einkehren und angesichts der freien Lage mit dem Erreichten zufrieden sein.

Doch der gemütliche Wanderweg, an dem das Almvieh weidet oder seine Rast hält und dabei in stoischer Gelassenheit die vorbeiziehenden Wanderer beäugt, führt noch ein Stück

20

Orientierung und Schwierigkeit
In jeder Hinsicht leichte Wanderung, auch für schwächere Geher geeignet
Karten 1:50.000
Kompass, Blatt 53 (Meran);
Freytag-Berndt, Blatt S 1
(Bozen – Meran und Umgebung)

2 ½ – 3 Std. | 6,9 km | 298 Hm

Weidevieh zwischen Moschwaldalm und Maiser Alm

weiter zur Maiser Alm, die inmitten der Waldhänge liegt, die den zum Sinichbach abfließenden Almbach umschließen. Die Lage dieser Alm ist nicht so frei und offen wie jene der Moschwaldalm, aber auch hier gibt es Einkehrmöglichkeit, und für die meisten Wanderer ist sie das eigentliche Ziel dieser gemütlichen Almtour durch unberührte Wälder.

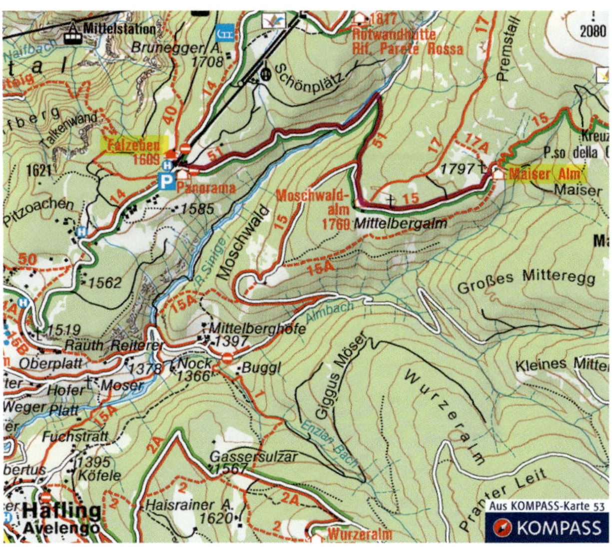

Wegverlauf: Von Falzeben (1621 m; Wiesengelände mit Gaststätten und Talstation der Umlaufbahn Meran 2000; hierher Autostraße von Hafling herauf; große Parkplätze) den Wegweisern »Moschwaldalm« und »Maiser Alm« sowie der guten Markierung 51 folgend auf ungeteertem Fahrweg eben und leicht absteigend durch Wald zu einem ersten kleineren Bach mit Brücke, nun weiter zum großen Sinichbach mit Brücke (1575 m) und dann mit einer Rechtskehre auf teilweise gut gepflastertem breiten Weg leicht bis mäßig ansteigend durch Wald zur Moschwaldalm (1742 m; Ausschank; ab Falzeben knapp 1 Std.); und von da schließlich auf ungeteerter Forststraße kurz ansteigend und eben durch Wald und freie Böden weiter zur Maiser Alm (1783 m; Ausschank); ab Falzeben knapp 1½ Std. Rückkehr nach Falzeben: Auf dem beschriebenen Hinweg in ähnlicher Gehzeit.

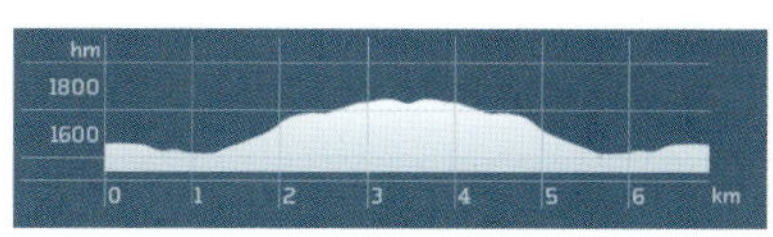

Die Streitweider Alm gegen die Hönigspitzen

Vom Taser zur Streitweider Alm 1560 m

Bequemes Wanderziel hoch über Schenna

Schon der Umstand, dass die Gemeinde Schenna einst im weit entfernten Hinterpasseier Almgründe gekauft hat, gibt zu erkennen, dass sie im eigenen Gemeindegebiet nicht gerade reich mit Almen gesegnet ist. Allerdings besitzt sie in den westexponierten Mulden unter den Gipfeln von Hirzer, Plattenspitze und Ifinger doch mehrere kleinere Almen, und eine von diesen ist die Streitweider Alm, von den Einheimischen einfach »Streitwòad« genannt.

Es wird wohl so sein, dass es um die Weide einst zwischen den Bauern dies- und jenseits des großen Masulgrabens Unstimmigkeiten gab und diese der Weide den Namen gegeben haben. Jedenfalls verrät der Name, dass es sich ursprünglich nur um eine Weide – wie der ein Stück höher gelegene Rossboden vermuten lässt, hauptsächlich um eine Pferdeweide – und nicht um eine eigentliche Alm handelte; so verzeichnen denn auch ältere topografische Karten hier noch keine Almhütte.

21

Orientierung und Schwierigkeit
In jeder Hinsicht leicht und problemlos
Karten 1:50.000
Kompass, Blatt 53 (Meran);
Freytag-Berndt, Blatt S 1
(Bozen – Meran und Umgebung)

2 ½ Std. | 6,4 km | 110 Hm

Das Taserkirchlein am Weg zur Streitweider Alm

Um 1910 wird sie aber dann als »Alm Streitwaid« bezeichnet, selbstverständlich verzeichnen sie dann auch die neueren Karten und Almerhebungen als richtige Alm, und um 1960 heißt es, dass sie eine Interessentschaftsalm mit 30 gesömmerten Rindern sei.

Deren Zahl ist mittlerweile zwar etwas gesunken, aber 1998 wurde anstelle der alten Almhütte am Rande der großen Mähwiese ein schmucker neuer Bau erstellt, der im Sommer eine viel besuchte Almschenke mit mehreren Zugängen ist, von denen hier der bequeme Wanderweg über den Berggasthof »Taser« beschrieben wird.

Wegverlauf: Von Verdins bei Schenna zuerst mit der Seilbahn hinauf zum schön gelegenen Berggasthof »Taser« (1450 m). Von da auf dem breiten Weg durch die Wiese nordwärts zum Wald (ab hier Wegweiser »Streitweider Alm« und Mark. 40), auf dem breiten Forstweg (schöne Wanderpromenade) eben durch den Nadelwald zum Ende des Forstweges; dann auf dem an felsigen Waldstellen mit guten Holzgeländern abgesicherten Fußweg mehr oder weniger eben durch die Steilhänge weiter und zuletzt kurz mäßig ansteigend zur Alm (1560 m; Ausschank); ab Ausgangspunkt knapp 1½ Std.

Rückweg: Wie Hinweg, Gehzeit etwas kürzer.

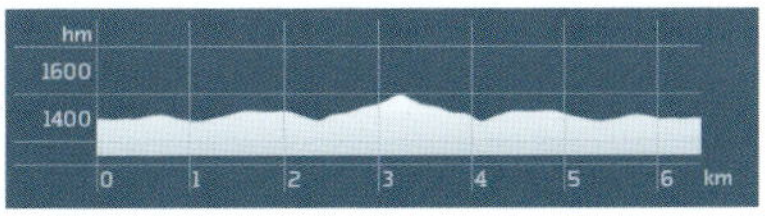

Der oberste Spronser Almboden mit den untersten Seen und der Oberkaser; im Hintergrund Ifinger und Dolomiten

Zu den Almen im Spronser Tal 2131 m

Von Hochmut ins Herz der Texelgruppe

Das zwischen Meran und Riffian von Nordwesten ins äußerste Passeiertal mündende Spronser Tal, das vom stürmischen Finelebach durchflossen wird, ist ein steiles, von steilen Felsen, rauschenden Bergbächen, dunkelgrünen Baumgruppen und hellgrünen Grashängen geprägtes Bergtal, das – abgesehen vom einsamen Longfall-Hof – keine Dauersiedlungen aufweist.

Zwar gab es im Hochmittelalter vermutlich auf der heutigen Longfall-Alm den Spronser Hof, doch der wurde offenbar schon bald wieder aufgelassen.

Im obersten Teil unseres Hochtales liegen die bekannten zehn Spronser Seen, im mittleren Teil hingegen tragen vor allem die Grashänge viel zur Charakteristik der Gegend bei. Reihen sich doch ein halbes Dutzend Almen bergwärts aneinander, angefangen von der erwähnten Longfall-Alm in 1470 Meter Höhe über die Spronser Alm, die Bockerhütte, die Galterhütte und die Unterkaser bis hinauf zur Oberkaser in 2131 Meter Höhe.

22

Orientierung und Schwierigkeit
Lange, aber für berg- und gehgewohnte Wanderer unschwierige Tour
Karten 1:50.000
Kompass, Blatt 53 (Meran);
Freytag-Berndt, Blatt S 1
(Bozen – Meran und Umgebung)

5–6 Std.	15 km	900 Hm	1450 Hm

Wir können diese ganze Almgruppe in Form einer großzügigen Rundtour kennen lernen, bei der wir uns zunächst von der Muter Seilbahn bis in 1400 Meter Höhe tragen lassen. Von dort peilen wir dann gleich die oberste der genannten Almen an, und die übrigen lernen wir nicht im mühsamen Aufstieg, sondern um einiges bequemer nach und nach beim Abstieg kennen.

Ein reiner Spaziergang ist die Tour zwar trotzdem nicht, aber teilweise wandern wir auf nahezu ebenen Höhensteigen dahin, und im Übrigen bietet die Tour auch so manche willkommene Abwechslung. So liegen im Bereich der Oberkaser mit der Pfitscher Lacke und dem Kasersee zwei der erwähnten Spronser Seen, außerdem befinden sich unweit davon an einer prähistorischen Fundstelle die bekannten großen Schalensteine, in die unsere wohl urzeitlichen Vorfahren zahllose rätselhafte Grübchen und Rillen eingetieft haben, und die eine oder andere der genannten Almen bietet Rast- und Einkehrmöglichkeit.

Wegverlauf: Von Dorf Tirol bei Meran (596 m) zuerst mit der Seilbahn hinauf zum Gasthaus »Hochmut« (1361 m). Von da der Markierung 22 folgend großteils in mäßig ansteigender Hangquerung nordwärts hinauf zum Berggasthaus »Mutkopf« (1684 m), nun am Bergrücken empor zu Wegteilung (ca. 1820 m), von dort, weiterhin mit Markierung 22, rechts durch die Hänge eben hinein zu weiterer Wegteilung, links über den sogenannten »Jägersteig« und den daran anschließenden Steig 25 in ebener bis leicht ansteigender Querung der freien Berghänge nordwestwärts hinein zum kleinen Pfitscher Sattel (2225 m; hier die erwähnten Schalensteine) und kurz eben weiter zur Pfitscher Lacke, zum Kasersee und zur nahen Oberkaser (2131 m; Ausschank); ab »Hochmuter« ca. 3 Std.

Abstieg: Von der Oberkaser stets der Markierung 6 folgend auf teilweise steilem Bergpfad ostwärts durch das Spronser Tal hinab zum mittleren Spronser-Alm-Gebiet mit der Unterkaser, der Bockerhütte (1717 m; Ausschank; ab Oberkaser 3/4 Std.) und der Spronser-Alm-Hütte (1628 m), dann durch Wald hinunter zur Longfall-Alm (1470 m), weiter talab ins Gebiet des Longfall-Hofes (1075 m; Jausenstation), auf dem breiten Weg 8 mäßig absteigend durch Waldhänge zum Gasthaus »Tiroler Kreuz« (806 m) und teilweise über den »Waldweg« zurück zur Talstation der Muter Seilbahn (ca. 680 m); ab Oberkaser 3 Std.

Bergziegen auf Obisell – auch sie gehören zum »Almvieh«.

Almen und See von Obisell 2160 m

Vom Bergweiler Vernuer zum Ziel

23

Orientierung und Schwierigkeit
Für einigermaßen berg- und gehgewohnte Wanderer leicht und problemlos
Karten 1:50.000
Kompass, Blatt 53 (Meran);
Freytag-Berndt, Blatt S 8
(Passeier – Timmelsjoch – Jaufen)

4 – 4 ½ Std. | 10,2 km | 773 Hm

Unser Wanderziel besteht aus der Unteren und der Oberen Obisellalm, einer grünen, von mittelhohen Felsgipfeln überragten Berglandschaft; und nahe der oberen Almhütte, die Einkehrmöglichkeit bietet, liegt der malerische Obisellsee mit seinem klaren Wasser.
So gesellt sich das Almgebiet von Obisell zu jenen gar nicht so seltenen Almen, die ihre landschaftliche Schönheit zu einem guten Teil einem Bergsee verdanken, gleichzeitig aber auch zur Schönheit des Sees das Ihre beitragen.

Das Ganze liegt sonnig in über 2000 Meter Höhe westseitig über dem äußeren Passeiertal, und das heißt, dass zwischen dem Talboden und der Alm ein Höhenunterschied von rund 1700 Metern besteht.

Doch als Ausgangspunkt für die Wanderung zu den Almen von Obisell wählen wir nicht den Talgrund, sondern die fast 1000 Meter höher gelegenen Übersthöfe im Bergweiler Vernuer. Dadurch verkürzt sich die Tour auf ein annehmbares Maß,

Die Obere Obisellalm am gleichnamigen Bergsee, wo sich auch Wildenten niedergelassen haben

allerdings beträgt der Aufstieg durch das steile und felsige Saltauser Tal auch so noch an die zweieinhalb Gehstunden, was an die Gehtüchtigkeit entsprechende Anforderungen stellt.

Aber die Route ist dennoch kein eintöniger »Hatscher«; denn zuerst quert man auf breitem Güterweg schattigen Nadelwald, dann geht es an teils mit Gebüsch, teils mit hohem Wildgras bewachsenem Felsgelände, über das der Saltauser Bach und manches andere Wasser talwärts rauscht, empor zur ersten Hangverflachung mit den Hütten der Unteren Obisellalm, und von dort steigt man über steiniges Grasgelände zur Oberen Obisellalm auf mit dem idyllischen See und der einfachen Almschenke.

Wegverlauf Vom Parkplatz beim Gasthaus »Oberöberst« oberhalb Vernuer (1387 m; hierher zwischen Riffian und Saltaus von der Passeirer Talstraße abzweigende Straße) der Beschilderung »Obisell« folgend zuerst auf breitem Forstweg in nahezu ebener Waldquerung nordwestwärts hinein ins steile Saltauser Tal, dann mit Markierung 5 auf einfachem, an etwas ausgesetzten Stellen mit Geländern abgesichertem Bergweg durch die steilen und teilweise felsigen Hänge empor zur Unteren Obisellalm (2002 m; kein Ausschank) und weiterhin auf Steig 5 empor zum Obisellsee und zur dortigen Almhütte (2160 m; Ausschank meist lange in den Herbst hinein); ab Parkplatz knapp 2½ Std. Empfohlener Abstieg: Von der Alm auf Weg 5 hinunter bis zur Weggabel, hier rechts ab, den Wegweisern »Hahnenkamm« folgend durch die freien Berghänge hinaus zur Hahnenkammhütte (ca. 2050 m), auf Steig 21 hinab zu weiterer Weggabel (ca. 1950 m) und ab da stets auf Fußweg 21 A durch Wald mittelsteil hinunter zum Parkplatz beim »Oberöberst«; ab Alm knapp 2 Std.

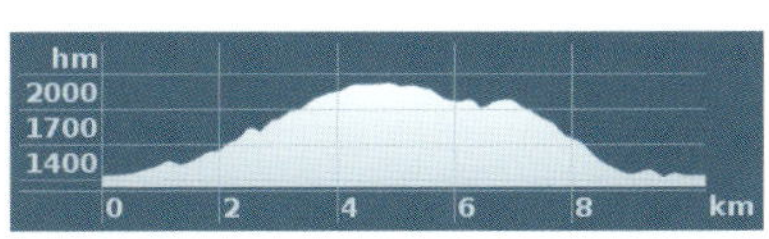

Hintereggalm (im Vordergrund) und Mahd-Alm

Rundwanderung im Hirzergebiet 2017 m

Von Alm zu Alm hoch über Saltaus

24

Orientierung und Schwierigkeit
Für gehgewohnte Wanderer leicht und problemlos
Karten 1:50.000
Kompass, Blatt 53 (Meran); Freytag-Berndt, Blatt S 8 (Passeier – Timmelsjoch – Jaufen)

2 ½ Std.	9,5 km	37 Hm	642 Hm

Die vier Almen, die wir auf nur eben und abwärts verlaufenden Wegen erwandern, heißen Tallner Alm, Hintereggalm, Mahd-Alm und Gampenalm, und sie liegen westseitig unterm Hirzer, dem höchsten Gipfel der gesamten Sarntaler Alpen.

Die Höhe des Berges, aber auch die Almlandschaft zu seinen Füßen haben dem Gebiet schon früh zu großer Beliebtheit verholfen. So entstand hier, auf der Tallner Alm, bereits 1875 mit der Hirzerhütte die erste Alpenvereinshütte Südtirols, und vor rund 30 Jahren wurde die Hirzerseilbahn erbaut, von der auch wir uns in die Höhe tragen lassen, um dann von Alm zu Alm zu wandern und schließlich über die Gampenalm bis nach Obertall abzusteigen. So ergibt sich eine lohnende, nicht zu lange, aber doch recht stattliche Wanderung.

Auf den Almen, die wir dabei kennen lernen, weiden insgesamt an die 150 Stück Vieh, es gibt aber auch Einkehrmöglichkeit in den rustikalen Hütten. Zwar sind sie dank der Seilbahn und der Nähe Merans manchmal sehr stark besucht, aber es

»Gespenstervogel« auf Hinteregg

gibt genauso auch die stille Stunde da heroben, in der sich die Sennleute Zeit nehmen, mit dem Besucher ein Weilchen zu plaudern.

Da kann man dann so manches über das Almleben erfahren, und vielleich geht auch die Rede von den Almgeistern und boshaften Nörggelen, die abends das Vieh herumsprengen, sodass die Hirten alle Mühe haben, es noch vor dem Zunachten wieder zusammenzubringen, und es geht die Rede von jenem grausamen »Norgg«, der das Vieh gegen die Hirzerwände hinauftrieb und oben in den Sümpfen des Roten Mooses jämmerlich zugrunde gehen ließ.

Da wird es dann gar unheimlich in der dämmrigen Almstube, dem Zuhörer läuft ein Schauer über den Rücken, und während draußen die Sonne versinkt und der Abendwind um die Hütte streicht, werden die bizarren Wurzelgebilde, die der Senner gesammelt hat, zu gespenstischen Vögeln und dämonischen Gestalten.

Wegverlauf: Von Saltaus im äußeren Passeiertal (490 m) mit der Hirzerseilbahn hinauf zur Mittelstation im Weiler Obertall (1375 m; hierher auch mit dem Auto möglich; Gastbetriebe) und mit der Seilbahn weiter bis zur Bergstation in der Bergflur Klammeben (1980 m; Gasthaus). Von dort dann auf gutem Weg (Markierung 40), der anfangs in Stufen ein Stück in felsigem Gelände absteigt und dann den Hang quert, hinüber zur Hirzerhütte (1983 m; Gasthaus »Tallner Alm«). Nun kurz hinauf zur alten Tallner-Alm-Hütte (2017 m), dann auf gutem und schönem Weg (Mark. 1) teils durch Almgelände, teils durch Lärchenwald weitgehend eben in ca. 1 Std. hinüber zur alten, rustikalen, in Holz errichteten Hütte der Hintereggalm (1990 m; Ausschank) und kurz weiter zur Hütte der Mahd-Alm (1990 m; ebenfalls Ausschank). Von da nun dem Wegweiser »Tall« folgend auf Steig 2 kurz hinab, dann längere Zeit steile Lärchenbestände querend zu einem Jöchl, dahinter hinunter zur Gampenalm (1808 m; Ausschank) und schließlich teils auf dem alten Fußweg, teils auf breitem Forstweg durch die Wälder hinunter nach Obertall.

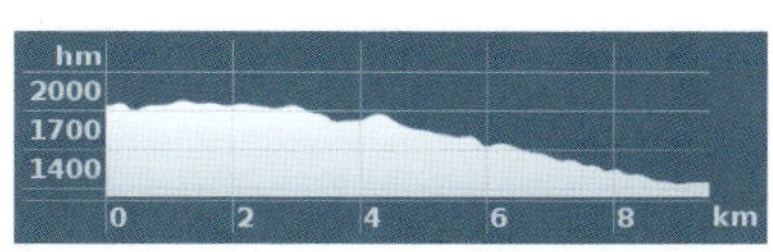

Die Hütte auf der Pfandleralm, wo Andreas Hofer gefangen genommen wurde

Zur Pfandleralm bei St. Martin 1349 m

Ort der Gefangennahme Andreas Hofers

25

Orientierung und Schwierigkeit
In jeder Hinsicht leicht und problemlos; auch für schwächere Geher und Kinder geeignet
Karten 1:50.000
Kompass, Blatt 53 (Meran);
Freytag-Berndt, Blatt S 8
(Passeier – Timmelsjoch – Jaufen)

1 ½ – 2 Std. | 2,5 km | 323 Hm

Im Bereich von St. Martin in Passeier liegen am Osthang die stattlichen Höfe des Weilers Prantach, deren höchster Hof der Pfandlerhof ist. Und von da wandern wir durch schönen Nadelwald in einem gemütlichen Stündlein hinauf zur Pfandleralm.

Diese Alm ist eine hübsche, waldumrahmte, nicht sehr große Bergwiese mit einer erst vor kurzem in der jetzigen Form errichteten Almschenke am linken unteren Rand der Wiese. Am rechten oberen Rand der Wiese hingegen steht eine ungenutzte Hütte, die aber jene historische Bedeutung besitzt, von der auch die Inschriften zweier Gedenksteine künden.

Denn dies ist die Hütte, in die sich Andreas Hofer, der Anführer des Tiroler Freiheitskampfes gegen die französisch-bayerische Fremdherrschaft, nach der verlorenen Berg-Isel-Schlacht des Novembers 1809 zurückzog, um der Gefangenschaft durch Napoleon zu entgehen.

Aber sein Versteck wird verraten, Hofer wird von den Franzosen hier auf der tief verschneiten Pfandleralm am 28. Jänner

Die Gastschenke auf der Pfandleralm

1810 gefangen genommen, anschließend nach Mantua gebracht und, wie man weiß, drei Wochen später durch Erschießen hingerichtet.

Seither ist die idyllische, waldumrahmte Bergwiese trotz ihrer Kleinheit eine der bekanntesten Almen Südtirols, und es sind die Passeierer Schützen, die diese historische Stätte nicht dem Verfall anheim fallen lassen.

Die Pfandleralm hat offenbar aber auch unabhängig von den Geschehnissen um Andreas Hofer die Phantasie der Menschen angeregt. Die Sage jedenfalls erzählt, dass hier einst eine unerlöste Seele in Gestalt einer Sennerin umging. Als einmal Jäger in der Almhütte nächtigten, wurden sie mitten in der Nacht geweckt, und eine Stimme rief ihnen zu, sie sollten kommen, um das Mus zu essen; und nachdem die Jäger der Einladung gefolgt waren, sagte die Sennerin, dass sie erlöst sei, und verschwand für immer.

Wegverlauf: Von einem kleinen Parkplatz unweit des Pfandlerhofes im Weiler Prantach (1026 m; hierher Straße von St. Martin herauf; auch zu Fuß erreichbar, gut 1 Std., Mark. 1/2) den Wegweisern »Pfandleralm« und der Markierung 1 folgend auf dem alten Fußweg durch die Waldhänge mittelsteil hinauf zur Alm (1349 m; Ausschank); ab Ausgangspunkt 1 Std. Abstieg: Wie Aufstieg, 3/4 Std.

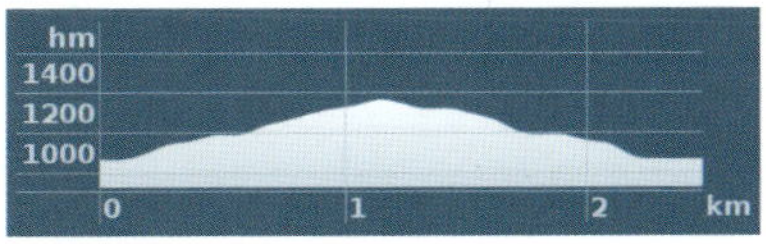

Die Fartleisalm im gleichnamigen Passeirer Seitental – sie wird auch Prantacher Alm genannt.

Zur Fartleisalm 1449 m

Wanderung in ein stilles Hochtal

Ostseitig gegenüber St. Martin befindet sich die Passeirer Gilfenklamm, die von senkrechtem Fels und stäubenden Wasserfällen bestimmte Mündungsschlucht des Fartleistales.

Der unterste Teil dieser Schlucht ist zwar unbegehbar, doch durch die Wände im oberen Teil hat man schon vor Jahrhunderten einen kürzlich verbreiterten Weg gehauen, der die wenigen Fartleishöfe erschließt und hinaufführt bis zur Alm im obersten Talbereich, wo sich mittelsteile Bergwiesen ausbreiten und am Fuß des steilen Sonnenhanges die gemauerte Hütte steht und Einkehrmöglichkeit bietet.

Der lang gezogene Viehstall und das kleine Haus für die Almleute sind hier in der Einöde unter den gewaltigen, felsigen Talflanken ein wahres Refugium für Mensch und Vieh, und man kann sich gut vorstellen, wie mühsam die umliegenden Almgründe der herben Bergnatur abgetrotzt wurden. Und man muss hinaufschauen zu den einfachen alten Hütten hoch über der genannten Alm, um eine schwache Ahnung davon zu be-

26

Orientierung und Schwierigkeit
In jeder Hinsicht leicht und problemlos, auch für schwächere Geher geeignet
Karten 1:50.000
Kompass, Blatt 53 (Meran);
Freytag-Berndt, Blatt S 8
(Passeier – Timmelsjoch – Jaufen)

2 ½ Std.	7,9 km	423 Hm

Perlmutterfalter im Almtal von Fartleis

kommen, was hier Almwirtschaft heißt oder zumindest all die Jahrhunderte bis herauf in unsere Zeit hieß.

Für den Wanderer freilich ist diese von hohen Felsgraten umschlossene Hochgebirgsszenerie, die rund um die Almwiesen tausend Meter hoch in den Himmel ragt, sehr beeindruckend. Und es bleibt zu hoffen, dass auch nach dem jüngst erfolgten Bau eines Güterweges das bisherige Bild der Alm inmitten der gewaltigen Urlandschaft erhalten bleibt.

Hinsichtlich des Namens der Alm sei abschließend noch vermerkt, dass das Tal, die Hofgruppe und die Alm den uralten Geländenamen Fartleis tragen, weshalb die Alm in den Karten und Schriften auch meist als Fartleisalm verzeichnet ist. Doch weil es sich dabei um eine Gemeinschaftsalm der Bauern des Weilers Prantach handelt, wird auch der Name Prantacher Alm verwendet.

Wegverlauf: Von einem kleinen Parkplatz unweit des Pfandlerhofes im Weiler Prantach (1026 m; hierher Straße von St. Martin herauf; in 1 Std. der Mark. 1/2 folgend auch zu Fuß erreichbar) den Wegweisern »Fartleis« und »Prantacher Alm« folgend (gemeint ist ein und dieselbe Alm, siehe oben) auf der breiten Höfezufahrt mit Markierung 2 zuerst durch die Wände und Hänge der Fartleisschlucht talein und hinauf zu den wenigen Fartleishöfen und dann auf dem Fahrweg bleibend bzw. ihn an einzelnen Stellen auf dem alten Weg abkürzend in durchwegs mäßigem Anstieg durch Wald und Wiesen talein zu ersten Almhütten und durch Bergwiesen weiter talein zur Haupthütte der Alm (1449 m; Ausschank); ab Ausgangspunkt 1½ Std.
Abstieg: Wie Aufstieg; gut 1 Std.

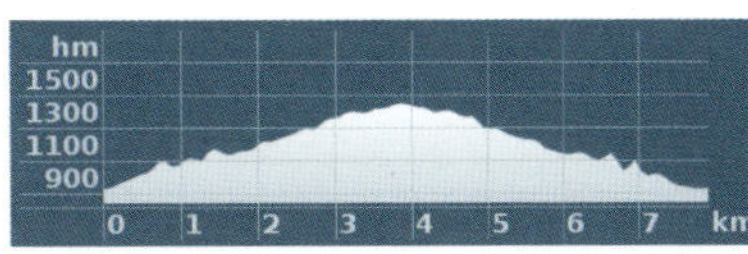

Die ausgedehnte Pfistradalm oberhalb St. Leonhard in Passeier

Zur Pfistradalm 1358 m

Wo einst Gräfinnen in Kuhmilch badeten

27

Orientierung und Schwierigkeit
In jeder Hinsicht leichte und bequeme Wanderung

Karten 1:50.000
Kompass, Blatt 53 (Meran);
Freytag-Berndt, Blatt S 8
(Passeier – Timmelsjoch – Jaufen)

4 Std. | 8,5 km | 665 Hm

Das Pfistradtal ist eine schmale, dicht bewaldete, teilweise schluchtartige Furche, die sich von St. Leonhard in Passeier südostwärts gegen den Sarntaler Westkamm hinaufzieht.

Aber durch die steilen Waldflanken führen uralte Wege, die heute zu Forststraßen ausgebaut sind, und das Tal wird in seinem Hintergrund plötzlich weit und freundlich. Unter der formschönen Felsgestalt der Alplerspitze breiten sich blühende Wiesen aus, da und dort stehen Blockhütten, von oben grüßt die Bärengrüblalm herunter, am Ostrand der Wiesen liegen ein paar Almhütten und daneben steht das schmucke Kirchlein St. Anna.

Dies ist die Alm Pfistrad oder, wie sie in den alten Urkunden genannt wird, Vistrad. Doch wie schon das Gesamtbild der Alm und ihre geringe Höhenlage von nicht einmal 1400 Metern vermuten lassen, war Pfistrad einst eine Dauersiedlung und wird als »Gut Vistrad« seit 1357 urkundlich erwähnt. Und die Sage weiß zu berichten, dass auf diesem Hof einst die

Uralter Blockbau auf Pfistrad

Gräfinnen der Jaufenburg zur Erhaltung ihrer Schönheit in frisch gemolkener Kuhmilch zu baden pflegten.

Das Höfl im einsamen Pfistradtal wurde schon früh als Dauersiedlung aufgegeben und in eine Alm umgewandelt. Aber geblieben ist die Schönheit der Almlandschaft, und um 1850 wurde an der Stelle der früheren Kapelle das heutige Kirchlein errichtet.

Heute bietet die Alm Einkehrmöglichkeit, und ist ein beliebtes Wanderziel, das sogar ein kleines Museum umfasst. Und so mancher, der hier vom Aufstieg noch nicht müde ist oder sich nach gebührender Rast neu gestärkt fühlt, nimmt noch den anderthalbstündigen Aufstieg zur Bärengrüblalm auf sich, die sich in freier, aussichtsreicher Lage befindet und erst vor kurzem eine neue Hütte erhalten hat.

Wegverlauf: Von St. Leonhard in Passeier (693 m) stets der Markierung 13 und den Wegweisern »St. Anna« folgend zuerst zwischen den Häusern südostwärts hinauf zum Ortsrand, dann durch Wiesen und an Höfen vorbei zum Wald, auf dem breiten Forstweg großteils nur leicht ansteigend in bequemer Wanderung durch die Südflanken des Pfistradtales hinein und zuletzt in Bachnähe weiterhin nur leicht ansteigend hinauf zu den Wiesen und zur Haupthütte (1358 m; Ausschank); ab St. Leonhard knapp 2½ Std.
Abstieg: Entweder wie Aufstieg (1½ Std.) oder auf dem Anstiegsweg zurück bis zur Weggabel, hier rechts ab, bald auf Holzsteg über den Pfistrad- oder Rasimbach, auf dem Forstweg an der orografisch rechten Talseite hinaus zu weiterer Wegteilung, links an Höfen vorbei und durch Wald hinunter und zuletzt auf der Karlegger Straße zurück nach St. Leonhard; ab Pfistrad 2 Std.
Wanderziel von der Alm aus: Von der Pfistradalm auf markiertem und beschildertem Steig ostwärts durch die steilen Waldhänge in 1½ Std. hinauf zur Bärengrüblalm (1874 m; Ausschank).

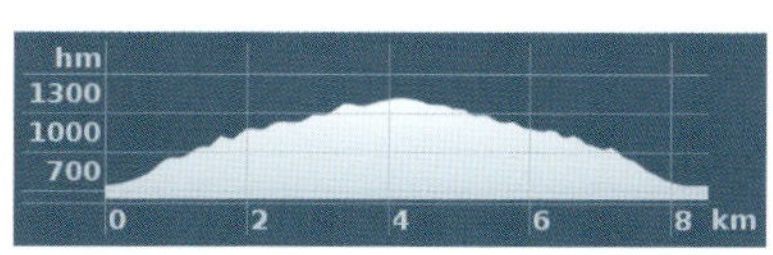

Die Moseralm auf der Sonnenseite des Wanser Tales

Zu den Wanser Almen 1865 m

Rundwanderung bei Walten unterm Jaufen

28

Orientierung und Schwierigkeit
Für etwas gehgewohnte Wanderer leicht und problemlos; schwächeren Gehern ist auch nur der Besuch der beiden ersten Almen zu empfehlen.
Karten 1:50.000
Kompass, Blatt 53 (Meran);
Freytag-Berndt, Blatt S 8
(Passeier – Timmelsjoch – Jaufen)

3 – 4 Std. | 7,7 km | 455 Hm

Der kleine Weiler Wans mit seinem schönen Haupthof und dem Johanneskirchlein unweit von Walten zwischen St. Leonhard und dem Jaufen ist der Ausgangs- und Endpunkt unserer verhältnismäßig gemütlichen Almwanderung.
Obwohl das Gebiet von Wans nicht groß erscheint, so kann es doch mit ausgedehnten Almhängen aufwarten, auf denen nach wie vor noch eine recht intensive Almwirtschaft betrieben wird.

Seebergalm, Wanser-Tal-Alm (auch einfach Wanser Alm genannt) und Moseralm – das sind die drei Almen, die wir besuchen, wobei die erste und die letzte sich in erhöhter Lage an Berghängen befinden, während die zweite im Wanser Tal liegt. Keine der drei Almen ist aufgelassen, ja insgesamt sind es sogar über 150 Stück Vieh, die da ein paar Sommermonate lang die Freiheit genießen dürfen; auch Käse und Butter werden hergestellt, und als Wanderer und Gast wird man auf Wunsch auch bewirtet.

Die Wanser-Tal-Alm

Dass jede der drei Almen ihre besonderen Eigenheiten besitzt, versteht sich von selbst. So liegt etwas oberhalb der Seeberger-Alm-Hütte ein hübsches Seelein, das dem Almgebiet, aber auch der darüber befindlichen Bergspitze den Namen gegeben hat. Die ein paar Interessenten gehörige Wanser-Tal-Alm wird von steilen Talflanken, aber auch von ausgedehnten Hochweiden geprägt. Und die Moseralm, die zum gleichnamigen Hof in Walten gehört und in der Bergflur »auf Grueb« liegt, zeichnet sich vor allem durch ihre aussichtsreiche Lage aus.

Die Verbindung zwischen den ersten beiden Almen vermittelt der idyllische »Jagersteig«, der nach Harz duftende Bergwälder durchquert, worauf dann ein entsprechender Gegenansteig zur Moseralm zu bewältigen ist. Doch das ist für gehgewohnte Wanderer kein Problem, so wie auch die Rundwanderung in ihrer Gesamtheit, zumindest nach alpinen Begriffen, als leicht und problemlos einzustufen ist.

Wegverlauf: Vom »Wanser Hof« (1410 m; Jausenstation, Parkplatz, Zufahrt von Walten an der Jaufenstraße her) südwärts über den Waltenbach (Brücke; Wegweiser), auf dem breiten Weg hinüber zum Sailer Bach, auf dem breiten Weg durch das schöne Sailer Tal mäßig ansteigend hinauf (Mark. 12) und nach erneuter Bachbrücke nordostwärts hinauf zur Hütte der Seebergalm (1712 m; ab Wans 1 Std.; Ausschank); von da auf Steig 14 A durch Wiesen südostwärts hinauf zum Seelein oberhalb der Almhütten (1744 m), nun scharf links auf dem sogenannten Jägersteig (gut markiert) einige Minuten im Wald bergauf und dann stets durch Wald zuerst nahezu eben und später teilweise über Holzstufen absteigend zur Wanser-Tal-Alm (1641 m; Almgaststätte; ab Seebergalm knapp 1 Std.; hier vorzeitiger Abstieg auf dem breiten Talweg möglich); nun ganz kurz talein, dann am ostseitigen Waldhang auf beschildertem und markiertem Güterweg in ca. 3/4 Std. mäßig ansteigend hinauf zur Moseralm (1865 m; Ausschank).

Abstieg: Von der Moseralm zuerst auf dem Anstiegsweg und dann auf rechts abzweigendem, markiertem Fußsteig westwärts hinunter zum breiten Talweg und auf diesem hinaus zum Ausgangspunkt.

Die Ulfaser Alm gegen die inneren Passeirer Berge

Zur Ulfaser Alm 1601 m

Kurzwanderung zwischen St. Leonhard und Moos

29

Orientierung und Schwierigkeit
In jeder Hinsicht leicht und problemlos
Karten 1:50.000
Kompass, Blatt 53 (Meran);
Freytag-Berndt, Blatt S 8
(Passeier – Timmelsjoch – Jaufen)

2 ½ – 3 Std. | 9,1 km | 469 Hm

Auf der Schattseite des mittleren Passeiertales zwischen St. Leonhard und Moos liegt der Streuweiler Ulfas, dessen höchster Hof, Kratzegg, in gut 1500 Meter Höhe liegt. Und südlich des Weilers, im einsamen Tal des Salderner Baches liegt, noch von lichtem Bergwald umrahmt, die nur rund 1600 Meter hoch gelegene Ulfaser Alm, die meist einfach nur sogenannt wird, aber eigentlich Untere Ulfaser Alm heißt, weil es auch noch eine obere gibt. Die Obere Ulfaser Alm hat freilich weit geringere touristische Bedeutung, zumal ja auch nur die untere mit Ausschank aufwartet.

Wer von Moos über Platt zum Weiler Ulfas und zum genannten Hof Kratzegg fährt, ist in einer guten halben Stunde ebenen Weges bei der Alm; und wer keine größere Tour unternehmen will oder kann, dem ist dieser Zugang durchaus zu empfehlen. Doch landschaftlich bedeutend schöner, wenn auch um einiges länger ist der Zugang vom Bergweiler Christl her. Und dieser Zugang wird denn auch von vielen bevorzugt,

Der Begleitweg des Matatzwaales führt zur Ulfaser Alm.

ist er doch ganz besonders angenehm zu gehen. Zwar muss man zuerst ein Stück durch Wiesen und Wald ansteigen, aber dann wandert man ab einer sogenannten »Waaler Hütte« mit Ausschank immer auf dem Begleitweg des Matatzer Waales und damit neben einem jener zauberhaften Wasserkanäle, die man besonders vom Meraner Raum und Vinschgau her kennt, durch die Waldhänge dahin.

Aber auch die Alm selbst ist hübsch, und außerdem ist sie als Interessentschaftsalm nach wie vor voll in Betrieb; und so weidet hier und auf der Oberen Ulfaser Alm immer noch viel Vieh.

Und heute geistert es auf der Alm auch nicht mehr. Denn jener Senner, der einst Butter und Käse veruntreut hatte und dann, nachdem er gestorben war, als »Norgg« umgehen und den Almleuten beim Heumachen helfen musste, wurde schließlich doch erlöst und ist in die »Ewige Alm« übersiedelt.

Wegverlauf: Anfahrt von St. Leonhard in Passeier über den Weiler Breiteben zur kleinen Hofgruppe Christl (1132 m; Gasthaus, bescheidene Parkmöglichkeit). Von da auf Steig 3 großteils durch Wald gerade hinauf zur »Waaler Hütte« am Matatzwaal (ca. 1550 m; Ausschank), dann auf dem Begleitsteig (markiert) des Matatzwaales die Waldhänge querend zuerst westwärts und dann südwestwärts zur Alm (1601 m; Ausschank); 1½ Std.
Rückweg: Wie Hinweg; Gehzeit etwas kürzer.

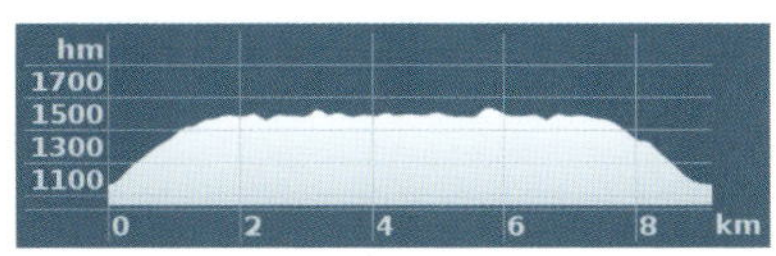

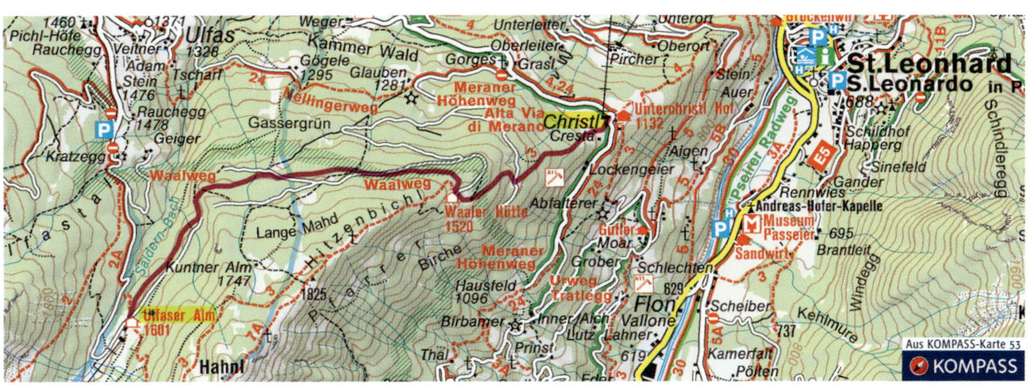

Die Faltschnalalm über dem inneren Pfelderer Tal

Zur Faltschnalalm in Pfelders 1871 m

Rundwanderung im Bann der Hochwilden

Die Alm, die auch Einkehrmöglichkeit bietet, liegt an der Waldgrenze südwestlich über Pfelders am Ausgang des vom Haupttal gegen die Texelgruppe hinaufziehenden Faltschnaltales. Es handelt sich um eine Interessentschaftsalm, deren Name von den Einheimischen »Fíltnschnol« gesprochen wird. Die Mähwiese der Alm ist eine kleine Waldrodung, die Weidegebiete und insbesondere auch die großen Schafweiden, die sogenannten »Schafbichl«, liegen oberhalb der Almhütten und damit auch oberhalb des geschlossenen Waldes.

Die nach Norden und Westen exponierte und damit vorwiegend von der Mittags- und Nachmittagssonne beschienene Alm bietet eine hübsche Aussicht auf den mächtigen Bergkranz, der das Pfelderer Tal in seinem Hintergrund umschließt. Und der Alm gerade gegenüber erhebt sich mit dem 3470 Meter hohen Seelenkogel einer der schönsten Hochgipfel dieser Gegend.

Da sowohl von Pfelders wie auch von Lazins herauf Fußwege die Alm erreichen, lässt sich ihr Besuch in Form einer lohnenden Rundwanderung durchführen. Darüber hinaus kann auch über einen hübschen Höhenweg, den sogenannten »Panoramaweg«, oder über einen tiefer verlaufenden Zubringerweg ostwärts zur Grünbodenhütte gewandert und von dort mit der Kombibahn nach Pfelders zurückgekehrt werden.

30

Orientierung und Schwierigkeit
In jeder Hinsicht leicht und problemlos, auch für schwächere Geher geeignet

Karten 1:50.000
Kompass, Blatt 53 (Meran); Freytag-Berndt, Blatt S 8 (Passeier – Timmelsjoch – Jaufen)

2 Std. | 6,1 km | 243 Hm

Der 3470 Meter hohe Seelenkogel über unserem Weg

Wegverlauf: Vom südwestlichen Dorfrand von Pfelders (1628 m) stets der Beschilderung »Faltschnalalm« folgend auf dem alten Fußweg (der ein Stück weiter westlich vom Talweg abzweigende Güterweg führt in einer sehr weit ausholenden Schleife abseits des Fußweges zur Alm) durch die hauptsächlich aus Lärchen bestehenden Waldhänge in mäßig steilem, gleichmäßigem Anstieg ohne Orientierungsprobleme zur Alm (1871 m; Ausschank); ab Pfelders 3/4 Std.

Abstieg: Von der Alm der Beschilderung »Lazins« folgend südwestwärts zum Faltschnalbach (gute Holzbrücke) und dann auf markiertem Fußweg in großteils nur leicht absteigender Querung der Waldhänge westwärts hinunter zum Gehöft Lazins (1772 m; Gasthaus; ab Faltschnalalm 20 Min.) und nach Belieben entweder auf dem schattseitigen oder auf dem sonnseitigen, jeweils breiten und bequemen Weg talaus (2 km) nach Pfelders; ab Faltschnalalm gut 1 Std.

Wanderziele von der Alm aus:

a) Erensee (2291 m): hübsches Gewässer südwestlich hoch über der Faltschnalalm; von der oben genannten Brücke über den Faltschnalbach der Beschilderung »Erensee« folgend auf markiertem Steig (Nr. 7) in durchwegs steilem, etwas anstrengendem Anstieg über freie Hänge empor zum See; gut 1 Std. (420 Hm)

b) Zum Grünboden (2000 m; Kombibahn-Bergstation, Ausschank): Von der Faltschnalalm entweder auf dem anfangs ein gutes Stück aufsteigenden und dann die freien Hänge querenden »Panoramaweg« (Fußweg) oder aber auf dem ein Stück tiefer die Waldhänge querenden und zuletzt kurz aufsteigenden Güterweg ostwärts in jeweils ca. 1 Std. zum Grünboden

Die Lazinser Alm gegen das gleichnamige Hochtal

Zur Lazinser Alm 1858 m

Spaziergang im innersten Pfelderer Tal

31

Orientierung und Schwierigkeit
In jeder Hinsicht leicht und problemlos; breite, weitgehend ebene Wege
Karten 1:50.000
Kompass, Blatt 53 (Meran);
Freytag-Berndt, Blatt S 8
(Passeier – Timmelsjoch – Jaufen)

3 Std. | 8,6 km | 230 Hm

Die stattliche Haupthütte dieser Alm trägt heute die Aufschrift »Lazinsalm«, doch früher kannte man sie nur unter der Bezeichnung Lazinser Kaser, was so viel wie Sennalm bedeutet. Sie befindet sich nur wenig am Hang erhöht im Pfelderer Talschluss über dem von Bächen durchzogenen Talboden, dort, wo auf der einen Seite ein Steiltälchen zur Stettiner Hütte hinaufzieht und auf der anderen Seite das ziemlich große Lazinstal mit der ausgedehnten Andels-hochalm zwischen den Gipfeln der Texelgruppe eingesenkt ist.

Die genannte Hütte mit ihrer Gastschenke ist eigentlich schon mehr ein Haus als nur eine Hütte, und zu ihr gesellt sich ein ebenfalls stattlicher Viehstall. Der sogenannte Grünanger bildet die Mähwiese der Alm, und eine magere kleine Weide, der »Hemerboden«, liegt zwischen den wasserreichen Bächen.

Zum Weidegebiet der Lazinser Alm gehört aber auch die erwähnte Andelsalm mit ihren großen Weideböden, und so wird verständlich, dass man einerseits im Hochsommer herunten im

Fast erreicht – die Hütte der Lazinser Alm

Bereich der Lazinser Almhütten nicht viel Vieh sieht, andererseits aber im Pfelderer Talschluss doch rund 350 Rinder und 400 Schafe den Almsommer verbringen.

Benannt ist die Alm nach dem ungefähr auf Halbweg zwischen ihr und Pfelders gelegenen, nicht weniger als 1772 Meter hoch gelegenen Hof Lazins, doch besitzmäßig handelt es sich um eine Gemeinschaftsalm der Bauern des einstigen Gerichtes Passeier, weshalb sie auch heute noch die Bezeichnung »Gerichtsalm« trägt.

Wie gesagt am Weg zur Stettiner Hütte gelegen, stellt die Lazinser Alm eine willkommene Raststätte dar, aber sie ist auch ein beliebtes Kurzwanderziel, befindet sie sich doch in einer absolut naturbelassenen, hochgebirgsnahen und doch auf bequemen Wegen mit verhältnismäßig geringem Zeitaufwand erreichbaren Gegend.

Wegverlauf: Vom großen Parkplatz oder vom oberen Dorfrand von Pfelders (1628 m) auf dem breiten, nicht geteerten Fahrweg (Durchfahrt nur für Ermächtigte) in großteils ebener Wanderung meist durch Lärchenwald auf der Schattseite des innersten Pfelderer Tales hinein und, am jenseits des Baches liegenden Lazinshof vorbei, in meist baumfreiem Gelände auf breitem Weg weiter talein zur Lazinser Alm (1858 m; Ausschank); ab Pfelders knapp 1½ Std.
Empfohlener Rückweg: Von der Alm auf dem Herweg talaus bis zu Weggabel, nun links auf Brücke über den Bach und kurz weiter zum Lazinshof (1772 m; Gasthaus), auf dem breiten Weg durch Wiesen auf der Sonnenseite nahezu eben talaus zum Weiler Zeppichl und kurz auf der asphaltierten Zufahrt zurück nach Pfelders; ab Lazinser Alm 1½ Std.

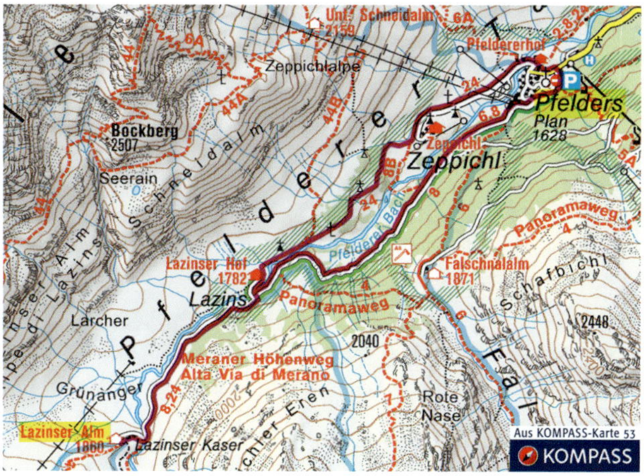

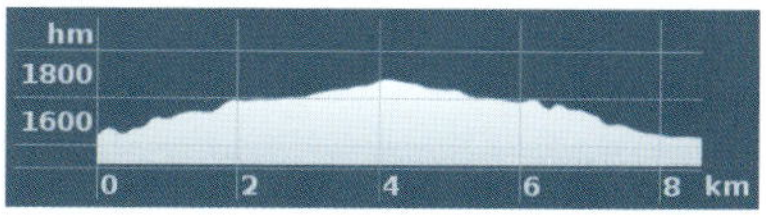

Steile Bergwiesen am Weg zur Schneidalm mit Blick zur Erenspitze

Von Pfelders zur Schneidalm 2159 m

Wanderziel unterm mächtigen Seelenkogel

32

Orientierung und Schwierigkeit
Für etwas bergtüchtige Wanderer leicht und lohnend
Karten 1:50.000
Kompass, Blatt 53 (Meran);
Freytag-Berndt, Blatt S 8
(Passeier – Timmelsjoch – Jaufen)

3 Std. | 7,2 km | 531 Hm

Ich muss gestehen, dass ich an der Schneidalm in früheren Jahren mehrmals ziemlich achtlos vorbeigegangen bin; aber einmal bin ich zumindest kurz eingekehrt und habe die erstklassige Almbutter verkostet, und da blieb mir die Alm etwas stärker in Erinnerung.

Als ich sie jüngst wieder besuchte, wählte ich für den Aufstieg nicht den gewohnten »Normalweg« – der übrigens weiter zur Zwickauer Hütte und zum Seelenkogel führt –, sondern jenen bezaubernden Anstieg, der zwischen Zeppichl und Lazins beginnt und für mich einer der schönsten Almzugänge ist, die ich kenne (ich beschreibe ihn nachfolgend als Abstiegsalternative).

Und weil es mir die gerade besonders bunt und vielfältig blühende Alpenflora und die hübschen Hochmoore mit ihren Wollgrasteppichen so angetan hatten und ich zudem eine Weile den Mähern zusah, die da in geradezu schwindelerregender Steilheit das würzige Berggras mit meisterhaft geführten Sensenschwüngen zu Fall brachten, benötigte ich für den Aufstieg zur Alm bedeutend länger als vorgesehen.

Regenbogen über dem Pfelderer Tal

Kurz bevor ich die Hütte erreichte, verschwand die Sonne hinter dunklen Wolken, und während ich dann mit den Almleuten vor der Hütte plauderte, stieg eine Kumuluswolke riesig und unheilverkündend in den Himmel. Wenig später entlud sich dann auch ein Gewitter mit furchterregenden Blitzen und Donnerschlägen, dräuende Nebel umhüllten die Berge.

So war es mir nicht vergönnt, die Alm im hellen Sonnenschein zu erleben, und dennoch ist mir die Wanderung als prächtiges Bild in Erinnerung geblieben, in dem sich die herrlichen Blumenwiesen beim Aufstieg, die gemütliche Stunde in der Hütte, das heftige Gewitter und ein prächtiger Regenbogen beim Abstieg zu einem unvergesslichen Ganzen verdichten.

Wegverlauf: Von Pfelders (1628 m) auf durchwegs steilem, teilweise steinigem Fußweg 6 A durch steile schrofendurchsetzte Gras- und Gebüschhänge hinauf zur Alm (2159 m; Ausschank); ab Pfelders gut 1½ Std. Empfohlener Abstieg: Von der Hütte kurz auf dem Weg 6 A talwärts bis zum rechts abzweigenden, nummernlos markierten Lazinser Steig (Wegweiser »Lazins«), auf diesem zuerst in Serpentinen abwärts und dann in leichtem Abstieg talein die Grashänge querend zu kleinem Lärchenwald und zum sonnseitigen, breiten Talweg (ca. 1770 m), auf diesem talaus zur Häusergruppe Zeppichl (1676 m) und auf dem Sträßchen weiter talaus nach Pfelders; ab Alm 1½ Std.

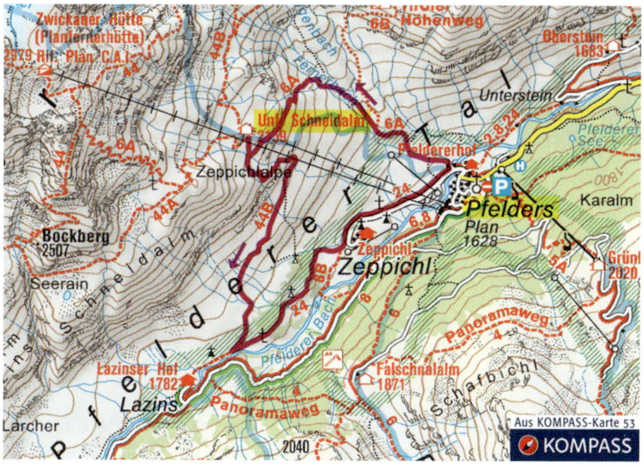

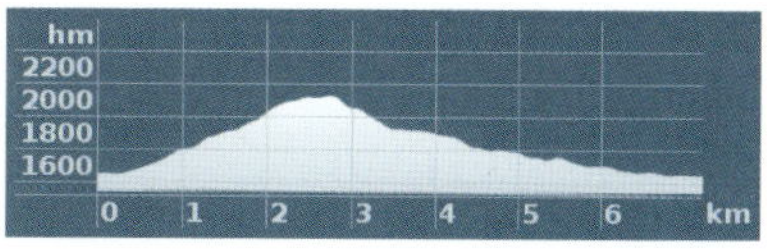

Die besonders aussichtsreich gelegene Hochalm oberhalb der Egger-Grub-Alm

Egger-Grub-Alm und Hochalm 2174 m

Von Stuls zu den aussichtsreichen Almen

33

Orientierung und Schwierigkeit
Für gehgewohnte Wanderer leicht und problemlos
Karten 1:50.000
Kompass, Blatt 44 (Sterzing) oder 044 (Passeiertal, 1:35.000); Freytag-Berndt, Blatt S 8 (Passeier – Timmelsjoch – Jaufen)

4 ½ Std.	9,2 km	859 Hm

Die Almen und Bergwiesen von Stuls, die hinaufreichen bis zu den Marmorfelsen der Hochwart, einem Nachbargipfel der Hohen Kreuzspitze, sind eine sonnige, in ihrer Ursprünglichkeit erhalten gebliebene Gegend hoch über den Tälern.

Die Egger-Grub-Alm liegt noch im Bereich der letzten Lärchen, und am oberen Rand einer ausgedehnten blühenden Wiese stehen die in ihrer heutigen Form 1964 errichteten Baulichkeiten, bestehend aus einem kleinen Wohnhaus mit Ausschank und dem sogenannten Futterhaus mit Stall und Stadel. Und sie ist nicht nur eine Alm, sondern schon fast so etwas wie ein kleines Höfl, zumal sie ja auch im Winter bewohnt wird.

Die Alm liegt immerhin an die 600 Meter über Stuls, das selbst schon ein hoch gelegenes Bergdorf ist, und doch ist sie nicht die am höchsten gelegene Alm unter dem Felsmassiv der Hohen Kreuzspitze.

Denn nochmals 200 Höhenmeter weiter oben am Berg liegt die Hochalm. Sie macht ihrem Namen alle Ehre, aber sie

Die Egger-Grub-Alm oberhalb Stuls im Passeiertal

ist auf einem landschaftlich schönen Fußweg doch gut erreichbar. Trotz der Höhe von immerhin 2174 Meter bietet auch diese Hütte Einkehrmöglichkeit, und vor allem bietet sie eine Aussicht, die fast den gesamten Sarntaler Westkamm, die nordöstliche Hälfte der Texelgruppe und einen Teil des Ötztaler Hauptkammes umfasst. Groß ist der Viehstand in dieser Höhe freilich nicht mehr, aber ein paar Stück Rindvieh und einige Ziegen habe ich letzthin doch noch angetroffen.

So herrscht auf den Almen von Stuls nach wie vor reges Leben, und man kann nur hoffen, dass das auch in Zukunft so bleibt.

Wegverlauf: Von Stuls in Passeier (1315 m; von Moos herauf gute Straße) der Beschilderung »Egger-Grub-Alm« folgend auf schmaler Höfestraße (Durchfahrt nur für Anrainer) zuerst an ein paar Höfen vorbei und dann durch die Waldhänge nur mäßig ansteigend westwärts hinauf gegen den Unteregghof, weiter hinauf zu den Hochegghöfen (1640 m; ab Stuls gut 1 Std.), von da durch Wald in zwei Kehren weiter hinauf und zuletzt teilweise auf dem steilen Abkürzungssteig hinauf zur Egger-Grub-Alm (1929 m; Gasthaus; ab Stuls ca. 2 Std.); von da schließlich auf steilem Fußpfad mit Markierung 12 A durch Almwiesen und an einzelnen Heuhütten vorbei in 40 Minuten gerade hinauf zur Hochalm (2174 m; Ausschank).
Abstieg: Entweder zur Gänze wie Aufstieg oder teilweise auf dem steilen, aber großteils abseits der Höfestraße verlaufenden »Stuller Waldweg« hinunter nach Stuls, knapp 2 Std.

Die Obere Gostalm gegen die Berge am Timmelsjoch

Zur Oberen Gostalm 1990 m

Wanderziel im innersten Passeiertal

34

Orientierung und Schwierigkeit
In jeder Hinsicht leicht und problemlos, auch für schwächere Geher geeignet
Karten 1:50.000
Kompass, Blatt 53 (Meran);
Freytag-Berndt, Blatt S 8
(Passeier – Timmelsjoch – Jaufen)

1 ½ – 2 Std. | 4,1 km | 290 Hm

Sofern man nicht dem weitgehend aufgelassenen alten Fußpfad folgt, wandert man auf einem bequemen Güterweg von der Timmelsjochstraße hinauf zu einem flachen Boden an jenem Bergrücken, der sich zwischen dem ehemaligen Bergwerk am Schneeberg und dem innersten Passeiertal vorschiebt. Almvieh weidet da, und ein paar Steine zeugen noch von den ursprünglichen, längst verfallenen Hütten der Oberen Gostalm.

Etwas höher am Hang liegen aber dann die heutigen Hütten – eine für das Vieh und eine für die Menschen –, und dort ist die Aussicht besonders frei und schön. Die Almschenke lädt dort den Besucher zum Verweilen ein, während auf den Weiden an die hundert Rinder ihr schmackhaftes Futter suchen. Doch es ist nicht Vieh der umliegenden Passeirer Bauernhöfe, sondern Vieh der Gemeinde Schenna draußen bei Meran. Und weil die Alm, so wie übrigens auch die Untere Gostalm, nach Schenna hinausgehört, findet man die beiden Almen bisweilen auch als Schenner Almen verzeichnet.

Nun behauptet die Sage, dass die Gemeinde Schenna die Almen durch einen Meineid, den sogenannten »Schöpfer-Eid«, in ihren Besitz gebracht hätte, worauf der Teufel mit dem

Viehrast auf der Oberen Gostalm

Falschschwörer talaus geflogen sei, an der Weißen Wand das heute noch sichtbare große Felsloch hinterlassend. In Wirklichkeit sollen die Bauern von Schenna die Almen aber rechtmäßig erworben haben. Und die mittelalterlichen Herren von Schenna besaßen ohnehin auch Grundrechte in dieser Gegend, was bekanntlich über die Bezeichnung Schenner Au zum Weilernamen Schönau führte.

So ist die Obere Gostalm nicht nur hübsch und aussichtsreich gelegen, sondern auch geschichtlich und volkskundlich interessant. Und im Übrigen liegt sie an einem schönen Höhensteig, der als »Knappenweg« nach St. Martin am Schneeberg führt.

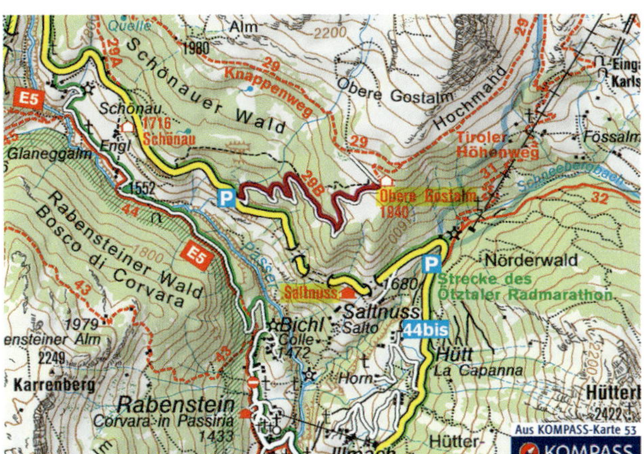

Wegverlauf: Anfahrt auf der Timmelsjochstraße zu einem Parkplatz 1 km innerhalb des Gasthauses »Saltnuss« (1700 m). Von da der Beschilderung »Obere Gostalm« folgend auf dem anfangs betonierten, aber bald naturbelassenen Güterweg in Serpentinen durch die Waldhänge hinauf zu den Almwiesen und über diese kurz hinauf zur Almhütte (1990 m; Ausschank); ab Parkplatz knapp 1 Std. Abstieg: Auf dem Anstiegsweg; 40 Minuten.

Wanderziele von der Alm aus: Einerseits kann man auf dem etwas oberhalb der Alm die Hänge querenden »Knappenweg« (Mark. 29) in etwa 1 Std. talein bis zur Brücke der Timmelsjochstraße über die junge Passer (1759 m) wandern und mit einer Fahrgelegenheit zum Ausgangspunkt zurückkehren, andererseits führt der genannte Weg nordostwärts zu Bergwerksresten unterhalb St. Martin am Schneeberg, von wo auf Weg 31 zur Timmelsjochstraße abgestiegen und auf dieser (2 km) zum Ausgangspunkt zurückgekehrt werden kann; Gehzeit ca. 2½ Std.

Die Seeberalm gegen die Stubaier Alpen

Seeberalm und Oberglaneggalm 2062 m

Von der Timmelsjochstraße ins Seebertal

35

Orientierung und Schwierigkeit
Für etwas gehgewohnte Wanderer in jeder Hinsicht leicht und problemlos

Karten
Kompass 1:35.000, Blatt 044 (Passeiertal); Freytag-Berndt 1:50.000, Blatt S 8 (Passeier – Timmelsjoch – Jaufen)

Zeit	Strecke	Höhenmeter
2 ½ Std.	7,7 km	200 Hm

Zwei der hintersten Almen des Passeiertales sind die Seeberalm (auch Seeweralm) und die Obere Glaneggalm, die auch Hinterbruggeralm genannt wird. Die eine Alm liegt am Sonnenhang des Seewertales etwas tiefer, die andere etwas höher, beide Almen haben Ausschank, und jede ist von der Timmelsjochstraße her auf einem nahezu ebenen Weg erreichbar.

Diese Wege führen aber nicht nur zu den Almen, sondern weiter hinein in den hinteren Talgrund, wo sie sich nahe dem malerischen Seebersee vereinen. Dadurch lassen sich die Wege zu einer landschaftlich überaus lohnenden, geradezu klassischen Runde verbinden, bei der man die Almen kennen lernt, ausgedehnte blühende Grasmatten durchwandert und den genannten See sozusagen als Draufgabe »mitbekommt«.

Die Obere Glaneggalm liegt in über 2000 Meter Höhe am steilen, aber sonnigen und aussichtsreichen Hang hoch über dem Tal, während sich die Seeberalm ziemlich nahe der Bachschlucht des Tales befindet, aber doch von Wiesen umgeben wird.

Die Obere Glaneggalm im Passeirer Talschluss

Die Seeberalm ist auch höfekundlich von besonderer Bedeutung. Denn hier in nicht weniger als nahezu 1850 Meter Höhe befanden sich einst drei ganzjährig bewohnte Bauernhöfe, die bereits 1288 urkundlich aufscheinen. Sie wurden dann zwar schon vor Jahrhunderten in eine Alm umgewandelt, aber noch um 1950 konnte man lesen, dass die Alm den Eindruck eines »kleinen Dörfls« mache, und so manches erinnert hier auch jetzt noch an die alte Dauersiedlung. Und so wie einst bevölkern auch heute rund 500 Rinder die ausgedehnten Weidegründe.

Über all dem aber erhebt sich die hochalpine, von Gletschern und markanten Felsformen geprägte Kulisse des Ötztaler Hauptkammes, die den Talschluss wie ein Amphitheater umschließt. So ist das Seebertal eines der schönsten Hochtäler Südtirols, und die beiden Almen geben ihm jene weiche und einladende Note, die es so besuchenswert macht.

Wegverlauf: Anfahrt bis fast zur ersten Kehre der Timmelsjochstraße nach dem Berggasthaus »Hochfirst«; hier mit dem Auto vorsichtig links ab (Wegweiser »Seeberalm«) und (talseitig) auf kurzem Fahrweg zum ziemlich großen Parkplatz Seeberalm (ca. 1900 m). Von da nun zu Fuß auf steilem, markiertem Steiglein westwärts durch die Steilhänge in etwa 20 Minuten hinauf zur Oberen Glaneggalm (2062 m; Ausschank), nun dem zum See weisenden Schild nach auf gut markiertem Steig kurz aufwärts und dann weitgehend eben in 1 Std. zum Seebersee (2056 m), nun nahe seinem Ostufer dem Wegweiser »Seeberalm« folgend großteils nur mäßig steil durch Grashänge hinunter zu den unteren Almböden und über sie unweit der Bachschlucht talaus zur Seeberalm (1842 m; Jausenstation); ab See 3/4 Std. Von der Alm schließlich auf dem breiten Zufahrtsweg zuerst kurz leicht abwärts und dann ganz leicht ansteigend in 20 Minuten zurück zum Parkplatz.

Die Innere Falkomaialm hoch über dem äußeren Ultental

Zur Falkomaialm 2051 m

Ins unberührte Kirchbachtal bei St. Pankraz im Ultental

Von St. Pankraz im Ultental zieht nordwestwärts das waldreiche, wildromantische Kirchbachtal hinauf zu jenem Höhenzug, der das Ultental nordseitig begrenzt. Im unteren Teil des Tales liegt, noch mitten im Waldbereich und somit als Rodung, die Mariolbergalm des gleichnamigen Weilers, in der obersten Mulde und bereits oberhalb der Waldgrenze hingegen liegt die Innere Falkomaialm; sie ist das eigentliche Ziel unserer Wanderung. Es gibt hier Ausschank, und was die Alm klimatisch besonders auszeichnet, ist ihre sonnige Lage in der von kalten Nordwinden abgeschirmten Mulde, die von einem Kranz rund 2600 Meter hoher Berggipfel umrahmt wird.

Aussichtsreicher freilich liegt die Hirtenhütte der Äußeren Falkomaialm, die von der Inneren Alm auf einem etwas felsigen, aber versicherten Steig zu erreichen ist; dort gibt es zwar keinen Ausschank, aber sie sollte doch in unsere Wanderung mit einbezogen werden, liegt doch am Weg dorthin der hübsche Falkomaisee, und außerdem können die Innere und Äußere Alm gut zu einer Rundwanderung verbunden werden.

36

Orientierung und Schwierigkeit
Für gehgewohnte Bergwanderer leicht und problemlos
Karten 1:50.000
Kompass, Blatt 53 (Meran);
Freytag-Berndt, Blatt S 13 (Ultental)

3 ½ Std.	12 km	712 Hm

Der Falkomaisee im Gebiet der gleichnamigen Almen

Die Volkssage weiß, dass auf Falkomai einst ein Hirte beschäftig war, der das Vieh unbarmherzig herumsprengte, weshalb er zur Strafe seit seinem Tod auf der Alm als Geist umgehen muss, bis seine Sünden abgebüßt sind.

Urkundlich hingegen wird das Alm- und Seegebiet von Falkomai 1602 und 1768 in der Form »zu Valgemay« erwähnt, und die Sprachforschung leitet den Namen vom lateinischen »vallis comunis« (gemeinschaftlich genutztes Tal) ab, und das wiederum entspricht durchaus auch der heute noch gemeinschaftlichen Nutzung der Alm- und Weidegründe, handelt es sich bei den Falkomaialmen doch um sogenannte Interessentschaftsalmen verschiedener Bauern.

Wegverlauf: Zunächst Anfahrt auf der bei St. Pankraz im Ultental abzweigenden Straße hinauf ins Kirchbachtal und dann auf der Höhenstraße westwärts hinein zu den Kaserbachhöfen (1451 m; Parkplatz). Von da nun der Markierung 9 A folgend auf der schmalen Hof- und Almzufahrt in längerer Waldquerung hinein zur Mariolbergalm im Kirchbachtal (1661 m; auch Falkomai-Kuhalm) und dann auf Weg 3 A durch dieses schöne, naturbelassene Hochtal hinauf zur Waldgrenze und zur Inneren Falkomaialm (2051 m; Ausschank); ab Ausgangspunkt knapp 2 Std.
Abstieg: Entweder wie Aufstieg (ca. 1½ Std.) oder über die Äußere Falkomaialm auf folgender Route: Von der Inneren Alm auf Steig 1 durch die Hänge nordostwärts mäßig ansteigend (an einer leicht ausgesetzten Stelle eine Haltekette) hinauf zum Falkomaisee und zur Äußeren Falkomaialm (2163 m; ab Innerer Alm ca. ¾ Std.), von da über die freien Böden hinab zu Wegteilung, nun auf Weg 3 steil durch den Wald hinunter ins Kirchbachtal und wie im Aufstieg zurück zur Mariolbergalm und zum Ausgangspunkt; ab Innerer Falkomaialm ca. 2½ Std.

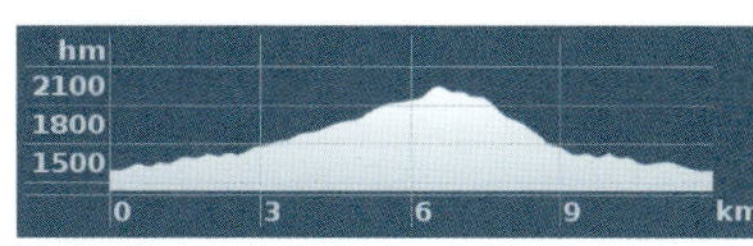

Die Spitzner Alm auf der Ultner Südseite

Zur Spitzner Alm 1847 m

Von St. Walburg in Ulten zum beliebten Wanderziel

37

Orientierung und Schwierigkeit
Für gehgewohnte Bergwanderer in jeder Hinsicht leicht und problemlos
Karten 1:50.000
Kompass, Blatt 53 (Meran); Freytag-Berndt, Blatt S 13 (Ultental)

4 Std. | 8,8 km | 816 Hm

Als ich vor nicht allzu langer Zeit an einem Spätsommertag die Spitzner Alm besuchte, herrschte dort noch reges Treiben; da werkten Leute an der Instandhaltung der Behausungen, Senner und Sennerin plauderten ein Weilchen mit mir, rundherum weidete Großvieh, meckerten Ziegen und gackerten Hennen, aber der Almsommer ging allmählich dem Ende zu. Und die Almleute erzählten mir, wie der Sommer gewesen war und dass er leider schon bald wieder vorbei sei.

So lag in diesen Worten ein Hauch von Schwermut und Abschied; denn so frei und einfach wie die viel zu kurzen Sommerwochen hier oben würden die langen Wintermonate unten im Tal nicht mehr sein.

Dass der Abschied von der Alm nicht leicht fällt, versteht man auf der Spitzner Alm ganz besonders gut. Liegt sie doch überaus schön an einem nur sanft abfallenden Geländerücken mit freiem Blick weit talaus und hin nach Osten zur aufgehenden Sonne.

Der kleine Spitzner See am Rand der gleichnamigen Alm

Die Alm, in deren Nähe sich ein malerisches Seelein befindet, liegt auch an weit ausgreifenden Höhenwegen, über die man lange sowohl ostwärts wie auch westwärts von Alm zu Alm wandern könnte; doch da schon der nicht gerade kurze Aufstieg bis hierher eine gewisse Mühe abverlangt, wird der nicht übermäßig Gehfreudige es mit dem Erreichen der Spitzner Alm bewenden lassen.

Für den Abstieg schlage ich allerdings nicht den Aufstiegsweg vor, sondern den Pfad über den »Holzschlag«, sodass der Besuch der Spitzner Alm doch zu einer schönen Rundwanderung wird.

Wegverlauf: Im östlichen Dorfbereich von St. Walburg in Ulten (1131 m) der Markierung 21/22 und dem Wegweiser »Spitzner Alm« folgend auf schmaler Straße hinunter zum Talbach und über die breite Brücke (1031 m) zum südseitigen Bergfuß; hier nun links der Beschilderung »Spitzner Alm« und der Markierung 22 folgend auf Weg bzw. Steig durch die Waldhänge großteils etwas steil hinauf (der Güterweg wird mehrmals gequert, aber nicht länger verfolgt) zur Waldgrenze und kurz über Wiesengelände zur Hütte der Spitzner Alm (1847 m; Ausschank); ab St. Walburg 2½ Std. Empfohlener Abstieg: Kurz über den Aufstiegsweg zurück bis zur links abzweigenden Markierung 21 A, nun dieser folgend durch Wald westwärts hinunter zur kleinen Alm Holzschlag (1571 m), von da stets auf Waldsteig 21 ziemlich gerade hinunter zu der im Aufstieg passierten Brücke über den Talbach und zurück nach St. Walburg; ab Spitzner Alm 1½ Std.

Die von Dreitausendern überragte Innere Flatschberger Alm in Ulten

Zu den Flatschberger Almen 2210 m

Almtal im Norden von St. Gertraud in Ulten

38

Orientierung und Schwierigkeit
Für gehgewohnte Wanderer leicht und problemlos
Karten 1:50.000
Kompass, Blatt 53 (Meran); Freytag-Berndt, Blatt S 1 (Bozen – Meran – Sarntal)

2 ½ Std. | 6,3 km | 360 Hm

Diese gemütliche Almwanderung beginnt bei einem unweit der Flatschhöfe befindlichen Touristenparkplatz, den man von St. Gertraud im innersten Ultental zuerst über die Weißbrunnstraße und dann über die zu den Flatschhöfen führende Straße erreicht.

Die beiden Flatschberger Almen, die Vordere und die Hintere, liegen im gleichnamigen Hochtal, das schwach nordwestlich von St. Gertraud zu den Dreitausendern Tuferspitze und Hasenöhrl (Hasenohr) hinaufzieht. Die Hütten der Almen wurden vor wenigen Jahren teils neu errichtet, teils erneuert, und zwar in sehr landschaftsverbundener Bauweise. Sie dienen in erster Linie der Almwirtschaft, aber es besteht auch Einkehrmöglichkeit.

Vom besagten Parkplatz geht es zuerst in ebener Wanderung durch Waldhänge hinein zu Bergwiesen im Flatschbergtal, zu denen auch von den Jochmairhöfen herauf ein Weg führt. Von da wandern wir hinauf zur Vorderen Flatschbergalm, wo

Der breite Weg zu den Flatschberger Almen

sich das Weidevieh und die Almleute im Früh- und Spätsommer eine Zeit lang aufhalten, und schließlich führt uns der breite Weg zur Hinteren Alm, unserem eigentlichen Ziel.

Diese ausgedehnte Alm, die so wie auch die Vordere dem Deutschen Orden in Lana gehört, ist den größeren Teil des Sommers über bewirtschaftet und hat unlängst eine kleine, dem seligen Heinrich von Bozen geweihte Kapelle erhalten.

Wegverlauf: Anfahrt vom Talboden unter St. Gertraud auf der Weißbrunnstraße hinauf, dann rechts ab in Richtung Flatschhöfe und scharf links zu Touristenparkplatz im Wald (ca. 1750 m). Nun auf dem breiten Weg 143 nahezu eben die Waldhänge querend hinein zum Flatschbergbach und zu Weggabel, rechts auf dem Forstweg – weiterhin Markierung 143 – leicht ansteigend zur Vorderen Flatschbergalm (1905 m, ab Ausgangspunkt gut ½ Std.) und weiter auf dem breiten Forstweg (oder teilweise auf dem alten Fußpfad) zwischen Wald und Wiesen hinauf zur Hinteren Flatschbergalm (2110 m; Ausschank; ab Ausgangspunkt 1½ Std.).

Abstieg: am kürzesten über den beschriebenen Aufstiegsweg (1 Std.). Lohnende, wenn auch wesentlich längere Abstiegsalternativen bestehen über das Schusterhüttl oder über die Tuferalm.

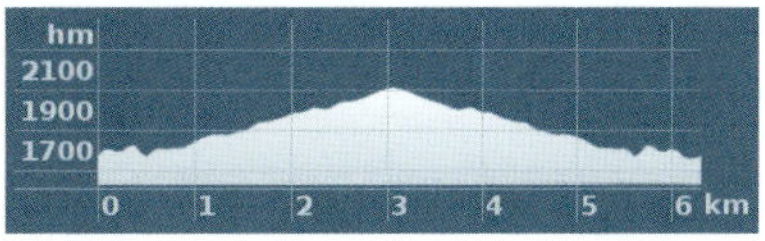

Die Fiechtalm über St. Gertraud in Ulten

Zur Fiechtalm 2034 m

Eine der meistbesuchten Ultner Almen

Wenn wir dem von St. Gertraud in Ulten zur Fiechtalm führenden Hauptweg folgen, gelangen wir nach ziemlich steilem, knapp einstündigem Waldanstieg zu einer lang gezogenen Lichtung, die den Namen Lowesboden trägt und somit wohl nach jener Ampferart benannt ist, deren volkstümliche Bezeichnung »Lobes« (oder ähnlich) auch in manch anderem Flur- und Almnamen steckt. Hier also beginnt schon das Weidegebiet der Fiechtalm, deren Name wiederum Bezug nimmt auf die umliegenden Fichtenwälder, wobei die Schreibung »Fiecht« der mundartlichen Form entspricht.

Vom Lowesboden ist bald eine zweite, waldumrahmte Weidefläche erreicht, und schon wenig später betritt man schließlich das eigentliche Almgelände, auf dem frei und aussichtsreich die zum Teil erst 1977 in heutiger Form errichteten, stattlichen Almgebäude stehen, die auch Einkehrmöglichkeit bieten; und gewissermaßen zur Alm gehört auch der etwas höher gelegene, allerdings nur kleine Fiechtsee, über dem sich

39

Orientierung und Schwierigkeit
Für etwas gehgewohnte Wanderer leicht und problemlos
Karten 1:50.000
Kompass, Blatt 72 (Ortler – Cevedale); Freytag-Berndt, Blatt S 13 (Ultental)

2 ½ – 3 Std. | 6,8 km | 515 Hm

Der Fiechtsee oberhalb der gleichnamigen Alm mit Blick zum Hasenöhrl

im Osten als häufig besuchter Gipfel der bekannte Nagelstein erhebt.

Das Almgebiet weist Nordostexposition auf, doch da die beiden Grate, die den großen Bergkessel umfassen, hinter den Hütten nicht gleich himmelhoch aufragen, darf die Alm durchaus als freundlich und sonnig bezeichnet werden, mag auch das Gelände teilweise recht steinig sein. Hinsichtlich der Almnutzung handelt es sich um eine Interessentschaftsalm, auf der ein paar Dutzend Stück Vieh den Sommer verbringen.

Warum die Fiechtalm als eine von nur ganz wenigen Ultner Almen Aufnahme in den berühmten Anich-Atlas von 1774 fand, wird man wohl nicht mehr ergründen können, aber es lässt immerhin darauf schließen, dass sie schon damals bekannter war als so manche andere.

Wegverlauf: Von der Kirche in St. Gertraud (1519 m) nordwestlich am unteren Waldrand den Hang querend zu Weggabel (1476 m), nun links, südwestlich auf Weg 107 in Kehren durch den Steilwald empor zu weniger steilem Waldgelände mit der länglichen Lichtung Lowesboden (ca. 1850 m), nun südwestlich durch Wald mäßig steil zu einer Viehweide in ca. 2000 m Höhe und kurz weiter zur Fiechtalm (2034 m; Ausschank); ab St. Gertraud gut 1½ Std.

Abstieg: Wie Aufstieg, gut 1 Std.; Abstiegsalternativen über den Weißbrunner Stausee oder über die Gannewand mögen der Karte entnommen werden.

Die Stierbergalm im Gebiet von Proveis am Deutschnonsberg

Stierbergalm und Kesselalm 1917 m

Rundtour bei Proveis am Deutschnonsberg

40

Orientierung und Schwierigkeit
Für bergerfahrene Geher unschwierig; manche Wegstelle steinig oder felsig, daher ordentliche Bergschuhe wichtig

Karten 1:50.000
Kompass, Blatt 95 (Nonstal); Freytag-Berndt, Blatt S 1 (Bozen – Meran – Sarntal)

5 – 6 Std. | 12 km | 720 Hm

Nordwestlich über Proveis erhebt sich die markante Mandlspitze, begrenzt von zwei steilen Tälern. Im einen, dem Kirchbachtal, liegt die Stierbergalm, im andern, dem Mairbachtal, befinden sich die Obere und Untere Kesselalm. Und weil diese Almen durch markierte Wege miteinander verbunden sind, bietet sich die Möglichkeit zu einer lohnenden Rundwanderung mit Proveis als Ausgangs- und Endpunkt.

Zunächst steigen wir zur Stierbergalm auf und befinden uns hier bereits ziemlich hoch über der Waldgrenze. Die massiv in Stein errichtete Almhütte bietet Einkehrmöglichkeit, und angesichts des Umstandes, dass wir nach der Alm noch einen ziemlich langen Weg vor uns haben, legen wir wohl auch gern eine Rast ein.

Dann aber geht es zielstrebig hinauf zu einem querenden Höhensteig, auf dem wir die Hänge der Mandlspitze durchqueren, um dann zur Kesselalm abzusteigen.

Dieser gut markierte Höhenpfad führt großteils durch steile Grashänge und bietet eine wirklich einmalige Aussicht über den

Blick von unserem Weg auf die Untere Kesselalm

Nonsberg und die Trentiner Bergwelt. Schon deshalb lohnt es sich, den Besuch der genannten Almen in einer einzigen Tour zusammenzuschließen.

An einer etwas felsigen Bergkante beginnt der Höhensteig abzusteigen und führt zuerst zur altbekannten Hütte der Oberen Kesselalm und dann zur neuen, um einiges tiefer gelegenen Unteren Kesselalm mit ihrer schmucken Gastschenke.

Und von dort bringt uns der lehrreiche Proveiser Erlebniswanderweg, an dem uns Informationstafeln und Schauobjekte mit der örtlichen Natur und Kultur vertraut machen, wieder nach Proveis zurück, wobei wir im letzten Teil an der hellen Felsformation mit der Bezeichnung »Proveiser Dolomiten« vorbeikommen.

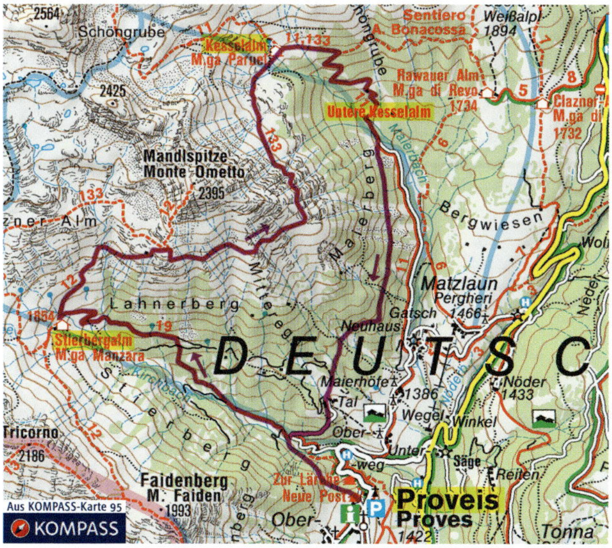

Wegverlauf: Anfahrt auf der zwischen St. Pankraz und St. Walburg in Ulten abzweigenden Straße nach Proveis (1420 m). Von da auf Weg 19 (Erlebniswanderweg) kurz absteigend zum Kirchbach (Brücke, ca. 1350 m; hierher auch von der Proveiser Zufahrtsstraße herauf möglich) und weiterhin mit Markierung 19 teils auf dem Güterweg, teils auf dem Fußweg hinauf zur Stierbergalm (1850 m; Gastschenke; 1½ Std.). Nun rechts auf Steig 12 in etwa 35 Minuten hinauf zum querenden Steig 133 (ca. 2070 m), auf diesem die Hänge ostwärts querend zu einer Bergkante, hinunter zur Oberen Kesselalm (1917 m) und der Markierung 11 folgend hinab zur Unteren Kesselalm (Gastschenke, 1650 m; ab Stierbergalm 2–2½ Std.). Nun auf dem Erlebniswanderweg (Markierung 6) teils absteigend, teils mehr oder weniger eben meist durch Wald zur Häusergruppe Tal, weiter zum Kirchbach und zurück nach Proveis; ab Unterer Kesselalm gut 1½ Std.

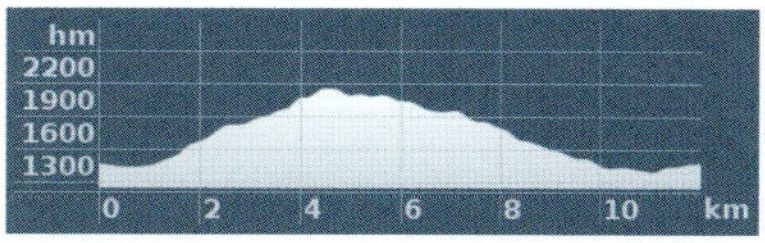

Das Panorama der Laugenalm schweift über den Mendelkamm bis zu den Trentiner Bergen.

Vom Gampenpass zur Laugenalm 1853 m

Viel besuchtes Wanderziel am Südhang des Laugens

41

Orientierung und Schwierigkeit
In jeder Hinsicht leichte und problemlose Wanderung
Karten 1:50.000
Kompass, Blatt 53 (Meran);
Freytag-Berndt, Blatt S1
(Bozen – Meran und Umgebung)

2 Std. | 6,1 km | 335 Hm

Der gut 1500 Meter hohe Gampenpass, der Straßenübergang vom Etschtal zum östlichen Deutschnonsberg, bildet den Ausgangspunkt für die Wanderung zur gut 1800 Meter hoch gelegenen Alm, und das heißt, dass dabei nur rund 300 Höhenmeter bewältigt werden müssen.

Eigentlich gibt es am wuchtigen Bergaufbau der zweigipfeligen Laugenspitze gleich drei Laugenalmen: eine auf der Ultner Seite, eine auf der Etschtaler Seite und eben unsere Alm auf der Deutschnonsberger Seite. Diese letztgenannte ist touristisch die bedeutendste, sie bietet Einkehrmöglichkeit, und sie liegt am kürzesten und am meisten begangenen Laugenanstieg.

Von dieser Route ist zu vermuten, dass ihr im fernen Jahr 1552 auch der Nalser Adelsherr Jakob von Boymont zusammen mit seiner Frau und deren Mutter gefolgt ist, als er »auf den hechsten Laugenspitz gangen« ist, wie er in sein Tagebuch schrieb. Wie mögen da die Almleute gestaunt haben über diese hohen Herrschaften, die vielleicht sogar in der Alm Rast und

Die vom Gampenpass zugängliche Laugenalm

Einkehr hielten. Mittelsteinzeitliche Feuersteinfunde beweisen allerdings, dass auch schon Jahrtausende früher Menschen auf diese Höhen stiegen.

Doch zurück zur Gegenwart und zur Alm selbst. Sie ist für den Gipfelbesteiger ein angenehmer Rastort oder auch ein wichtiger Zufluchtsort im Fall eines der berüchtigten Gewitter, die am Laugen, wie die Volksphantasie weiß, von den Hexen zusammengebraut werden. Für uns jedoch ist sie ein hübsches Wanderziel voller ländlicher Atmosphäre. Hier weiden an die 70 Stück Vieh und werden vom bärtigen Senner betreut; Hühner, Gänse und sonstiges Kleingetier bevölkern den Platz zwischen Kochhütte und Stall, und es wird auch Butter produziert. Erfreulicherweise hat man 1988 die heutigen Hütten ähnlich rustikal errichtet, wie die alten gewesen waren.

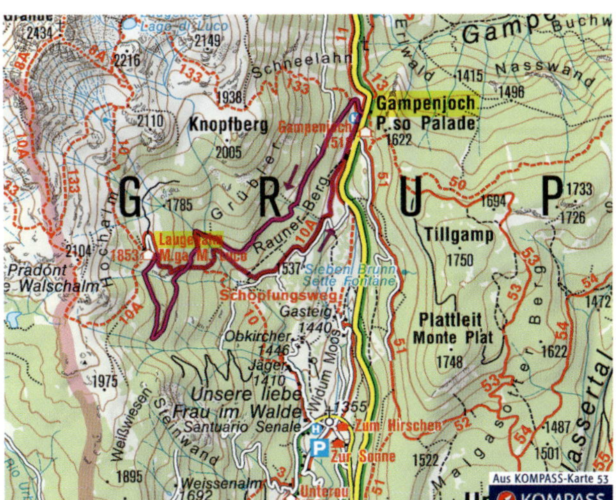

Wegverlauf: Vom Gampenpass (1518 m) den Wegweisern »Laugenalm« folgend auf geschottertem Zubringerweg zuerst kurz durch eine Wiese und dann durchwegs durch schönen Nadelwald in nur leicht ansteigender Wanderung hinauf, nach einer Rechtskehre zu den Almwiesen und über sie zu den Hütten (1853 m; Ausschank); ab Gampenpass gut 1 Std.
Abstieg: Entweder über den bequemen Aufstiegsweg oder auf folgender Route: Von der Alm stets auf dem alten Fußpfad 10 teilweise sehr steil durch Wald hinunter zu einer Weggabel, hier links zu einem querenden Forstweg, auf diesem und später auf einem Wiesensteig eben weiter und zuletzt kurz auf der Straße zurück zum Gampenpass; knapp 1 Std.

Wanderziele von der Alm aus: Laugensee bzw. Laugenspitze – der Markierung 10 folgend über die freien Hänge hinauf zu einer Gratschulter, von wo rechts bald der Laugensee (2182 m), links auf felsigem Pfad die Große Laugenspitze (2433 m; ab Alm gut 1½ Std.) erreicht werden kann.

Die Schneiderwiesen in der Umgebung von Bozen

Bozen, Unterland, Sarntal

Die Möltner Kaser am Tschögglberg

Zur Möltner Kaser 1763 m

Sagenumwobene Alm am Tschögglberg

Für die Wanderung zur Möltner Kaser schlage ich den Weg über die Sattlerhütte vor, eine beliebte, noch im Wald gelegene Almschenke; so bietet sich die Möglichkeit zu einer Zwischenrast ungefähr auf Halbweg, und danach ist es dann fast nur noch ein Spaziergang durch schöne Wälder zur Möltner Kaser, die inmitten einer gerodeten Wiese liegt und mit einem prächtigen Blick zu Rosengarten und Latemar überrascht.

Auch hier gibt es Einkehrmöglichkeit, es geht oft auch recht lustig zu an diesem versteckten Plätzchen weitab von allen Siedlungen, und manchmal werden die alten Geschichten erzählt, die sich um die Möltner Kaser ranken. So etwa jene von den Wölfen, die einst in den nahen Wolfsgruben gefangen wurden, oder die vom Braunbären, der hier vor etwa 100 Jahren gesichtet und dann bei der Sattlerhütte angeblich auch angeschossen wurde; und nicht zuletzt die Sagen von den Nörggelen und von jener unerlösten Seele, die in Gestalt einer schönen Jungfrau einem Samer ein Mus kochte und dennoch

42

Orientierung und Schwierigkeit
In jeder Hinsicht leicht und problemlos
Karten 1:50.000
Kompass, Blatt 53 (Meran);
Freytag-Berndt, Blatt S1
(Bozen – Meran und Umgebung)

3 ½ Std. | 10,6 km | 320 Hm

Groß- und Kleinvieh auf der Weide der Möltner Kaser

nicht erlöst wurde, weil der ungehobelte Geselle sich das Mus zwar schmecken ließ, aber kein Dankeswort dafür übrig hatte.

Nun hat es, wie man hört, auf der Möltner Kaser schon lange nicht mehr gespukt, und so bleibt zu hoffen, dass die arme Seele schließlich doch durch ein Dankeswort erlöst worden ist…

Haben wir die Möltner Kaser über die Sattlerhütte erreicht, so wählen wir für die Rückkehr den Weg über das Möltner Joch; denn so wird unser Almbesuch zu einer Rundwanderung, und vor allem bieten die bekannten Strichwiesen an den Südhängen des Jochs beim Abstieg eine ganz besonders schöne Aussicht.

Wegverlauf: Vom Sattel Schermoos unweit von Langfenn (1449 m; Straßenübergang von Mölten nach Flaas) stets der Markierung 38 folgend in weitgehend ebener Hangquerung nordwestwärts hinüber zum Weg 15 und auf diesem rechts durch Wald leicht ansteigend hinauf zur Sattlerhütte (1609 m; Ausschank). Dann auf dem Weg 15 noch eine Weile leicht ansteigend zu flachen Waldböden, nordwärts zu einer Wegteilung in einer kleinen Senke und rechts kurz weiter zur Möltner Kaser (1763 m, Ausschank); ab Schermoos 2 Std.
Rückweg: Von der Kaser zurück bis zur zweiten Weggabel, links der Markierung E 5 (Europ. Fernwanderweg) folgend weitgehend eben durch Wald hinaus zur flachen Bergkuppe des Möltner Jochs (1733 m), weiterhin auf Weg E 5 großteils durch Lärchenwiesen mäßig steil hinunter zum Weg 38 und links zurück zum Ausgangspunkt; ab Alm knapp 1½ Std.

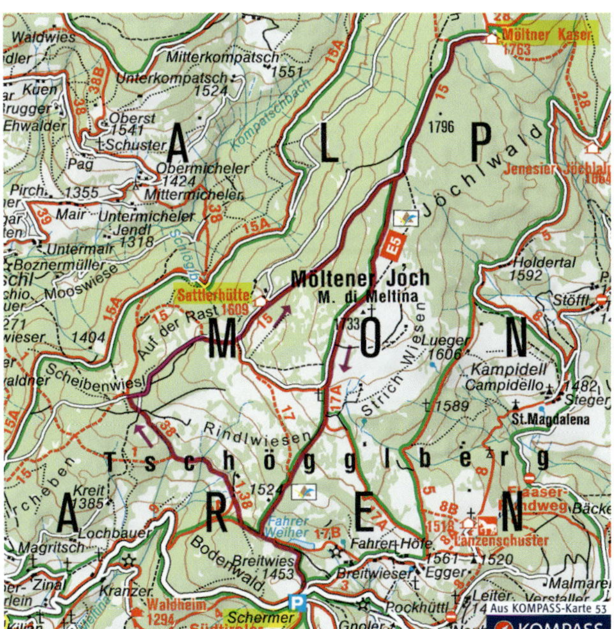

Auf der Jenesier-Jöchl-Alm am Tschögglberg

Zur Alm am Jenesier Jöchl 1664 m

Kleines Hüttendorf an aussichtsreichem Bergrücken

Jenesien liegt zwar ganz im Süden des Tschögglberges, die Alm am Jenesier (gesprochen »Jenesinger«) Jöchl, die unser Wanderziel sein soll, liegt aber dennoch weit im Norden. Wollte man die Strecke von Jenesien zur Alm zu Fuß zurücklegen, so wie dies jahrhundertelang die Hirten mit ihrem Vieh taten, müsste man einen Weg von rund vier Stunden auf sich nehmen. Doch dank der Straße, die von Mölten über den Sattel Schermoos nach Flaas führt, ist der Weg heute nicht einmal mehr halb so lang wie einst.

Die Namengebung ist etwas verwirrend im Bereich unserer Alm. Sie liegt nahe dem alten Weg, der von Jenesien über Flaas und Kampidell nach Sarnthein führt, und dort, wo dieser Weg zum Wallfahrtskirchlein Putzenkreuz abzusteigen beginnt, liegt das Jenesier oder Jenesinger Joch, ein richtiges Joch im Sinn einer Kammsenke; doch etwas westlich davon quert der Weg einen mäßig steilen Höhenrücken, und diese Stelle nennt man das Jenesier (oder Jenesinger bzw. Jenesiener) Jöchl.

43

Orientierung und Schwierigkeit
In jeder Hinsicht leicht und problemlos
Karten 1:50.000
Kompass, Blatt 53 (Meran);
Freytag-Berndt, Blatt S1
(Bozen – Meran und Umgebung)

3 Std. | 10,3 km | 215 Hm

Wanderer im Gebiet des Jenesier Jöchls

Der Kamm ist gerodet, und inmitten der Wiesen scharen sich in hübscher Lage mit freiem Ausblick die Hütten der Jenesier-Jöchl-Alm zusammen, einer Interessentschaftsalm mehrerer Bauern aus Jenesien. Hier weiden im Sommer ein paar Dutzend Stück Vieh, es wird ausgeschenkt, und aufgrund der Lage am alten Übergang ist zu vermuten, dass die Alm alte Tradition als Einkehrstätte besitzt.

Für uns hingegen, die wir weder nach Putzen wallfahren noch nach Sarnthein absteigen, ist die Alm nicht nur Rastort entlang eines längeren Weges, sondern ein hübsches, in gemütlicher Wanderung zu erreichendes Ziel.

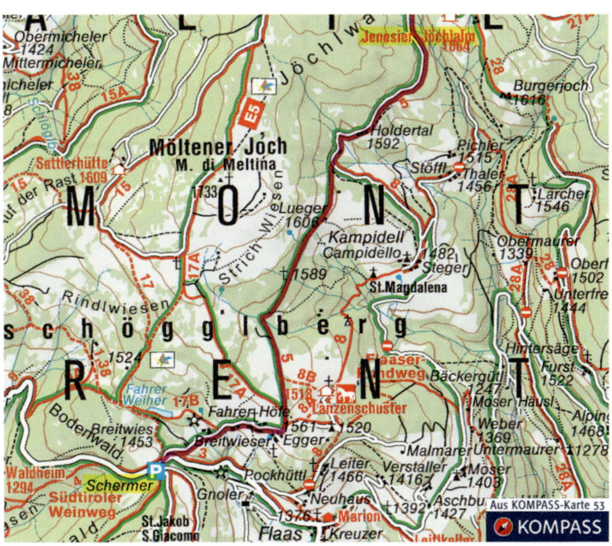

Wegverlauf: Vom Sattel Schermoos unweit von Lafenn (1449 m; Straßenübergang von Mölten nach Flaas) stets der Markierung 5 folgend zuerst auf Hofzufahrt nordöstlich kurz hinan zu den Farerhöfen (1528 m), hier links weiterhin mit Markierung 5 (zuerst Fußweg, dann Fahrweg) in langer, nahezu ebener Querung der Wald- und Wiesenhänge und vorbei an den Höfen Lueger und Holdertal zum Jochbach und kurz südostwärts auf dem Fahrweg weiter zur Jenesier-Jöchl-Alm (1664 m; Ausschank); ab Schermoos gut 1½ Std.
Rückweg: Wie Hinweg, ähnliche Gehzeit.

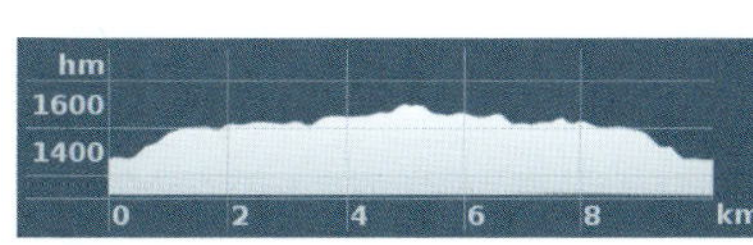

Die Alm Häusler-Sam mit der Latemargruppe im Hintergrund

Von Eggen zum Häusler-Sam 1547 m

Almenrunde im Bann von Rosengarten und Latemar

44

Orientierung und Schwierigkeit
Für gehgewohnte Wanderer leicht und problemlos; wegen des steilen Abstiegs festes Schuhwerk wichtig; die Runde auch in umgekehrter Richtung lohnend
Karten 1:50.000
Kompass, Blatt 54 (Bozen);
Freytag-Berndt Blatt S 1
(Bozen – Meran – Sarntal)

3 – 3 ½ Std. | 8,6 km | 417 Hm

Diese Wanderung beginnt dort, wo der Name »Eggental« seine Wurzeln hat, nämlich im Dorf Eggen, das urkundlich 1186 als Ekke und 1435 als Gemeinde Eck aufscheint. Das Ortsbild von Eggen wird von der spitztürmigen Nikolauskirche geprägt, weshalb uns gelegentlich auch die Ortsbezeichnung St. Nikolaus begegnet.

Von Eggen wandern wir über einen schönen Promenadenweg, den einstigen Kirchsteig, hinaus zum Kobhof, einem der sogenannten Egghöfe, wo das hübsche Marienkirchlein eine von Valentin Gallmetzer aus Eggen geschaffene schwarze Madonna enthält. Der Legende nach wurde das kleine Heiligtum im 16. Jahrhundert von einem damaligen Hofbesitzer in Einlösung eines Gelöbnisses errichtet.

Vom Kobhof geht es hinauf zum Grotthof, und dann wandern wir über den schönen, großteils nur leicht ansteigenden »Samweg« durch die Wälder hinauf zur Lichtung Flecker-Sam und weiter zur Almrodung Häusler-Sam, wo Einkehrmöglichkeit

Blick von unserem Weg zur Rosengartengruppe

geboten wird. Wie der vorgenannte Flecker-Sam ist auch der Häusler-Sam nach dem zugehörigen Hof unten in Eggen benannt, während »Sam« so viel wie »Höhenrücken« bedeutet.

Rund um die Almgaststätte breiten sich ebene, von Nadelwald umrahmte Wiesen aus, und darüber erheben sich die Dolomitgestalten des Latemars und des Rosengartens. Aber die Aussicht reicht an freien Stellen noch viel weiter, nämlich bis zu den Bergen der Ortlergruppe, der Ötztaler und der Stubaier Alpen.

War der Aufstieg aufgrund der ebenen Strecken und großteils nur geringen Steigung mit rund zweieinhalb Gehstunden nicht gerade ein kleiner Abstecher, so ist der Waldpfad, den wir für den Abstieg wählen, wesentlich kürzer. Das müssen wir zwar mit stärkerem Gefälle bezahlen, aber der Steig ist gut begehbar und er gibt uns die Möglichkeit, die Wanderung zum Häusler-Sam zu einer geschlossenen Rundtour zu gestalten.

Wegverlauf: Anfahrt von Kardaun bei Bozen durch das Eggental bis nach Eggen (1130 m). Nun zu Fuß von der Dorfmitte stets der Markierung 7 folgend (die Route 7 a ist etwas kürzer, folgt aber länger einer geteerten Straße) zunächst eben auf der Straße zum Leitnerhof, dann auf dem Promenadenweg (ehemaliger Kirchsteig) zum Kobhof und hinauf zum Grotthof. Nun lange der Markierung S (= Samweg) folgend auf dem bald breiten, stellenweise auch schmalen Samweg in großteils mäßiger Steigung, vorbei an der Hütte Flecker-Sam, zum rechts abzweigenden Weg H und auf diesem in kurzem Anstieg zum Häusler-Sam (1547 m; Almgasthaus; ab Eggen 2–2½ Std.). Kürzestmöglicher Abstieg: Von der Alm der guten Markierung H (= Häusler-Sam) folgend westseitig auf großteils steilem Waldpfad hinunter zum Ortsteil Städtl und auf schmaler Straße zurück nach Eggen; ab Alm 1 Std.

Rohrkolbenteich auf der Neuhüttalm

Die Weißensteiner Almenrunde 1648 m

Wanderung zwischen Wallfahrtsort und Weißhorn

Wie auf den übrigen Höhen des Regglberges, so dehnen sich auch zwischen dem Höhenwallfahrtsort Maria Weißenstein und dem Weißhorn weite Waldungen aus, und wie am übrigen Regglberg sind auch hier Almrodungen und Bergwiesen eingestreut.

Die Petersberger Alm, die Laabalm und die Neuhüttalm sind so gelegen und so durch Wege verbunden, dass sie gut in Form einer lohnenden Rundwanderung besucht und erlebt werden können. Dabei geht es durch die teils aus Fichten, teils aus mächtigen Lärchen bestehenden Waldungen bald eben dahin, bald leicht bergan, bald auch wieder steiler bergab.

Und auch die Beschaffenheit der einzelnen Wegstrecken ist unterschiedlich: Einmal folgt man einem breiten Forstweg, dann wieder einem schmalen Waldpfad, dann wieder einem schönen Wiesenweg. So ist für Abwechslung gesorgt, und die Wanderung ist nie langweilig.

Zudem besitzt natürlich auch jede Alm ihre Unverwechselbarkeit. So gehört der Petersberger Leger, auf dem aufge-

45

Orientierung und Schwierigkeit
Für gehgewohnte Wanderer leicht und problemlos

Karten 1:50.000
Kompass, Blatt 74 (Tramin – Cavalese); Freytag-Berndt, Blatt S 7 (Überetsch – Kalterer See – Südtiroler Unterland)

5 Std.	11,7 km	320 Hm

Über den Weißensteiner Almen erhebt sich der Latemar.

schenkt wird und rund 70 Rinder gesömmert werden, den Bauern von Petersberg, während die gastgewerblich voll bewirtschaftete Laabalm, die eine weite Aussicht bis zum Alpenhauptkamm bietet, mit ihren ausgedehnten Weiden für rund 200 Stück Vieh den Bauern von Deutschnofen gehört.

Die Neuhüttalm dagegen, auf der einst 100 Rinder aus Aldein »Sommerurlaub« machten, ist schon lange nicht mehr bewirtschaftet. Aber es scheint, dass früher oder später auch hier wieder fröhliches Sommerleben einziehen wird, und bis dahin begnügen wir uns auf Neuhütte mit dem schönen Blick über einen Rohrkolbenweiher hinweg zu den Dolomitzacken des Latemars.

Wegverlauf: Von Maria Weißenstein (1520 m; große Parkplätze) der Markierung 2 folgend auf Forstweg durch Wälder in ganz leicht absteigender Hangquerung zu kleinem Bach mit Brücke und jenseits durch Waldhänge hinan zum Petersberger Leger (1529 m; einfacher Ausschank; ab Weißenstein 3/4 Std.); nun der guten Markierung L und dem Wegweiser »Laabalm« folgend zuerst fast weglos, dann auf Fußweg großteils nahezu eben durch die Wälder in knapp 1 Std. zur Laabalm (1648 m; viel besuchte Gaststätte); von da dem Wegweiser »Neuhütt« und der Markierung 1 folgend auf Fuß- und Traktorwegen durch Bergwiesen, Lärchenwiesen und Nadelwald, teils leicht ansteigend, teils eben in schöner Wanderung zur Neuhütte (1791 m; kein Ausschank; ab Laabalm 1½ Std.); schließlich dem Wegweiser »Petersberger Alm« folgend auf teilweise steinigem Fußweg 2 großteils mäßig steil durch Wald in 1 Std. hinunter zum Petersberger Leger und zurück nach Weißenstein.

Die Lahneralm unter dem Aldeiner Weißhorn

Die Aldeiner Almenrunde 1699 m

Durch die Wälder unweit des Bletterbach-Canyons

Dies ist eine relativ kurze Wald- und Almenrunde, die sich jeder zutrauen darf. Der Weg führt mit nur geringen Höhenunterschieden einerseits durch die ausgedehnten Waldungen, die sich zwischen Aldein, Weißhorn und Weißenstein ausdehnen, aber zugleich auch von Alm zu Alm. Denn in den genannten Wäldern sind, rund um die kaum auffallende Erhebung Schönrast, teils größere, teils kleinere Wiesenrodungen eingestreut, die zur Alpung des Aldeiner Viehs dienen.

So wandern wir von der Lahneralm, der Aldeiner Schafalm, auf die auch heute noch über 100 Schafe aufgetrieben werden, in kurzem Aufstieg zu einem bewaldeten Passtal, das als Kösertal in den Karten ist und Kesertal gesprochen wird, von dort geht es fast eben zur Schönrastalm, der Aldeiner Gemeinschaftsalm für das Großvieh mit über 100 Rindern, von da wandern wir wieder durch Wald zur Schmiederalm mit ihren schönen Lärchenwiesen, und von dort kehren wir durch bewaldete Hänge zurück zur Lahneralm.

46

Orientierung und Schwierigkeit
In jeder Hinsicht leicht und problemlos; auch für weniger Gehtüchtige geeignet

Karten 1:50.000
Kompass, Blatt 74 (Tramin – Cavalese); Freytag-Berndt, Blatt S 7 (Überetsch – Kalterer See – Südtiroler Unterland)

2 – 2 ½ Std. | 7,5 km | 150 Hm

Die Schönrastalm auf den Aldeiner Höhen

Die Hütte der Schmiederalm, die ihren Namen von der früheren Zugehörigkeit zum Schmiederhof hat und keine Almwirtschaft mehr betreibt, ist heute ein richtiges Gasthaus, die anderen beiden haben hingegen noch den ursprünglichen Almcharakter bewahrt, bieten aber ebenfalls Einkehrmöglichkeit.

Im Frühling schmückt zuerst die alpine Flora ganz besonders schön die Wiesen und Wegränder, dann aber bevölkert schon bald auch das Almvieh die Weideplätze, bis es schließlich im Herbst wieder heißt, zu den Bauernhöfen zurückzukehren.

Wegverlauf: Anfahrt von Auer oder Neumarkt im Unterland nach Aldein und zum nahen Weiler Lerch, von wo ein Sträßchen eben weiterführt bis zu einem Waldparkplatz unterhalb der Lahneralm (1550 m). Von dort dann zu Fuß dem Wegweiser »Lahneralm« folgend auf breitem Weg durch Wald in kurzem Anstieg hinauf zur Lahneralm (1583 m; Ausschank), kurz eben westwärts, dann der Markierung 3 und dem Wegweiser »Weißenstein« folgend auf Steigspuren durch eine begraste Waldschneise hinauf zu einem Forstweg, auf diesem kurz weiter zur Waldsenke Kösertal (1696 m; Kreuzung verschiedener Wege), hier der Beschilderung »Schönrast« folgend links ab und auf breitem Weg die Waldhänge nordwestwärts querend zur Schönrast-Schwaige (1699 m; Ausschank); von da der Markierung S folgend auf Forstweg eben südwestwärts zur Schmiederalm (1674 m; Gasthaus), bald darauf von der Zufahrtsstraße links ab und stets der Markierung G folgend auf Fuß- und Forstweg in ebener bis leicht absteigender Waldquerung zurück zur Lahneralm und zum Parkplatz.

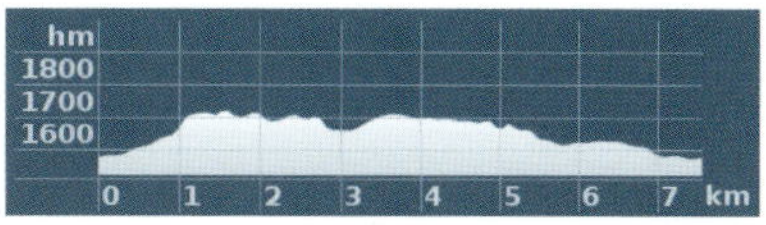

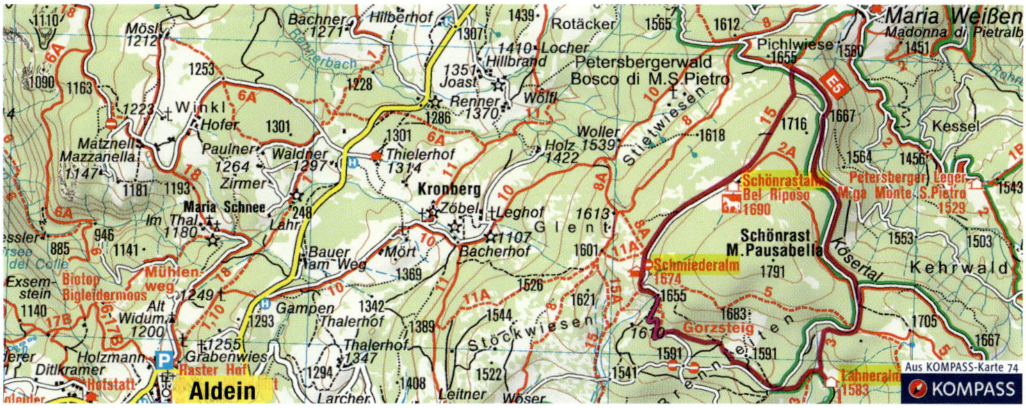

Die Krabesalm oberhalb Altrei im Südtiroler Unterland

Von Altrei zur Krabesalm 1540 m

Auf der Sonnenseite des Cembratales

Nahe der Südtiroler Südgrenze und dem Cembratal zugewandt, liegt in gut 1200 Meter Höhe auf sonniger Hangterrasse das freundliche, von Wiesen umgebene Höhendorf Altrei.

Dieses Altrei ist der Ausgangs- und Endpunkt für die Wanderung zur Krabesalm, die aufgrund ihrer südlichen und sonnigen Lage und auch aufgrund ihrer Höhenlage von nur gut 1500 Metern schon sehr früh ein hübsches, blühendes Wanderziel darstellt.

Wenn alles seinen gewohnten Gang geht, entfaltet sich in diesen Höhen schon im Mai der Bergfrühling in all seiner Pracht. Vor rauhen Nordwinden durch bewaldete Hügel abgeschirmt, sind da die Bergwiesen übersät mit Krokussen, Schlüsselblumen, Küchenschellen und anderen Frühlingsboten. Und dasselbe gilt auch für die etwas weiter westlich gelegene Pausa-Alm, die einen besonders freien Blick zu den Bergen des Cembratales bietet und an der wir vorbeikommen, wenn wir den nachfolgend beschriebenen Abstieg einschlagen, der

47

Orientierung und Schwierigkeit
Für gehgewohnte Wanderer in jeder Hinsicht leicht und problemlos

Karten 1:50.000
Kompass, Blatt 74 (Tramin – Cavalese); Freytag-Berndt, Blatt S 7 (Überetsch – Kalterer See – Südtiroler Unterland)

3 ½ Std. | 10 km | 318 Hm

Unser Wanderweg nahe der Pausa-Alm

den Besuch der Krabesalm zu einer ziemlich ausgedehnten Rundwanderung macht.

Der Besuch dieser Almen, die übrigens im bekannten Naturpark Trudner Horn liegen, ist aber natürlich auch den ganzen Sommer über und bis spät in den Herbst hinein überaus lohnend, und die höhenmäßig wie klimatisch günstige Lage bewirkt, dass die Krabesalmschenke von Anfang Mai bis Anfang November ihre Tore für den Besucher geöffnet hat, sodass sich hier die Möglichkeit einer Almwanderung bietet, wenn auf vielen anderen Almen noch oder bereits tiefer Schnee liegt.

Wegverlauf: Zunächst Anfahrt von Auer oder Neumarkt über Kaltenbrunn nach St. Lugan und hinüber nach Altrei (1222 m). Von da der Markierung 5/6 folgend zuerst kurz durch Wiesen und an Häusern vorbei und dann im Wald hinauf zu Wegteilung, hier links weiter (mit kleinem Umweg führt aber auch der rechte Weg zur Alm) und stets der Markierung 6 folgend durch die Waldhänge hinauf zur Krabesalm (1540 m; Ausschank); ab Altrei knapp 1½ Std.

Abstieg über die Pausa-Alm: Von der Krabesalm der Markierung K folgend auf breitem Weg westwärts hinunter zum querenden Weg L, dann auf diesem nahezu eben zur Pausa-Alm (1480 m; kein Ausschank) und in ebener Waldquerung weiter zum Ziss-Sattel (1434 m; ab Krabesalm ¾ Std.); hier links ab, auf dem Forstweg in langer, mäßig absteigender Querung der Waldhänge hinunter und zuletzt etwa 10 Minuten auf schmaler Straße zurück nach Altrei; ab Krabesalm gut 2 Std.

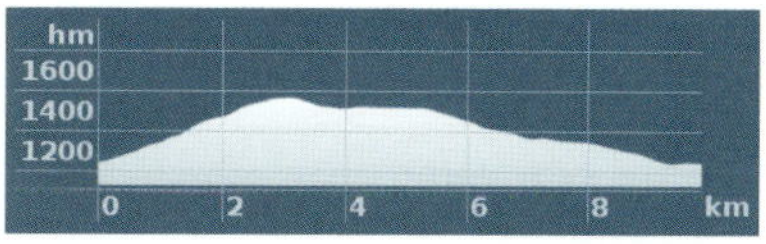

Die Auener Alm westlich über Sarnthein

Auener Alm und Öttenbacher Alm 1908 m

Wanderziele auf der Westseite von Sarnthein

48

Orientierung und Schwierigkeit
Für gehgewohnte Wanderer leicht und problemlos
Karten 1:50.000
Kompass, Blatt 54 (Bozen); Freytag-Berndt, Blatt S 1 (Bozen – Meran und Umgebung)

4 Std. | 11,4 km | 290 Hm

Ungefähr westlich von Sarnthein befindet sich in gut 1600 Meter Höhe die »Sarner Skihütte«, ein auf guter Straße erreichbarer Ausgangspunkt für zahlreiche Wanderungen. Wohl das beliebteste, jedenfalls das nächstgelegene Wanderziel ist die Auener Alm. Doch weil der Anstieg zu dieser Alm nur kurz ist und vom Zugang der Weg zur Öttenbacher Alm abzweigt, sei hier der Besuch beider Almen vorgeschlagen, die beide nach darunter liegenden Weilern benannt sind und Einkehrmöglichkeit bieten.

Die Auener Alm liegt fast 1800 Meter hoch, und es wird erzählt, dass hier einst Bauernhöfe lagen, die wegen der Hartherzigkeit ihrer Bewohner jedoch schon vor langer Zeit untergegangen sind. Urkundliche Belege oder konkrete Spuren dafür gibt es allerdings nicht.

So geben wir uns mit der Feststellung zufrieden, dass die Alm mit ihrer Gastschenke zwar nicht sehr aussichtsreich, aber doch schön und sonnig in einer Waldrodung liegt und damit einen Besuch lohnt.

Die Öttenbacher Alm

Wegverlauf: Anfahrt von Sarnthein westseitig hinauf zu den Gastbetrieben »Sarner Skihütte« und »Auenerhof« (1618 m). Von da auf dem breiten Waldweg 2 westwärts hinein zum Almbach und links, weiterhin durch Wald, mäßig steil hinauf zur Auener Alm (1798 m, Ausschank; ab »Sarner Skihütte« 40 Min.). Dann wieder zurück bis zur Wegteilung beim genannten Bach (ca. 1680 m), hier links ab, auf dem breiten Weg 2 in weitgehend ebener Waldquerung nordwärts hinein ins Öttenbachtal und schließlich auf Weg 10 A durch Wald und Wiesen hinauf zur Öttenbacher-Alm-Hütte (1908 m; ab Auener Alm 2 Std.).
Die Rückkehr zur Sarner Skihütte erfolgt über den beschriebenen Hinweg in 1½ Std.

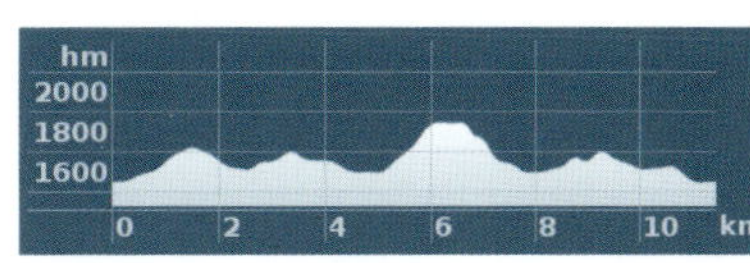

Wer es bei diesem Besuch bewenden lässt, hat bei der Rückkehr zur Sarner Skihütte eine hübsche Kurzwanderung hinter sich.

Durchaus empfehlenswert aber ist es, beim Abstieg links abzubiegen, auf breitem Wanderweg die Waldhänge zu queren und dann zur Öttenbacher Alm aufzusteigen. Deren Hütten befinden sich bereits oberhalb der Waldgrenze, daher genießen wir hier eine schöne freie Aussicht über das Tal. Außerdem empfiehlt sich von da aus die gemütliche Wanderung auf die Kuppe des Sam, die ein Gipfelkreuz trägt und ein noch umfassenderes Panorama bietet.

So kann man die Kurzwanderung zur Auener Alm zu einer vollen Tagestour ausdehnen, und wer beide Almen besucht, entgeht nicht nur der Qual der Wahl, sondern erlebt auch entsprechend größere landschaftliche Abwechslung.

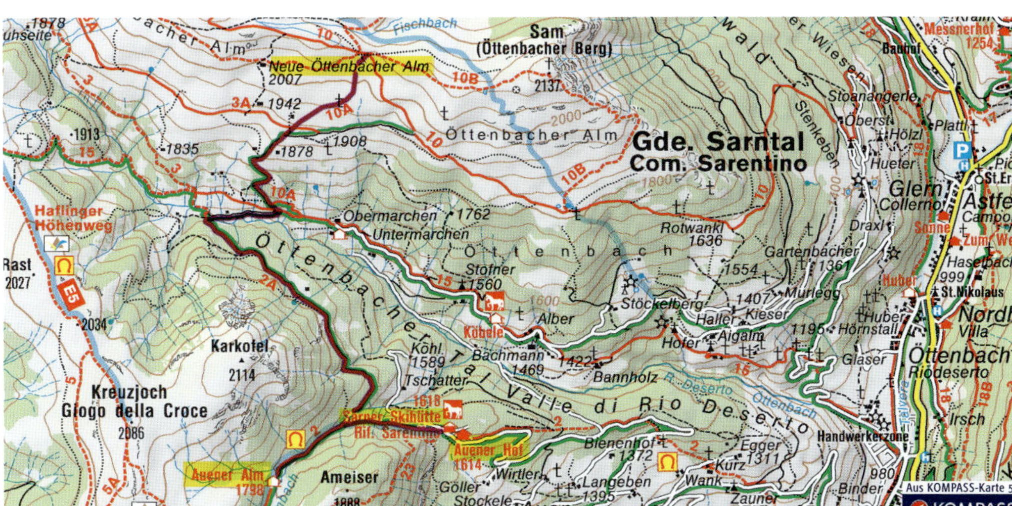

Die Genterer Alm gegen den Sarntaler Westkamm

Zur Genterer Alm 2025 m

Sonnige Alm am Fuß der Leiterspitze hoch über Astfeld

Die Genterer Alm (in manchen Karten auch Gentersbergalm) liegt an den Sonnenhängen der Leiterspitze hoch über Astfeld. Der Zugang führt teilweise durch steile Nadelwälder, teilweise aber auch über flaches Grasgelände.

Besonders gehfreudige Wanderer können den Aufstieg bereits in Astfeld beginnen und kommen dabei am freskengeschmückten St. Valentin-Kirchlein beim Mesnerhof vorbei. Wir aber wählen den über eine schmale Höfestraße erreichbaren Parkplatz beim Lutzhof als Ausgangspunkt. Dadurch verkürzt sich die Gehzeit von drei auf knapp zwei Stunden, und wir können teilweise einem bequemen Forstweg folgen.

So erreichen wir schon nach gut einer Stunde den flachen Grasrücken mit der seltsamen Bezeichnung »Auf der Katz«. Hier steht ein Höhenkreuz unweit eines alten Wetterkreuzes, eine Bank lädt zu einer Rast ein.

Nun folgen die Grasböden einer langgezogenen Waldschneise, wo man bei Grabungsarbeiten einen geschliffenen

49

Orientierung und Schwierigkeit
Für gehgewohnte Wanderer leicht und problemlos

Karten 1:50.000
Kompass, Blatt 56 (Brixen);
Freytag-Berndt, Blatt S 4
(Sterzing – Jaufenpass – Brixen)

3 – 3 ½ Std.	5,9 km	625 Hm

Abendstimmung auf der Genterer Alm

Stein fand, der möglicherweise zu einer eisenzeitlichen Handmühle gehörte.

Über den nur mäßig ansteigenden Rücken mit besagter Schneise erreichen wir schließlich die Latschenzone und wenig später die Genterer Alm.

Wer nicht zu müde ist, kann natürlich noch zur erwähnten Leiterspitze aufsteigen, aber die Einkehrmöglichkeit, die schöne Lage und die prächtige Aussicht machen auch die Alm allein zu einem lohnenden Wanderziel.

Wegverlauf: Anfahrt von Astfeld im Sarntal, kurz in Richtung Durnholz, dann auf der links abzweigenden Höfestraße hinauf bis zur Straßengabelung kurz vor St. Valentin, rechts hinein zum Lutzhof und kurz weiter zum Parkplatz (ca. 1400 m). Von da auf dem steilen Weg 4 A (oder bequemer über den breiten Forstweg) westwärts durch Wald hinauf zum Weg 17, auf diesem weiter im Wald hinauf zum Rücken »Auf der Katz« (Höhenkreuz), durch eine lange Waldschneise leicht ansteigend zur Waldgrenze und teils auf dem Fußweg 17, teils auf dem Forstweg zur Genterer Alm (2025; die Hütte bietet Einkehrmöglichkeit; ab Lutzhof knapp 2 Std.).
Der Abstieg erfolgt über den beschriebenen Aufstiegsweg in knapp 1½ Std.

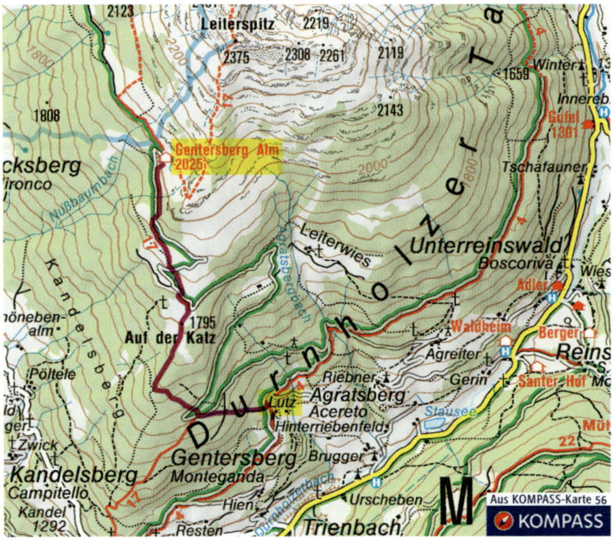

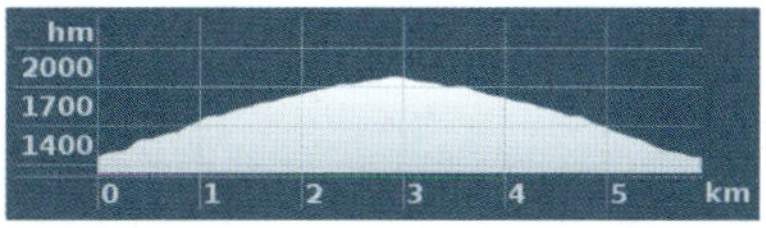

Weidende Pferde gegen die Berge im Unterbergtal

Von Weißenbach zur Ebenbergalm 1780 m

Gemütliche Wanderung im inneren Sarntal

50

Orientierung und Schwierigkeit
In jeder Hinsicht leicht und problemlos
Karten 1:50.000
Kompass, Blatt 53 (Meran);
Freytag-Berndt, Blatt S 4
(Sterzing – Jaufenpass – Brixen)

3 ½ Std. | 11,2 km | 442 Hm

Bei Weißenbach im inneren Sarntal beginnt ein kurzes Seitental, das sich bald in zwei längere Äste gabelt. Der rechte Ast, Oberberg genannt, führt hinauf gegen das Weißhorn, der linke hingegen, Unterberg, führt in Richtung Seeblspitze, Grubenkopf und Alplerspitze.

In dieses Unterbergtal, ein einsames, naturnah verbliebenes Almtal, führt nun unsere Wanderung. Zuerst auf einem Sträßchen zu den Winkhöfen, dann auf einem ungeteerten Fahrweg fast eben zu einer Weggabelung, und wenig später biegen wir in das erwähnte Unterbergtal ein.

Zwischen dem schattseitigen Wald, dem kristallklaren Bach und sonnigen Wiesen wandern wir teils eben, teils leicht ansteigend dahin. Dann und wann bleiben wir auch stehen und blicken zurück zum Weißhorn, das immer beeindruckender in

Blick von der Ebenbergalm zum Sarntaler Weißhorn

den Himmel ragt. Wir kommen an einer schmalen Felsklamm vorbei, in deren Felsen die gelbe Bergstelze ihre Jungen aufzieht, und dann erreichen wir die Hütte der Ebenbergalm, wo eingekehrt werden kann.

Hier ist der breite Weg noch keineswegs zu Ende, und wer mag, kann noch beliebig weit talauf wandern oder auf markiertem Steiglein die aussichtsreiche Seeblspitze besteigen.

Ob so oder so – das Unterbergtal mit seinem Gipfelkranz, seinen Almhütten und den blühenden Wiesen und Weiden belohnt jeden, der an einer unberührten Almlandschaft Gefallen findet.

Wegverlauf: Von Weißenbach im hinteren Sarntal (1338 m; Gastbetriebe, Parkplatz) nordwestwärts der Markierung 9/27 folgend auf schmaler Asphaltstraße zu Fuß in rund 20 Minuten zu den Winkhöfen (1442 m; hier kein Parkplatz!) und auf dem ungeteerten Fahrweg nahezu eben weiter bis zu Wegteilung. Nun links mit Markierung 27 auf dem breiten Forstweg bleibend weiter talein zur nächster Wegteilung, hier erneut links weiter und nun durch das Unterbergtal (stets Nr. 27) in schöner Wanderung teils eben, teils mäßig ansteigend hinauf zur Ebenbergalm mit der gleichnamigen Hütte (1780 m; Ausschank; etwas höher die Taser-Klapf-Hütte; ab Weißenbach knapp 2 Std.). Der Abstieg erfolgt über den Zugangsweg (1½ Std.).

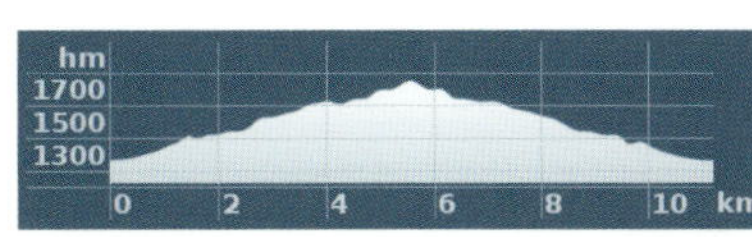

Die Getrumalm gegen die Kassiansspitze

Zur Getrumalm 2083 m

Beliebtes Wanderziel zwischen Pichlberg und Getrumsee

Vom Höhendorf Reinswald im Durnholzer Tal führt der Weg nur mäßig ansteigend hinauf zur Getrumalm – der Einheimische spricht »Gedrum« – an der Sonnenseite des gleichnamigen Hochtales, das in seinem Hintergrund vom Massiv der Kassiansspitze überragt wird.

Die Interessentschaftsalm mit ihrer Einkehrmöglichkeit wird heute viel besucht, was zum einen an der Möglichkeit liegt, von der Bergstation der Reinswalder Umlaufbahn in nur einstündiger Hangquerung hierher zu gelangen, und andererseits am berühmten Höhenkirchlein zum Latzfonser Kreuz, das zwar auf der Latzfonser Seite liegt, aber doch auch häufig von Reinswald aus über die Getrumalm erwandert wird.

Die Nennung von Latzfons auf der Eisacktaler Seite liefert das Stichwort für die ältere Geschichte der Alm. Denn bis 1662 war die »Albm Gadrun«, wie sie in damaligen Urkunden heißt, Besitz des bischöflichen Küchenmaierhofes zu Viersch bei Klausen und wurde erst in jenem Jahr von 18 Bauern aus Reinswald erworben. Und wer weiß, vielleicht gehörte sie in noch älterer Zeit sogar zum Bauernhof Gadrun in Lajen.

51

Orientierung und Schwierigkeit
In jeder Hinsicht leichte und problemlose Bergwanderung

Karten 1:50.000
Kompass, Blatt 56 (Brixen)
Freytag-Berndt, Blatt S 1
(Bozen – Meran und Umgebung)

3 ½ – 4 Std. | 10,2 km | 591 Hm

Der Getrumsee auf der gleichnamigen Alm

Wegverlauf: Von Reinswald im Durnholzer Tal (1492 m; hierher Autostraße von Astfeld im Sarntal herauf) stets der Markierung 7 folgend zuerst teils auf schmaler Asphaltstraße und dann auf Forstweg in durchwegs nur mäßig ansteigender Querung der Hänge des Getrumtales teils durch Wiesen, teils durch Wald ohne irgendwelche Orientierungsprobleme ostwärts hinauf zur Hütte der Getrumalm (2083 m; Ausschank); ab Reinswald gut 1½ Std.). Abstieg: Auf dem beschriebenen Weg, gut 1 Std.

Aufstiegsalternative: Von Reinswald mit der Umlaufbahn hinauf nach Pichlberg und dann in knapp einstündiger Querung auf dem Naturerlebnispfad »Urlesteig« zur Alm.

Wanderziel von der Alm aus: Zum Latzfonser Kreuz – auf Weg bzw. Steig 7 über Almhänge und steiniges Gelände zum Lückl (breite Gratsenke, 2378 m) und jenseits kurz hinunter zum Ziel (2300 m; Bergkirche und Schutzhütte mit Sommerbewirtschaftung); ab Getrumalm 1 Std.

Wie dem aber auch sei, seit bald 350 Jahren ist die Getrumalm mit ihren Weiderechten für 130 Rinder und 200 Schafe jedenfalls nun eine Reinswalder Alm, was sie zumindest geografisch denn auch schon immer gewesen ist. Und seit jene Almleute, die wegen begangener Verfehlungen einst als neckische Männlein herumspuken mussten, erlöst sind, ist es auch gar nicht mehr unheimlich hier heroben, wo bereits vor einigen Jahrtausenden nachweislich mittelsteinzeitliche Jäger durchgezogen sind.

Blütenmeer auf der Seiser Alm

Eisacktal

Von der Hanicker Schwaige aus beobachtet: Ein Blitz fährt in die Felsen der Laurinswand.

Haniger Schwaige und Plafötschalm in Tiers 1904 m

Rundwanderung unterm sagenumwobenen Rosengarten

Diese Wanderung führt uns zur bekannten, über dem innersten Tierser Tal gelegenen Haniger Schwaige (in den Karten auch Hanicker Schwaige), deren Name vom Hanighof in Völser Aicha stammt. Die Alm mit ihrer Gastschenke gehört mit rund 1900 Metern nicht zu den besonders hoch gelegenen Wanderzielen, außerdem beginnen wir die Tour hoch genug, dass sich die Gehzeit für den Aufstieg in angenehmen Grenzen hält und sogar den kleinen Umweg über die prächtigen Angelwiesen erlaubt.

So weitreichend die Aussicht von der Alm einerseits ist, so beeindruckend ist auch der Blick hinauf zu den berühmten Vajolettürmen und zur Laurinswand.

Haben wir für den Aufstieg den Umweg über die Angelwiesen gewählt, so folgen wir auch im Abstieg einem Umweg, nämlich dem über die Alm Plafötsch (manche Karten und Wegweiser schreiben Plafetsch), wo im Anblick des sagenumwobenen Rosengartens ebenfalls Einkehrmöglichkeit geboten wird.

52

Orientierung und Schwierigkeit
Für gehgewohnte Wanderer leicht und problemlos
Karten 1:50.000
Kompass, Blatt 54 (Bozen); Freytag-Berndt, Blatt S 1 (Bozen – Meran und Umgebung)

3 – 3 ½ Std. | 8,7 km | 385 Hm

Die Haniger Schwaige unter dem Tschaminkamm

Die Sage weiß, dass Plafötsch einst ein ganzjährig bewohnter Bauernhof war. Dafür fehlen zwar urkundliche Belege, doch erscheint es angesichts der mit anderen Eisacktaler Höfen vergleichbaren Höhenlage und des schönen Wiesengeländes keineswegs ausgeschlossen. Daher wird Plafötsch bisweilen nicht nur als Alm, sondern auch als Bauernhof bezeichnet.

Das alles macht unsere Rundtour unter dem Rosengarten, bei der wir zwischen Haniger Schwaige und Plafötschalm dem vor einiger Zeit so getauften »Sagenweg« folgen, landschaftlich und floristisch ebenso lohnend wie siedlungsgeschichtlich und sagenkundlich interessant.

Wegverlauf: Anfahrt von Tiers bis zur 8. Kehre der Nigerstraße (ca. 1520 m, Parkplatz). Nun auf breitem Forstweg mit Markierung 7 A eben und leicht ansteigend bis zu einer Wegkreuzung in Bachnähe, rechts auf dem Güterweg (nun Mark. 10) hinauf zu den Angelwiesen und zuletzt in ebener Querung zur Haniger Schwaige (1904 m; Ausschank; 1½ Std.).
Abstieg: Auf dem Waldweg 7 hinunter zur erwähnten Wegkreuzung, hier rechts ab und auf dem breiten Waldweg 10 auf der Sonnenseite hinaus zur Alm Plafötsch (Ausschank, 1564 m; ab Haniger Schwaige ca. 40 Min.). Dann kurz zurück zum rechts abzweigenden Fußsteig 7 (nicht vorher der Nr. 10 folgen!), auf diesem das Tal querend zum Forstweg 7 A und auf diesem zurück zum Ausgangspunkt; ab Plafötsch 1 Std.

Die Hütte der Tuffalm unter den Felswänden des Schlerns

Hoferalpl und Tuffalm 1340 m

Von Völs zu den Almen unterm Schlern

Für so manchen, der vom Dörfchen Ums bei Völs auf den Schlern steigt, mag das Hoferalpl nur eine kurze Verschnaufpause wert sein, für uns ist es hingegen bereits ein erstes Hauptziel und der höchste Punkt der Wanderung.

Die kleine Alm, deren ältere Namen »Pramarkwiese« und »Schneiderboden« lauten, zeichnet sich durch eine ebenso schöne wie aussichtsreiche Lage aus, und die in Holz errichtete Hütte ist eine gern besuchte Almschenke, zumal auch der Zugang nicht allzu lang ist.

Das Hoferalpl ist aber nicht die einzige Alm, die wir hier kennen lernen; denn wir gestalten den Besuch zu einer größeren Rundwanderung, und bei dieser kommen wir nach einer Querung auf schattigem Waldsteig zur sonnigen Wiesenkuppe der Tuffalm, wo die Hütte an wahrhaft einmaliger Aussichtswarte liegt. Der gedrungene Bau ist gleichzeitig Almhütte und Gastschenke, und während hinter der Hütte die senkrechten

53

Orientierung und Schwierigkeit
Für etwas gehgewohnte Wanderer leicht und problemlos

Karten 1:50.000
Kompass, Blatt 54 (Bozen); Freytag-Berndt, Blatt S 1 (Bozen – Meran und Umgebung)

Zeit	Strecke	Höhenmeter
3 ½ Std.	9,1 km	410 Hm

Abendstimmung am Hoferalpl mit dem Tschafon im Hintergrund

Felsbastionen des Schlerns in den Himmel ragen, schweift talseitig der Blick weit und frei über das gesamte untere Eisacktal.

Von der Tuffalm (gesprochen wird »Tuuf«) geht der teilweise einzigartig gepflasterte Weg dann endgültig abwärts, zuerst zum Huberweiher und dann zum bekannten Völser Weiher. Und von dort wandern wir schließlich auf einem schönen Weg nach Ums zurück, wo sich eine lohnende Runde schließt, bei der wir am Fuße der Schlernwände nicht nur zwei hübsche Almen, sondern auch zwei kleine Seen kennen gelernt haben.

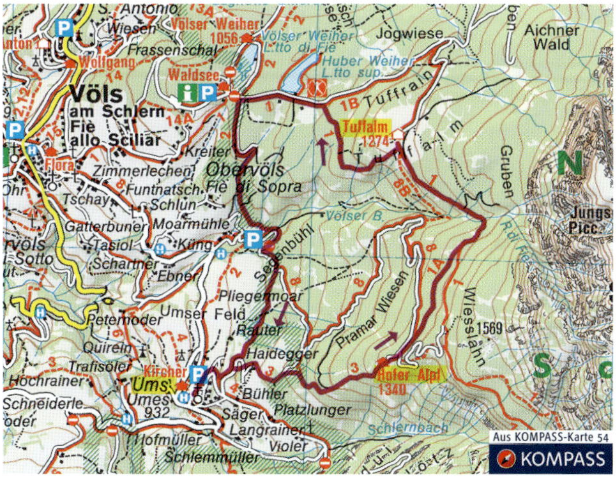

Wegverlauf: Anfahrt von Blumau oder Waidbruck nach Völs und weiter zum Dörfchen Ums (930 m; Parkplatz am Ortsrand). Von da stets der Markierung 3 folgend zunächst auf einer Häuserzufahrt am Wiesenhang hinauf und dann auf dem weiterhin mit Nr. 3 markierten Fußpfad ziemlich gerade durch die Waldhänge hinauf zum Hoferalpl (1340 m; Almschenke); ab Ums knapp 1½ Std. Dann vom Alpl der Beschilderung »Völser Weiher« folgend auf einem markierten Waldsteig nahezu eben nordwärts zum breiten Schlernweg (Markierung 1), auf diesem teils leicht, teils stärker absteigend hinab zur Tuffalm (1270 m; Ausschank). Auf dem alten Pflasterweg (weiterhin Markierung 1) hinunter zum Huberweiher und weiter bis fast zum Völser Weiher (1056 m; Gastbetriebe, ab Hoferalpl 1 Std.); kurz vor Erreichen desselben scharf links ab, nun auf Waldweg 2 teils eben, teils leicht absteigend südwärts zum Völser Bach und zuletzt auf schönem Wiesenweg zurück nach Ums; ab Hoferalpl 2½ Std.

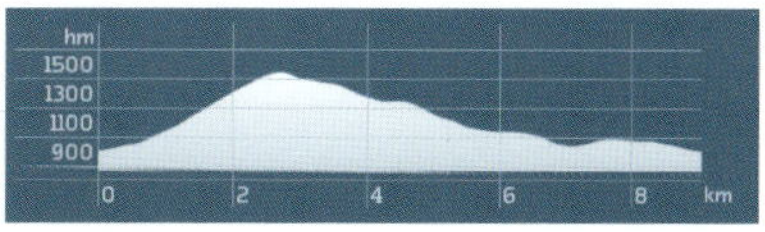

Im Westteil der Seiser Alm: Blick von unserem Weg zum Schlern

Von Kompatsch zur Mahlknechthütte 2053 m

Im Westen der berühmten Seiser Alm

54

Orientierung und Schwierigkeit
Für Gehgewohnte in jeder Hinsicht leicht und problemlos
Karten 1:50.000
Kompass, Blatt 54 (Bozen); Freytag-Berndt, Blatt S 5 (Cortina d'Ampezzo – Marmolada – St. Ulrich)

3 ½ Std. | 14,7 km | 383 Hm

Bei der hier vorgeschlagenen Rundwanderung lernen wir vor allem den westlichen Teil der Seiser Alm kennen und damit jenes Wiesengebiet, dessen Gesamtbild sowohl von der unverwechselbaren Silhouette des Schlerns als auch vom Blick zur allerdings etwas weiter entfernten Langkofelgruppe ausschlaggebend geprägt wird. Aber da die Wanderung längere Zeit in rund 2000 Meter Höhe verläuft, bietet sich auch ein umfassender Blick über das gesamte Seiser-Almen-Reich.

An dieser Stelle mag es nun angebracht sein, sich in geraffter Form etwas näher mit der gesamten Alm zu befassen. Heute ist die Seiser Alm gut 50 km² groß, sie liegt im Gemeindegebiet von Kastelruth (zu dem auch Seis, Pufels und andere Fraktionen gehören) und gilt als größte und schönste Almfläche der Alpen. Das Gebiet wird von Mulden, Tälchen, Mooren und Hügeln, aber auch von Waldzonen, die insgesamt rund ein Fünftel des Gesamtgebietes ausmachen und großteils als Waldweide dienen, geprägt; doch die Schönheit des riesigen Wiesengeländes wird durch die vielen alten Blockhütten und vor allem von den einzigartigen Bergmassiven der Langkofelgruppe und des Schlerns, die das Almgebiet im Westen und Südosten flankieren, ganz wesentlich gesteigert.

Die Seiser Alm reicht vom Frötschbach im Westen bis zum Confinbach im Osten, von der Schneid im Süden bis zu den Grödner Talrändern im Norden und sie umfasst die ausgesprochenen Weidegebiete ebenso wie die Waldweidezonen und die zahllosen Mähwiesen.

Trotz eines römischen Münzfundes bei Kompatsch und verschiedener mittelsteinzeitlicher Fundstellen ist anzunehmen, dass das Gebiet unterhalb der natürlichen Baumgrenze in ur- und frühgeschichtlicher Zeit größtenteils bewaldet und jedenfalls keine riesige Almfläche war.

Sind die Ortschaften Seis und Kastelruth bereits im 10. Jahrhundert urkundlich fassbar, so scheint der Name »Seiser Alm« seit 1288 häufig auf und war damals bereits zum festen Begriff für ein größeres Hauptalmgebiet mit verschiedenen Teilgebieten geworden. Andere Namensformen, etwa Kastelruther Alm oder Grödner Alm, scheinen nie auf, und das zeigt, wie bestimmend anfangs die Almnutzung durch Bauern aus dem Seiser Gebiet gewesen sein muss. Und als die ursprünglich natürlichen Weidegebiete durch neue Rodungen immer weiter ausgedehnt wurden, blieb der Name Seiser Alm erhalten.

Hauptgebiete der heutigen Seiser Alm, deren Mähwiesen rund 300 private Besitzer unter sich aufteilen – zu denen die Gemeinschaftsalmen kommen –, sind im Westen das große Almgebiet Tschapit, im mittleren und östlichen Bereich das weit ausstrahlende Gebiet von Saltria oder Saltrie und im Nordwesten die Hochfläche des Puflatsch. Die geradezu zahllosen einzelnen Gelände- und Almnamen sind zwar teilweise uralte Gebietsbenennungen, vielfach stammen sie aber auch von den Höfen, zu denen die einzelnen Almen oder Wiesen gehören.

Neben den gewöhnlichen Heuhütten und Kochhütten auf den Mähwiesen gibt es die eigentlichen Almhütten, die hier mit dem altdeutschen Wort »Schwaige« bezeichnet werden und hinsichtlich ihrer Zweckbestimmung Sennhütten sind (in anderen Gebieten Südtirols nennt man sie Kasern); mit ihren ge-

Eine der für die Seiser Alm so typischen Hütten, »Schwaigen« genannt, mit Lang- und Plattkofel im Hintergrund

Die Kuckuckslichtnelke, eine der zahlreichen Blumenarten auf der Seiser Alm

Von unserer Wanderroute aus: Blick über die Seiser Alm zur Langkofelgruppe

Wegverlauf: Von Kompatsch am Westrand der Seiser Alm (1844 m; Straße von Seis bzw. Kastelruth herauf) auf Weg 7 südostwärts durch Wiesenhänge mäßig steil in ca. 20 Minuten hinauf zum »Joch«, einem länglichen Almrücken (1981 m; etwas weiter westlich in 2009 m Höhe das Gasthaus »Panorama« und die Bergstation eines Sessellifts, mit dem ebenfalls das »Joch« erreicht werden kann), nun weiterhin stets der Markierung 7 folgend großteils über das Almsträßchen zunächst ganz leicht absteigend und dann wieder leicht ansteigend in schöner Wanderung durch die Wiesen zu Wegteilung unter dem Hotel »Goldknopf«, nun links auf dem breiten Güterweg, vorbei an den Hütten der Partschottalm und der Pseiersenne (»Malòarschwaige«) in nur ganz leicht ansteigender Hangquerung zur Mahlknechthütte (2053 m; Almgasthaus); ab Kompatsch ca. 2 Std. Nun auf dem breiten Weg südostwärts durch einen schütter bewaldeten Hang teilweise in Serpentinen hinunter zu Weggabel, links auf dem breiten Weg 8 durch das oberste Saltriatal zunächst durch die Galgemilwiesen und vorbei an der Tanetzer Alm nordwärts talab und nach kurzer Waldquerung hinaus zum Gasthaus Tirler und nach Saltria (1670 m; Gastbetriebe); ab Mahlknechthütte ¾ Std. Nun stets der Markierung 3 folgend größtenteils abseits der Autostraße durch die schönen Wiesenhänge mäßig ansteigend und vorbei an der Schironhütte (Ausschank) nordwestwärts hinauf zum Oströcken des »Jochs« und zuletzt teilweise durch lichte Baumbestände nahezu eben nach Kompatsch; ab Saltria ¾ Std. (von Saltria hierher evtl. auch mit dem Bus).

trennten Wohn- und Wirtschaftsgebäuden vermitteln sie den Eindruck kleiner Paarhöfe, waren aber nie Dauersiedlungen und sind somit auch nicht mit den ganzjährig bewohnten Schwaighöfen gleichzusetzen. Auf diesen Schwaigen, die meist (aber nicht immer) den Namen des Heimgutes tragen, wird vielfach noch Almbutter hergestellt, während die einst wichtige Herstellung von Käse schon vor Jahrzehnten im Großen und Ganzen erloschen ist.

Im 20. Jahrhundert hat sich zur landwirtschaftlichen auch die fremdenverkehrsmäßige Nutzung der Seiser Alm gesellt, wobei in den 30er Jahren mit dem Bau der Straße nach Kompatsch im Westen und der Seilbahn auf den Pizberg im Norden die große technische Erschließung für den alpinen Skilauf mit dem Bau zahlreicher Gasthäuser, Liftanlagen und Fahrwege eingeläutet wurde. Und ab den 50er Jahren setzte dann auch die Motorisierung der Landwirtschaft durch Mähmaschinen und Heutransporter ein.

Demnach hat sich die Seiser Alm in vielen Belangen und an vielen Stellen verändert, andererseits entspricht sie im Großen und Ganzen nach wie vor der althergebrachten Vorstellung vom »Blumenmärchen Seiser Alm«.

Nach diesem kurzen Überblick sei nun, wie eingangs erwähnt, eine Rundwanderung im westlichen Teil der Seiser Alm vorgeschlagen, mit Ausgangspunkt Kompatsch. Der Weg führt nach kurzem Aufstieg zum »Joch« weitgehend eben in rund 2000 Meter Höhe dahin, er führt an Almhütten und Einkehrstätten vorbei und erreicht schließlich die im Laufe des 20. Jahrhunderts nahe der Mahlknechtschwaige, die schon in der zweiten Hälfte des 19. Jahrhunderts Bergsteiger und Wanderer beherbergte, entstandene und zu einem größeren Almgasthaus gewordene Mahlknechthütte, die in der Vergangenheit zeitweise auch Molignonhütte genannt wurde.

Von dort, dem Ende der Höhenwanderung, wird dann nach Saltria abgestiegen und entweder zu Fuß durch schöne Almwiesen oder aber mit dem Autobus zum Ausgangspunkt zurückgekehrt.

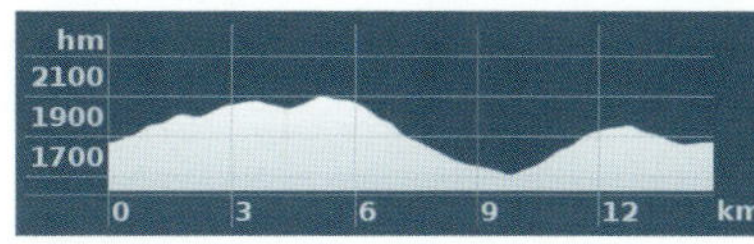

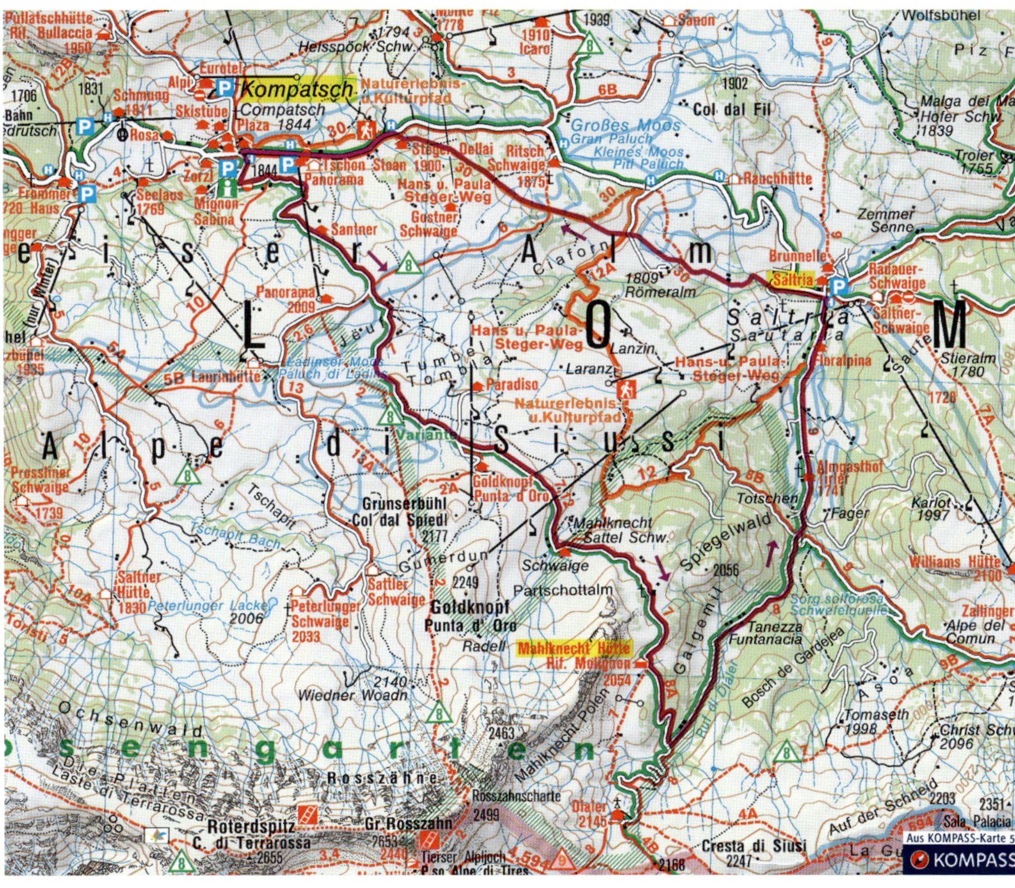

Fast erreicht: die sogenannte Zallingerschwaige mit ihrem Kirchlein

Von Saltria zur Zallingerschwaige 2037 m

Wanderung im Osten der Seiser Alm

55

Orientierung und Schwierigkeit
Für etwas gehgewohnte Wanderer leicht und problemlos
Karten 1:50.000
Kompass, Blatt 54 (Bozen); Freytag-Berndt, Blatt S 5 (Cortina d'Ampezzo – Marmolada – St. Ulrich)

3 Std. | 10,9 km | 362 Hm

Diese Wanderung führt uns in den Südosten der Seiser Alm. Von Saltria (gesprochen meist »Saltrie«), dem Zentrum der Alm, das wir bequem mit dem Seiser-Alm-Bus erreichen, wandern wir dem Saltria- und Gardeseabach entlang hinauf zu den Almhöhen, die sich unter der gewaltigen Westflanke des fast 3000 Meter hohen Plattkofels ausbreiten. Hier bietet das Almgasthaus Zallinger (die altbekannte Zallingerschwaige) Einkehrmöglichkeit und hier befinden wir uns auf Bergwiesen, die in den höheren Bereichen nicht erst gerodet werden mussten, sondern schon von Natur aus gute Weidegründe darstellten und als solche wohl schon sehr früh genutzt wurden.

Hier breitet sich denn auch die Kastelruther Gemeindeweide (auch Komunweide genannt) aus, und etwas tiefer

An unserem Rückweg: Weidevieh auf der großen Prieswiese im Ostteil der Seiser Alm; Langkofel (links) und Plattkofel im Hintergrund

liegen der Kuhwald und der Ochsenwald, ebenfalls von den Bauern der Gemeinde Kastelruth genutzte Weiden, die schon in den Almordnungen des Spätmittelalters genannt werden. Übrigens konnte archäologisch nachgewiesen werden, dass diese Anhöhen auch schon vor Jahrtausenden von mittelsteinzeitlichen Jägern begangen wurden, was mit der Almwirtschaft späterer Zeiten allerdings in keinem Zusammenhang steht.

Das Gebiet umfasst aber nicht nur Gemeindeflächen, sondern auch Privatalmen, und die bekannteste von ihnen ist die Zallingerschwaige, unser Wanderziel. Sie erscheint im Kataster von 1780 noch als »Deckerschwaige zu Sassegg«, doch 1854 verkaufte sie der Deckerbauer in Tisèns an den Bozner Adeligen Karl von Zallinger-Stillendorf, der 1857 die hübsche Immaculatakapelle als Gotteshaus für das zahlreiche Almpersonal erbauen ließ, das er für seine mustergültige Almsennerei sommersüber in Dienst nahm; doch er starb bereits 1865 und sein Sohn Franz verkaufte die Alm 1877 an Vinzenz Senoner aus

Rechte Seite: Breitblättriges Knabenkraut auf der Seiser Alm

Gröden, worauf mehrfacher Besitzerwechsel folgte; 1930 wurde die Schwaige schließlich auch für Sommergäste und Skisportler ausgebaut. Der Name der mittlerweile zu einem stattlichen Berggasthaus gewordenen Almschwaige aber erinnert nach wie vor an die adeligen Besitzer von einst.

Ein Stück weiter nördlich liegt übrigens auch die Karlottschwaige des gleichnamigen Hofes, und dort führt von Saltria der Florian-Sessellift herauf, mit dem weniger Gehfreudige das Ganzereck mit der Williamshütte und damit diese Almhöhen erreichen können.

Für den Abstieg empfehle ich den alten Saumweg, der vom Fassajoch kommend in leichtem Abstieg die Wiesenhänge und den Ochsenwald durchquert und zur ausgedehnten Pries- oder Prensuleswiese führt. Dort, nahe der Confinwiese, haben wir den Ostrand der Seiser Alm erreicht und stehen nun nicht nur unter dem Plattkofel, sondern haben die Langkofelgruppe in ihrer ganzen Pracht und Größe vor uns.

Dann freilich müssen wir diesem Bild den Rücken kehren, denn nun wandern wir durch die Prieswiesen westwärts, um mit dem Blick über das Almtal von Tschaforn hinweg zum Schlern schließlich wieder Saltria zu erreichen.

Wegverlauf: Von Kompatsch am Westrand der Seiser Alm (1844 m; Hotels, große Parkplätze, ab da Fahrverbot für Privatautos) zunächst mit dem Linienbus hinunter in die Almmulde Saltria (1675 m; Schnittpunkt zahlreicher Wege, Gastbetriebe). Von da der Markierung 9 folgend durch Wiesenböden zum Almgasthaus Tirler (1741 m), bei der dortigen Weggabel links weiter (stets Mark. 9), in einem Tälchen teilweise durch Wald dem Gardeseabach entlang hinauf zu den Bergwiesen und durch diese, teilweise auf einem Wiesensteig die Kehren des Fahrweges abkürzend, hinauf zur Zallingerschwaige (2037 m; Almgasthaus; ab Saltria 1 Std.).
Abstieg: Von der Zallingerschwaige stets der Markierung 7 folgend ostwärts hinein in ein Almtälchen, dann durch die Wiesenhänge hinaus zu einem Rücken, nun den Ochsenwald in leichtem Abstieg querend zu den Pries- oder Prensuleswiesen und zu querendem Güterweg (1818 m; ab Zallingerschwaige 1 Std.); nun auf diesem scharf links ab (Mark. 3) und in schöner, ebener bis leicht absteigender Wanderung durch Wiesenhänge und kurz durch Wald westwärts zurück nach Saltria; ab Zallingerschwaige knapp 2 Std.

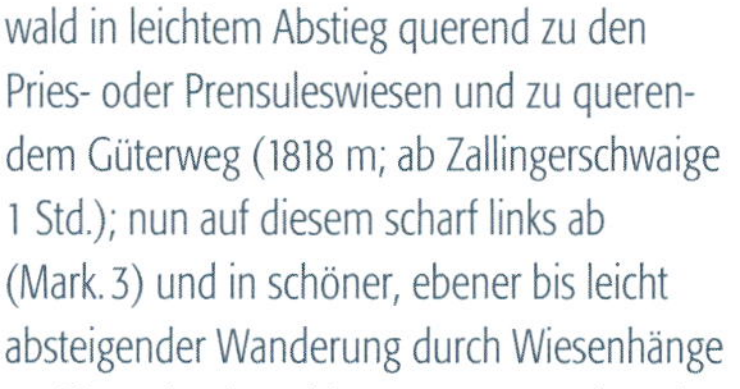

Endlose Weite bestimmt das Bild der Villanderer Almen, die wir in einer großzügigen Runde erwandern.

Zur Stöfflhütte 2057 m

Über die ausgedehnten Villanderer Almen

Vom Radlsee bei Brixen im Norden bis zum Ritten im Süden breiten sich auf dem Sarntaler Ostkamm riesige Almflächen aus. Darauf stehen zahllose Heu- und Almhütten, denn zahllos sind auch die mehr oder minder großen Privatalmen auf diesen Höhen, deren besondere Charakteristik der Blick zu den nahen Dolomiten ist.

Doch meist wird das Gebiet nach den Ortschaften und Gemeinden, zu denen die Almen gehören, unterteilt und benannt; und so spricht man von den Latzfonser, den Villanderer, den Barbianer und den Rittner Almen. Schön sind sie alle, doch am bekanntesten sind wohl die Villanderer Almen, die besonders ausgedehnte flache Böden aufweisen.

Über sie wollen wir wandern, sie wollen wir in einer großen Rundtour kennen lernen. Dabei kommen wir zuerst an den Almschenken »Rinderplatz« und »Moar-in-Plun-Alm« vorbei und wählen sozusagen als Ziel die in sehr aussichtsreicher Lage stehende, weithin sichtbare Stöfflhütte, eine der bekanntesten

56

Orientierung und Schwierigkeit
Die Wanderung großteils leicht und problemlos, aber die Moordurchquerung nur Gehgewohnten mit wasserfestem Schuhwerk zu empfehlen

Karten 1:50.000
Kompass, Blatt 56 (Brixen);
Freytag-Berndt, Blatt S 1
(Bozen – Meran und Umgebung)

4 – 5 Std. | 14 km | 376 Hm

Haflingerpferd auf der Villanderer Alm

Almschenken weitum, die bereits etwas außerhalb der Villanderer Gemeindegrenze auf Klausner bzw. Latzfonser Gebiet steht.

Wer an der Stöfflhütte anlangt, hat eine schöne Wald- und Almwanderung hinter sich, er hat bereits ein wenig das Wesen dieser Höhen kennen gelernt. Und wer von da auf dem Herweg wieder zurückwandert zum Ausgangspunkt, wird es nicht bereuen.

Ich schlage in der nachfolgenden Wegbeschreibung aber doch vor, den Besuch der Hütte mit einer größeren Runde zu verbinden, um so das Gebiet der Villanderer Almen besser kennenzulernen.

Dabei queren wir hinüber zu jener Wanderroute, auf der so mancher Weitwanderer den ganzen Sarntaler Ostkamm überschreitet und die hier auf den Villanderer Almen befindlichen, ausgedehnten Hochmoore mitten durchquert. Fleißige Hände haben die Begehung dieser Route durch ausgelegte Bretter in dankenswerter Weise erleichtert und sicherer gemacht, aber eine nasse Angelegenheit ist das Ganze dennoch; und wer lieber festen Boden unter den Füßen hat als bei jedem Schritt das Gefühl zu haben, in den unheimlichen Mooren zu versinken, sollte es bei der Wanderung zur Stöfflhütte bewenden lassen.

Doch vom einen Brett oder etwas festeren Graspolster zum nächsten hüpfend oder aber behutsam über die wasserdurchtränkten, weich federnden Grasmatten schleichend, bringt man auch diese Wegstrecke hinter sich, und im Nachhinein entpuppt sie sich als das einprägsamste Erlebnis der ganzen Tour. Und erst wer diese Hochmoore durchquert hat, die auch der

Gedenkbildstock (»Marterle«) auf der Villanderer Alm

Schon im etwas höheren Bereich des Almgebietes lädt die Stöfflhütte zu Rast und Einkehr ein.

Wegverlauf: Vom Almgasthaus »Gasserhütte« (1744 m; großer Parkplatz; hierher von Klausen über Villanders herauf gute Straße) kurz in Richtung Moar-in-Plun-Alm, dann bei Wegweiser »Jausenstation Rinderplatz« rechts ab, nahezu eben zur Almgaststätte »Am Rinderplatz« (1799 m), von da auf breitem, beschildertem Weg durch Wald kurz in Richtung Moar-in-Plun-Hütte und dann rechts teils eben, teils leicht ansteigend über freies Almgelände zur großen, weithin sichtbaren Stöfflhütte (2057 m); ab Ausgangspunkt knapp 2 Std.
Rückkehr zum Ausgangspunkt: Entweder wie Hinweg (ca. 1½ Std.) oder auf folgender Route: Von der Stöfflhütte ein Stück in Richtung Latzfonser Kreuz bis zu einer Alm in etwas erhöhter Lage (Gfoller, 2120 m), nun links auf gutem Weg hinüber zum Weg 1 (2107 m), auf diesem links ab, südwärts über die wasserreichen »Mooswiesen« (großes Moorgebiet; streckenweise Bretterstege, ansonsten nur nasser Moorpfad mit Markierungspflöcken) bis zum trockenen Weg, der zum Totenkirchlein führt (ca. 2070 m; etwas höher die Almschenke »Pfroder-Alm«), auf diesem Weg ostwärts zurück zur Moar-in-Plun-Alm und zur Gasserhütte; ab Stöfflhütte 2½–3 Std.

Schriftsteller Paul Tschurtschenthaler als unheimlich und geheimnisvoll geschildert hat, wird verstehen, warum die Bauern für die versumpften, im landwirtschaftlichen Sinn »toten« Moorwiesen, auf denen sie ein halbes Dutzend Mährechte besaßen, den Flurnamen »Am Toten« geprägt haben, der heute auch am etwas höher am Bergkamm stehenden Kirchlein und am nahen Seebergsee haftet.

Am Ende der Moorstrecke kann man einen Abstecher zur neuen Almschenke der Pfroder-Alm machen, und von da an ist der Weg, der uns zum Ausgangspunkt zurückbringt, wieder gut, breit und fest. Und da ist es dann schön stehen zu bleiben und zurückzuschauen über die großen Weiten der Villanderer Almen, die man in einer großzügigen und vielleicht vor allem wegen der Moordurchquerung unvergessenen Runde kennen gelernt hat.

Dass sich um ein solches Almgebiet verschiedene Sagen gewoben haben, ist mehr als verständlich, und so manche befasst sich mit den historisch belegten Streitigkeiten um Almgrenzen und -rechte. So heißt es, die Hirten hätten sich regelrechte Schlachten geliefert und die Villanderer hätten das Rittner Vieh über die Sarner Scharte in den Abgrund getrieben, sodass die Talfer, der Sarner Talbach, selbst noch in Bozen draußen blutrot daherfloss; und weil dann im langen Rechtsstreit das Urteil durch eine List des Penzlwirtes zugunsten der Rittner gefällt wurde, muss dieser nun allnächtlich als Gespensterreiter auf feurigem Ross über die Villanderer Alm sprengen.

Einst gab es, so wissen die Sagen weiter, auf der Villanderer Alm auch Höfe und dazu sogar ein Schloss reicher Herren, deren Hartherzigkeit freilich auch hier zum Untergang all der Herrlichkeit führte; und so befindet sich auch der Burgschatz, von einem grässlichen schwarzen Hund bewacht, heute tief im Innern des Berges.

Abschließend ist noch zu erwähnen, dass auch auf der Villanderer Alm an verschiedenen Stellen und unter anderem unweit der Stöfflhütte Silexfunde mittelsteinzeitlicher Jäger zum Vorschein gekommen sind.

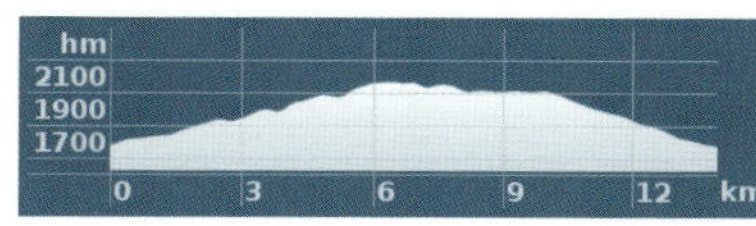

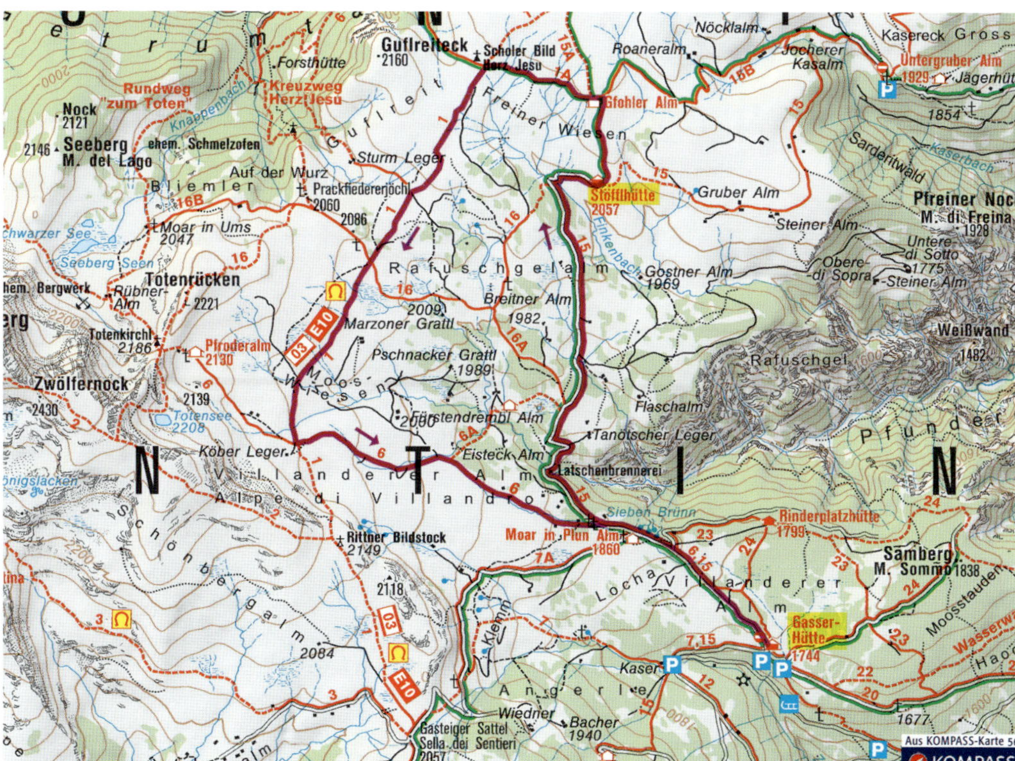

Die Steviahütte auf der gleichnamigen Alm

Zu den Almen Juac und Stevia 2312 m

Wanderung auf der Grödner Sonnenseite

57

Orientierung und Schwierigkeit
Für gehgewohnte Bergwanderer unschwierig; Wege und Steige gut markiert und beschildert
Karten 1:50.000
Kompass, Blatt 59 (Sellagruppe); Freytag-Berndt, Blatt S 5 (Cortina d'Ampezzo – Marmolada – St. Ulrich)

3 ½ Std. | 6,8 km | 637 Hm

Diese Almwanderung führt uns hinauf zu den sonnigen Höhen des kleinen Steviamassivs, das sich unweit von Wolkenstein in Gröden über dem Eingang des Langentals erhebt. Und zwar wandern wir zunächst gemächlich unter hohen Lärchen zu den herrlichen Almwiesen von Juac (gesprochen Schuatsch), die sich vor der Kulisse des mächtigen Langkofelstockes ausbreiten. Am höchsten Punkt dieser blühenden Wiesen, wo sich der Blick auch auftut zur Zackenreihe der Geislergruppe, steht die Juac-Schwaige und ermöglicht Einkehr und Zwischenrast.

Dann aber erklimmen wir über eine interessante Weganlage die eigentlichen Höhen des Steviamassivs; dabei steigen wir über gute Stufen durch eine kleine Felsschlucht empor, und nachdem wir die schmale Silvesterscharte passiert haben, stehen wir schließlich auf den freien Hängen der Stevia-Alm, einer mäßig steilen, plateauartigen Hochweide von beachtlichen Ausmaßen, auf der im Sommer einige hundert Schafe ihr Futter suchen und sogar ein paar Kühe das Almleben genießen.

Blick von der Steviahütte zum Sellastock

So steht denn auch in der Nähe mehrerer Wasserquellen die viel besuchte Steviahütte, eine Almschenke in sonniger Lage, und unweit davon befindet sich auch der kleine Almstall für die auf Stevia wohnenden Milchkühe.

Die Almschenke in ihrer heutigen Form wurde 1975 an der Stelle der früheren Hirtenhütte erbaut und bietet eine herrliche Aussicht auf die umliegenden Gipfel und Felsbastionen der Grödner Dolomiten.

Man kann die Steviahütte auf verschiedenen Routen erreichen, doch sei hier gerade wegen der schönen Juac-Wiesen der klassische Hauptzugang vorgeschlagen, der im Grödner Weiler Daunëi beginnt.

Wegverlauf: Anfahrt vom Westrand von Wolkenstein in Gröden (1537 m) bis zum Touristenparkplatz oberhalb des Weilers Daunëi (1675 m). Von da nun zu Fuß der Markierung 3 folgend zuerst kurz auf Hofzufahrt und dann auf Fußweg durch Wald und Wiesen nordwärts hinauf zur Juac-Hütte auf der gleichnamigen Alm (1903 m; Ausschank), nun auf Weg 4 ostwärts zunächst wieder durch Wald und dann über felsiges Steilgelände teilweise über Stufen und in Serpentinen empor zur Silvesterscharte (2280 m), jenseits kurz hinunter zu Wegteilung und links (immer Steig 4) zuerst in ebener Hangquerung und zuletzt in mittelsteilem Anstieg hinauf zur Steviahütte (2312 m; Ausschank); ab Ausgangspunkt 2 Std.
Abstieg: Entweder wie Aufstieg (gut 1½ Std.) oder auf folgender, etwas kürzerer Route: Von der Hütte zurück bis zur genannten Wegteilung unterhalb der Silvesterscharte, hier dem Wegweiser »Express« folgend links ab, auf dem Hangsteig hinaus zum Grasrücken der Steviola, dann westseitig am felsigen Hang über viele Stufen hinunter zum Wald und durch diesen weiter hinunter zum Ausgangspunkt; ab Hütte knapp 1½ Std.

Die Broglesalm mit den Geislerspitzen

Zur Broglesalm in Villnöß 2045 m

Von Ranui zum Nordfuß der Seceda

58

Orientierung und Schwierigkeit
Für etwas gehgewohnte Wanderer in jeder Hinsicht leicht und problemlos; auch an heißen Tagen angenehm
Karten 1:50.000
Kompass, Blatt 56 (Brixen); Freytag-Berndt, Blatt S 4 (Sterzing – Jaufenpass – Brixen)

3 ½ Std. | 10 km | 675 Hm

Die Brogleshütte gilt nicht allein als Almschenke, sondern auch als Schutzhütte, bildet sie doch einen wichtigen Stützpunkt für eine Reihe von Bergtouren und bietet mindestens seit der Erbauung des bekannten Adolf-Munkel-Weges um 1905 den Wanderern einfache Unterkunft und Verpflegung.

Andererseits aber handelt es sich doch auch – oder sogar in erster Linie – um eine Alm. Als solche ist Brogles im 1774 erschienenen Atlas Tyrolensis verzeichnet, 1846 ist von der »fetten Alpe Pragls«, 1886 von der »Alpe und Schwaige Brogles« und in den alpinen Publikationen des beginnenden 19. Jahrhunderts von der »Brogles-Senne« zu lesen.

Genauso ist Brogles auch heute noch eine schöne Alm mit Weidevieh, ausgedehnter Mähwiese, Stall und Almhütten, und wenn man zur richtigen Zeit da ist, kann man fleißigen Händen beim »Schlögln« der Almbutter zusehen, das anstrengender ist als es aussieht.

Brogles ist also nicht nur eine Hütte, sondern ein ganzes Gebiet mit jahrhundertealter Almgeschichte, zu dem auch die beiden nach Gröden überleitenden Broglesjöcher, der im Almbereich entspringende Broglesbach (der talabwärts dann Klieferbach heißt) sowie der nördlich an die Alm anschließende Brogleswald gehören.

Dass auch dieses Gebiet schon vor Jahrtausenden begangen wurde, beweisen mittelsteinzeitliche Funde am nördlichen Broglesjoch, und der von der Ortsnamenforschung vermutete keltische Ursprung des Namens Brogles weist offenbar auf uralte Weidenutzung hin.

Alles das macht die Broglesalm zu einer Gegend von einiger kulturgeschichtlicher Bedeutung. Und für uns Wanderer, die wir die Alm von Villnöß herauf erwandern, kommt als besonders wichtiger Faktor natürlich hinzu, dass Brogles mit dem Prachtblick über den innersten Villnösser Talschluss und vor allem zu den herrlichen Fermedatürmen von einzigartiger landschaftlicher Schönheit ist.

St. Johann in Ranui mit den Geislerspitzen – Ausgangspunkt unserer Wanderung

Wegverlauf: Vom Parkplatz hinter dem Hotel »Ranui« nach St. Magdalena in Villnöß (1370 m) auf dem Forstweg 33 kurz talein bis zum rechts abzweigenden Broglesweg (1439 m; Wegweiser »Broglesalm«, Mark. 28) und nun teils auf dem Güterweg, teils auf dem alten Steig im Graben des Kliefer- bzw. Broglesbaches durch schönen Wald zur Abzweigung des Adolf-Munkel-Weges und rechts weiter bergauf zu den Wiesen und zur Brogleshütte (2045 m; Ausschank); ab Ausgangspunkt 2 Std.

Abstieg: Am kürzesten wie Aufstieg, 1½ Std.

Abstiegsalternative über Gschnagenhardt: Von der Brogleshütte kurz auf dem Anstiegsweg zurück, dann auf dem rechts abzweigenden Adolf-Munkel-Weg (Mark. 35) meist durch schönen Bergwald bis zum links abzweigenden Weg zur Gschnagenhardtalm, auf diesem hinunter zur Alm (ca. 1980 m; Ausschank), auf dem Forstweg durch Wald hinab und westwärts talaus zum Ausgangspunkt; ab Brogleshütte 3 Std.

Abend auf Gschnagenhardt gegen die Fermedatürme

Zu den Almen auf Gschnagenhardt 1996 m

Im Bann der schlanken Fermedatürme

In der Reihe bezaubernder Almen, die sich auf den Höhen und Hügeln unmittelbar unter den Felsen und Karen der Geislergruppe befinden, liegt die Gschnagenhardtalm ungefähr in der Mitte und damit gerade unter dem 3025 Meter hohen Sass Rigais, dem mächtigsten und höchsten Berg der Gruppe. Doch nicht nur er ragt gewaltig über den ausgedehnten Bergwiesen und Hochweiden empor, sondern fast noch eindrucksvoller, jedenfalls bizarrer, die Fermedagruppe mit ihren filigranen Felsnadeln.

Wie die Broglesalm weiter im Westen und die Glatschalm weiter im Osten, liegt auch die Gschnagenhardtalm vom bekannten Adolf-Munkel-Weg nicht weit entfernt und der Almbesuch könnte gut mit der Begehung dieses Höhenweges verbunden werden, wie er auch mit dem Besuch der genannten Almen verbunden werden kann.

Doch sei die Alm hier als eigenständiges Ziel vorgestellt, zumal sie ja doch weniger am Weg von und zu einer anderen Alm liegt, sondern sich absolut selbständig auf einem kleinen

59

Orientierung und Schwierigkeit
Für gehgewohnte Wanderer leicht und problemlos
Karten 1:50.000
Kompass, Blatt 56 (Brixen);
Freytag-Berndt, Blatt S 4
(Sterzing – Jaufenpass – Brixen)

2 ½ – 3 Std. | 8,7 km | 326 Hm

hügeligen Hochplateau ausbreitet, das rundherum mit zum Teil sehr steilen Waldhängen abbricht.

Hier weiden im Sommer auch heute noch an die 100 Stück Vieh, die Zahl der Almbesucher und Wanderer lässt sich sehen, und die Almleute haben alle Hände voll zu tun.

Beim Abstieg: der mächtige Sass Rigais im letzten Sonnenlicht

Wenn ich von der Gschnagenhardtalm im Singular spreche, so meine ich die gesamte Almfläche; denn sie bildet die althergebrachte Gschnagenhardtalm, die als Bergwiese des Profanterhofes bereits 1547 in den Formen »Smagen« und »Schmagenhait« urkundlich aufscheint.

Hinsichtlich der Hütten müsste man seit einiger Zeit nun von zwei Almen sprechen; denn zur ursprünglichen (nunmehr oberen) Gschnagenhardthütte hat sich in jüngster Zeit eine etwas tiefer gelegene Almschenke gesellt, die nach ihrer Zugehörigkeit bisweilen auch als Ranuier Hütte bezeichnet wird. So stehen dem Wanderer nun zwei Einkehrmöglichkeiten zur Verfügung, was auf entsprechend starken Besuch und dieser wiederum auf die große landschaftliche Schönheit zurückzuführen ist.

Wegverlauf: Vom südlichen Parkplatz in Zans im Villnösser Talschluss (1670 m), wo einer der vielen Wegweiser zur Gschnagenhardtalm mit Markierung 34 weist, zunächst auf dem breiten, bald leicht absteigenden Fahrweg ca. 50 m westwärts, dann auf gutem, mittelbreitem, aber nicht markiertem Fußwanderweg (»Jägersteig«) links ab, längere Zeit durch die Wälder eben westwärts zu Weggabel, geradeaus auf schmalerem Steig eben weiter zu einer Forsthütte im Wald (1670 m), von da auf dem unmarkierten, nicht geteerten Forstweg (lt. Karte Mark. 34) in weit ausholenden Serpentinen (die kaum abkürzbar sind) durch Steilwald hinauf zu den Wiesen und zur unteren und oberen Almhütte (beide mit Ausschank; obere Hütte 1996 m); ab Zans 1½ Std.
Abstieg: Auf dem Anstiegsweg, gut 1 Std.

Die Glatschalm im Wechsel von Licht und Schatten, beherrschend darüber die schlanke Furcheta

Glatschalm und Dussleralm 1902 m

Wo die Geislerspitzen am höchsten sind

60

Orientierung und Schwierigkeit
In jeder Hinsicht leichte und problemlose Rundwanderung; schwächeren Gehern zu empfehlen

Karten 1:50.000
Kompass, Blatt 56 (Brixen);
Freytag-Berndt, Blatt S 4
(Sterzing – Jaufenpass – Brixen)

2 Std. | 4,8 km | 270 Hm

Beim aufmerksamen Blick zu den Geislerspitzen im inneren Villnösser Tal stellt man fest, dass dieser berühmten Berggruppe zwei recht ausgedehnte, von steilen Bachgräben begrenzte Waldhügel vorgelagert sind; was man vom Tal aus hingegen nicht sieht, das sind die hübschen Almen auf diesen Hügeln.

So befindet sich auf der westlichen Kuppe die Gschnagenhardtalm, und auf dem östlichen Hügel, unserem Wanderziel, befinden sich die Rodungen der Dussleralm (auch Dusleralm) und der Glatschalm, die man beide im Zuge einer hübschen Rundtour kennen lernen kann.

Die Namen sind wohl rätoromanischen Ursprungs und gehen vielleicht auf ein »doss-alt« (hohes Eck) und ein »collatsch« (minderwertiger Hügel) zurück, aber über das Alter der Rodungen selbst sagen die Namen natürlich wenig aus.

Zu den Gemeinsamkeiten beider Almen gehört, dass sie Einkehrmöglichkeit bieten und dass sie äußerst schön unmittelbar unter den einmaligen Geislerspitzen liegen.

Die Dussleralm unter der Geislergruppe

Die etwas höher gelegene Glatschalm, eine Privatalm, ist vor allem eine große Bergmahd, auf der schon immer nur wenig Vieh gesömmert wurde. Entsprechend bescheiden ist denn auch das alte Almgebäude, in dessen Nähe dann allerdings 1960 die heutige Almgaststätte und 1967 die zur Gänze aus Holz bestehende Bergkapelle errichtet wurden.

Die etwas weiter westlich und etwas tiefer gelegene Dussleralm ist hingegen eine Interessentschafts-Sennalm mit Weiderechten für weit über 100 Stück Vieh.

Wenn oben von den Gemeinsamkeiten der beiden Almen gesprochen wurde, so ist hier auch ein markanter Unterschied zu nennen: Die Glatschalm ist der aufgehenden Sonne zugewandt, die Dussleralm der untergehenden. Doch da im Sommer die Sonne ohnehin hoch genug steht, um beide Almen den ganzen Tag lang zu bescheinen, spielt es keine Rolle, welche Alm man früher oder später am Tage besucht. Und daher ist es auch gleichgültig, ob man die Rundwanderung in der nachfolgend beschriebenen Richtung oder umgekehrt durchführt.

Wegverlauf: Vom südlichen Parkplatz in Zans im Villnösser Talschluss (1670 m) der Markierung 33 folgend auf breitem Forstweg südostwärts mäßig steil durch Wald hinauf bis zu Wegteilung, hier rechts ab (die Mark. 33 geht links weiter) auf weiterhin breitem, nun etwas steilerem Weg durch Wald (ohne Mark., aber beschildert und nicht zu verfehlen) hinauf zu den Glatscher Wiesen und zur Almschenke (1902 m; ab Zans 3/4 Std.).
Abstieg: Von der Glatschalm der Beschilderung »Dusslerhütte« folgend zuerst westwärts kurz zu einem kleinen Geländesattel (ca. 1940 m), jenseits auf Fußweg durch Wald mittelsteil hinab zu einem Forstweg und auf diesem kurz rechts weiter zur Dusslerhütte (1782 m; Ausschank; ab Glatschalm ca. 15 Min.); von da schließlich auf unmarkiertem, aber problemlos zu begehendem Fußweg in leichtem Abstieg die Wälder nordwestwärts querend hinunter zu Weggabel und rechts in nahezu ebener Waldquerung auf gutem Weg nordostwärts zurück zum Ausgangspunkt; ab Dusslerhütte knapp 3/4 Std.

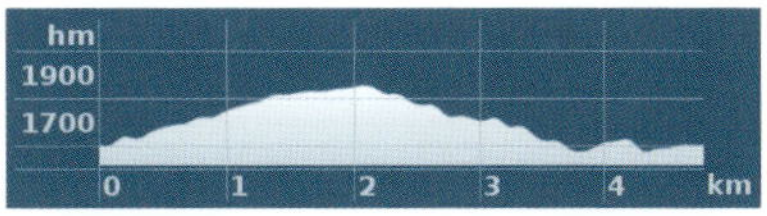

Die ausgedehnte Gampenalm im Villnösser Talschluss, links darüber die Schlüterhütte.

Über die Kaserillalm zur Gampenalm 2062 m

Rundwanderung unterm Zendleser Kofel

Die Kaserillalm liegt an einem steilen Hang im hintersten Villnösser Tal und erschien den Kartographen offenbar so unbedeutend, dass man die Alm in vielen Wanderkarten vergeblich sucht. Tatsächlich ist sie nur klein und in almwirtschaftlicher Hinsicht von untergeordneter Bedeutung, aber sie ist ein hübscher Rastort an einem der Aufstiege zur Schlüterhütte.

Für uns hingegen soll sie Rastort sein am Weg zur Gampenalm, der innersten größeren Alm des Villnößtales und einer der bekanntesten. Ebenfalls an einem viel begangenen Weg zur Schlüterhütte gelegen, hat sich die Gampenalm zu einer stark besuchten Einkehrstätte entwickelt, aber mit ihren ausgedehnten Wiesenhängen ist sie nach wie vor auch eine bedeutende Alm, auf der viel Heu geerntet wird und viel Vieh den Sommer verbringt.

Und die fast ebene, ein Stück unterhalb der Hütten eine kleine Hochterrasse bildende Gampenwiese gehört mit ihren blühenden, von knorrigen Zirben umrahmten Matten, den

61

Orientierung und Schwierigkeit
Für etwas gehgeübte Wanderer leicht und problemlos

Karten 1:50.000
Kompass, Blatt 56 (Brixen);
Freytag-Berndt, Blatt S 4
(Sterzing – Jaufenpass – Brixen)

2 ½ Std. | 7,9 km | 430 Hm

Die Alm Kaserill

sonnengebräunten Heuhütten und den steilen Felsen im Hintergrund zweifellos zu den hübschesten Plätzen des ganzen Tales.

Darüber hinaus verdienen auch die Wege in jenem Bereich Erwähnung, wo sie nicht über freie Wiesen, sondern im Wald verlaufen. Denn dort folgt man beim Aufstieg dem Kaserillbach und beim Abstieg dem Tschantschenonbach, und in beiden Fällen bedeutet dies ein besonders angenehmes Wandern neben kristallklaren, munter talwärts rauschenden Bergwassern.

Wegverlauf: Zwischen der Gaststätte bei den Parkplätzen von Zans im hinteren Villnößtal (ca. 1670 m) und dem von Nordosten kommenden Kaserillbach auf breitem Forstweg durch das tief eingeschnittene, bewaldete Kaserilltal hinein und zuletzt rechts kurz an einem Wiesenhang hinauf zu den Hütten der Kaserillalm (1920 m; ab Ausgangspunkt ¾ Std.); von dort südostwärts leicht ansteigend zu einer Kreuzung der Wiesenpfade, von da neben einem »Porst« (Wiesengrenze) ein gutes Stück gerade hinauf zu querendem Steig und auf diesem teils eben, teils etwas absteigend durch die steilen Almhänge südwärts zur Gampenalm (2062 m; Gaststätte); ab Zans knapp 1½ Std. Abstieg: Von der Gampenalm führt der breite Abstiegsweg durch die Wiesen westwärts gerade hinab zur schönen, muldenartigen Gampenwiese, weiter talab zum Tschantschenonbach und orografisch rechts neben dem Bach mäßig absteigend talaus zum Gasthaus Sass Rigais und zum Parkplatz; ab Gampenalm 1 Std.

Vom Aferer Almenweg aus: der Peitlerkofel im letzten Sonnenlicht

Die Aferer Almen bei Brixen 1967 m

Sonnenhänge im Bann des Peitlerkofels

62

Orientierung und Schwierigkeit
Für etwas gehgewohnte Wanderer leicht und problemlos
Karten 1:50.000
Kompass, Blatt 56 (Brixen); Freytag-Berndt, Blatt S 4 (Sterzing – Jaufenpass – Brixen)

2 ½ – 3 Std. | 5,5 km | 200 Hm

Von Brixen ausgehend erschließt eine Straße die ausgedehnte Höhensiedlung Afers und führt dann über das Halsl, einen schmalen Almsattel, weiter zum Würzjoch und hinunter ins Gadertal. Man hat sie »Brixner Dolomitenstraße« getauft, und dieser Name sagt bereits etwas aus über unsere Almwanderung. Diese beginnt und endet nämlich am erwähnten Halsl, und dieses wiederum ist eingesenkt zwischen den grünen Südhängen der Plose im Norden und den bizarren Felsgebilden der Aferer Geisler (oder Geiseln) im Süden.

Die Wanderung führt uns zuerst durch Almhänge und Zirbenbestände hinauf zu einer langgezogenen Hangterrasse und damit sozusagen mitten hinein in die Aferer Almen; ein Stück im Westen steht die Schatzerhütte, ein altbekanntes Almgasthaus, und ein paar Schritte ostwärts bietet die Enzianhütte am Heinlinger-Gampen Einkehrmöglichkeit in rustikaler Atmosphäre.

Dann aber wandern wir auf einem außerordentlich schönen Almenweg durch die Hänge weiter ostwärts. Dabei kom-

Bergwiesen der Aferer Almen mit der Berggruppe der Aferer Geisler

men wir an Viehweiden vorbei, an Heuhütten und kleinen Almen, und nun beherrscht der Peitlerkofel die Szenerie, einer der formschönsten Berge der Dolomiten. Und wer den Rückweg über die malerische Unterpiskoier Alm bereits zu vorgerückter Tageszeit zurücklegt, für den wird der Anblick des Berges im letzten Sonnenlicht zum unvergesslichsten Erlebnis der ganzen Almenwanderung.

Allerdings sollte man allzu spät nicht unterwegs sein, denn auf den Almen und im Gebirgskessel Gunggan hausen Berggeister. Als Riesen, schwarze Wölfe und sonstige schreckliche Untiere treten sie auf und tragen sogar Leute davon, wie jene Magd des Schatzerhofes, die im Herbst auf die Alm ging, um einen vergessenen Käsekessel zu holen.

Und auch das Wetter sollte man im Auge behalten; denn wenn der Gungganriese drüben am Peitlerkofel seine riesige Peitsche schwingt, beginnt es augenblicklich furchtbar zu blitzen und zu hageln.

Wegverlauf: Vom Halsl (1860 m; Straßenübergang zwischen Brixen im Westen und dem Gadertal im Osten; Gaststätten, Parkplätze) der Markierung 4/8 folgend auf gutem Fußweg durch Zirbenbestände und Lichtungen hinauf zu querendem Güterweg (1980 m; 20-minütiger Abstecher nach Westen zur Schatzerhütte möglich) und auf diesem ostwärts hinüber zur Enzianhütte (1967 m; Ausschank; ab Halsl ½ Std.).
Rückkehr zum Halsl: Um die kurze Wanderung zu einer längeren Runde auszudehnen, empfehle ich folgende Route: Von der Enzianhütte auf dem breiten, zwar nummernlos, aber gut markierten Weg in ebener Querung durch Almwiesen und Zirbenbestände ostwärts zur Tatscher Alm (Hütten etwas oberhalb des Weges; kein Ausschank), auf dem später zum Steig werdenden Weg durch Wald und über eine Lichtung hinab in ein kleines Tal (ca. 1770 m), nun auf markiertem Steig westwärts neben dem Bächlein leicht ansteigend zur schönen Unterpiskoier Alm (1850 m; Ausschank) und in wenigen Minuten zurück zum Halsl; ab Enzianhütte gute 2 Std.

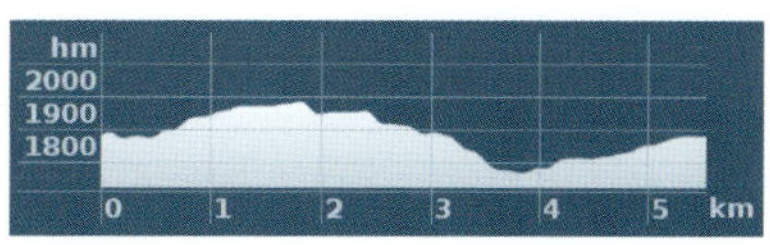

Die Ochsenalm hoch über Brixen am Hang der Plose

Zur Ochsenalm bei Brixen 2085 m

Wanderziel auf der Westseite der Plose

Die Alm, deren Name daran erinnert, dass früher einmal auch viele Ochsen auf unseren Hochalmen die schönen Sommermonate verbrachten, liegt ostseitig hoch über Brixen am Westabhang des Plosestockes. Die stattliche Hütte mit Ausschank und großem Almanger ist bekannt als erstrangige Aussichtswarte und auch als nördlicher Endpunkt des von der Ploseseilbahn herführenden Brixner Höhenweges.

Ich schlage hier aber doch den Aufstieg von St. Leonhard vor, da er die Alm als Wanderziel stärker betont und nicht wesentlich länger ist als der Höhenweg.

Der Weg von St. Leonhard zur Alm, einer Gemeinschaftsalm mehrerer Bauern, führt zuerst an ein paar Berghöfen vorbei, dann geht es bis zur Baumgrenze durchwegs durch Wald. Nur in rund 1570 Meter Höhe kommen wir zu einer kleinen Rodung, und die nennt sich Ackerboden. Hier standen, so will es jedenfalls die Sage, einst drei Bauernhöfe, die aber irgendwann zur Alm herabsanken. Schriftlich belegen lässt sich dies aller-

63

Orientierung und Schwierigkeit
Für gehgewohnte Bergwanderer leicht und problemlos

Karten 1:50.000
Kompass, Blatt 56 (Brixen);
Freytag-Berndt, Blatt S 4 (Sterzing – Jaufenpass – Brixen)

4 Std.	10 km	990 Hm

Die Alm Ackerboden zwischen St. Leonhard und Ochsenalm

dings nicht, und wir wissen nur, dass jene besagte Alm im 18. Jahrhundert als »Hochacker« aufscheint und 1986 aufgelassen wurde.

Ackerboden und Ochsenalm sahen bereits in den 70er Jahren des 19. Jahrhunderts erste Wandertouristen; denn Johann Goldiner, ein großer Natur- und Bergfreund, der 1875 zu den Gründern der Alpenvereinssektion Brixen zählte, markierte schon damals den Weg über den Ackerboden hinauf zur Ochsenalm (und weiter zum Plosegipfel). Das ist in alpinhistorischer Hinsicht beachtenswert, aber es weist auch auf die Schönheit unseres Wandergebietes hin.

Wegverlauf: Von St. Leonhard (1095 m) stets der Markierung 6 folgend (anfangs teilweise Höfezufahrt, dann Fußweg) durch Wiesen, an Höfen vorbei und dann durch Wald hinauf zum Ackerboden (1753 m; von Wald umrahmte Bergwiese mit Almhütten; schöne Aussicht). Dann weiterhin auf Weg 6 durch Wald hinauf zur Baumgrenze und über Grasböden in nur leichtem Anstieg hinauf zur Alm (2085 m); ab St. Leonhard gut 2½ Std.

Abstieg: Wie Aufstieg, gut 1½ Std.

Abstiegsvariante: Von der Alm stets der Markierung 30 folgend auf dem Brixner Höhenweg im Bereich der Baumgrenze in nahezu ebener Querung der Steilhänge südwärts nach Kreuztal (2040 m; ab Ochsenalm knapp 2 Std.), mit der Umlaufbahn hinunter nach St. Andrä (960 m) und von dort zu Fuß in 1 Std. oder mit Fahrgelegenheit zurück nach St. Leonhard.

Blick zum Peitlerkofel vom Almgebiet der Kreuzwiese aus

Von Flitt zur Kreuzwiesenalm 1924 m

Rundwanderung im inneren Lüsental

Die seit eh und je zum Zalnerhof in Rungg gehörige Kreuzwiese ist zwar, wie schon der Name sagt, in erster Linie eine Mähwiese, aber ihre Größe, die Umgebung und die Weiderechte geben ihr auch den Charakter einer richtigen Alm; außerdem steht hier außer einer alten Heuhütte auch ein in der heutigen Form 1933 vom damaligen Besitzer, dem Zalnerbauern Johann Hinteregger, errichtetes und seither auch als Schutzhütte bewirtschaftetes Almgebäude, und im Übrigen befindet man sich hier mehr oder weniger mitten im Gebiet der geradezu riesigen Lüsner Almen.

Der Weg von Flitt herauf berührt die Bergwiesen der großen Kampillalm und quert dann längere Zeit an oder nur knapp unter der Almregion die Hänge. So ist der Gang zur Kreuzwiese durchaus eine Almwanderung, und was fast allen Almen auf dem Lüsner Almkamm eigen ist, trifft auch für die Kreuzwiese zu. Auch sie besitzt eine weitreichende Aussicht, und die wird einerseits vom Peitlerkofel und andererseits von den Sarntaler Alpen bestimmt.

64

Orientierung und Schwierigkeit
In jeder Hinsicht leicht und problemlos
Karten 1:50.000
Kompass, Blatt 56 (Brixen);
Freytag-Berndt, Blatt S 4
(Sterzing – Jaufenpass – Brixen)

3 ½ Std. | 9,5 km | 541 Hm

Das Almschutzhaus Kreuzwiese hoch über Lüsen

Den Namen hat die Wiese wohl von einem ehemaligen Weg-, Feld- oder Wetterkreuz, doch die Volksüberlieferung weiß es anders. Ihr zufolge trieb einst auf der Kreuzwiese ein kleiner neckischer Geist, ein sogenanntes »Hottile«, sein Unwesen und schikanierte die Mäher und Recherinnen; doch eines Tages warfen diese, als es ihnen zu bunt wurde, ihre Sensen und Rechen kreuzweise übereinander. Damit verscheuchten sie aber nicht nur für immer den Almgeist, sondern gaben der großen Bergwiese auch ihren heutigen Namen.

Wegverlauf: Anfahrt von Lüsen über Rungg zum Weiler Flitt (Parkplatz oberhalb des Hofes Kompatsch, 1390 m). Von da auf Weg 2 (anfangs 2/10) durch Wald hinauf zum Parkplatz Schwaiger Böden (1720 m; bis hierher auch mit dem Auto möglich), nun der Markierung 2 A folgend kurz auf dem Forstweg und dann links abzweigend auf schmalem Fußweg durch Waldhänge zum Perviglbach (Putzerbach) und hinauf zur Schutzhütte Kreuzwiesenalm (1925 m; Sommerbewirtschaftung; ab Ausgangspunkt 2 Std.; eine etwas längere Alternative zum Fußweg bietet der Forstweg). Abstieg: Am besten wie Aufstieg, 1½ Std. Als längere Abstiegsalternativen bieten sich die Steige über die Gostalm oder den aufgelassenen Gargitthof an, sie führen aber nicht zurück nach Flitt, sondern hinunter nach Rugg (ca. 1160 m).

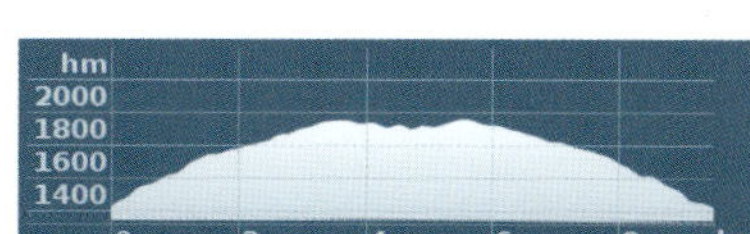

Eines der malerischen Seeaugen auf den Lüsner Almhöhen gegen die Starkenfeldhütte und das Astjoch

Ins Almgebiet von Starkenfeld 1931 m

Zur Hochfläche zwischen Lüsen und Pustertal

Natürlich könnte man alle Almen des Lüsner Kammes in einer einzigen langen Höhentour besuchen und hätte damit das Gebiet sozusagen abgehakt.
Doch das Gebiet ist groß und schön genug, um auch in Form von einzelnen kürzeren Wanderungen kennen gelernt zu werden.

Daher sei an dieser Stelle nun eine Wanderung hinauf zum mittleren Teil des Lüsner Kammes vorgestellt. Dabei wandern wir vom Gasthaus »Tulper« am Lüsner Berg hinauf zu jenem ausgedehnten, teils im Gebiet der Gemeinde Rodeneck, teils in jenem der Gemeinde Lüsen liegenden Almgebiet, in dem die Starkenfeldhütte und die Rastnerhütte Einkehrmöglichkeit bieten, um dann über die Steinalmen in einer schönen Runde zum Ausgangspunkt zurückzukehren.

Während die auf der Almflur Lofà stehende Rastnerhütte, die nach ihrem Erbauer benannt ist, erst jüngst errichtet wurde, gehört die Starkenfeldhütte zu den traditionellen Alm- und Ein-

65

Orientierung und Schwierigkeit
Für etwas gehgewohnte Wanderer in jeder Hinsicht leicht und problemlos

Karten 1:50.000
Kompass, Blatt 56 (Brixen);
Freytag-Berndt, Blatt S 4
(Sterzing – Jaufenpass – Brixen)

2 bzw. 3 Std. | 10,6 km | 311 Hm

kehrstätten auf dem Lüsner Kamm, die bereits seit Jahrzehnten auch Ausschank bieten.

Die Rastnerhütte gegen die nordseitigen Pustertaler Berge

Die Gegend mit ihrer weit reichenden Aussicht sowohl nach Süden wie nach Norden ist landschaftlich überaus reizvoll, befindet sich doch außer so manchem kleinen Wasserauge in den flachen Almmulden auch der Tschupwaldsee unweit der Hütten, ein hübscher Platz, auch wenn er heute mehr ein Hochmoor als ein See ist.

Bereits 1347 wird die »Lufaywiese auf der Rodencher Alpe« erwähnt; doch im Bereich der Hütten und des Sees haben nicht nur seit Jahrhunderten die Bergbauern ihre Almhütten errichtet und das Vieh zur Weide heraufgebracht, solche Plätze wurden, wie Funde von Feuersteingeräten beweisen, bereits vor etlichen Jahrtausenden von mittelsteinzeitlichen Jägergruppen aufgesucht. Und die Sage weiß, dass sowohl ein Ritter von Schöneck, der mit übernatürlichen Wesen in Verbindung stand, wie auch der als Lauterfresser bekannte Schwarzkünstler sich hier heroben herumgetrieben haben.

Wegverlauf: Vom Gasthaus Tulperhof (1625 m; hierher Höfestraße von Lüsen herauf; Parkplätze) stets der Beschilderung »Starkenfeld« und der Markierung 3 folgend zuerst durch Wiese und dann durch Wald auf gutem Weg mäßig ansteigend zu kleiner ebener Waldlichtung, dann teils auf Güterweg, teils auf Abkürzungspfad zu den Almwiesen, durch diese weiter zum querenden Fahrweg 2 und kurz auf diesem ostwärts zu Weggabel, in deren Nähe links die Rastnerhütte und rechts die Starkenfeldhütte (1936 m; auch Plunahütte genannt) liegen, die beide Ausschank bieten; ab Ausgangspunkt gut 1 Std.

Abstieg: Entweder wie Aufstieg (3/4 Std.), oder auf folgender Route: Von der Starkenfeldhütte auf dem Güterweg hinüber zu Weggabel kurz vor der Astalm, auf dem rechten Fahrweg zur nahen Obersteineralm (kein Ausschank) und weglos durch Almhänge über die Untersteineralm hinab zu querendem Steig mit nummernloser, aber guter Markierung; nun rechts stets dieser folgend großteils eben durch die Waldhänge zur Alm Plunagrübl, nun kurz aufwärts zu dem im Aufstieg begangenen Weg 3 und wieder hinunter zum Tulper; ab Starkenfeld ca. 2 Std.

Gipfelwanderung von der Hütte aus: Astjoch (2194 m) – von der Starkenfeldhütte auf dem Fahrweg eben hinüber zu Weggabel kurz vor der Astalm, hier rechts auf dem Fahrweg zum Fuß des Berges, dann mit Nr. 67/2 auf breitem Weg mäßig aufsteigend zur links abzweigenden Nr. 67 und dieser folgend zum Gipfelkreuz; ab Starkenfeld ca. 1 Std.; Abstieg wie Aufstieg.

Blick von der Zirmaitalm zu den Pustertaler Bergen

Von Spiluck zur Zirmaitalm 1891 m

Wanderziel zwischen Vahrn und Karspitze

Je weiter man talab oder talaus wandert, desto größer werden die menschlichen Siedlungen, je weiter man bergauf steigt, desto kleiner werden sie. So ist es auch im Gebiet unserer Wanderung. Am tiefsten Punkt liegt die alte Bischofsstadt Brixen, etwas höher, am Eingang ins Schalderer Tal, liegt das Dorf Vahrn, darüber an den steilen Waldhängen kleben die Berghöfe des Weilers Spiluck und ganz oben, der steil aufragenden Karspitze weit näher als dem Tal, liegt die Zirmaitalm, die kleinste Siedlung von allen. Sie ist nur im Sommer bewohnbar, wenn die Tage lang sind und die Temperaturen angenehm. Allerdings mehr als ein, zwei Leute sind es nicht, die da heroben leben, vergesellschaftet aber immerhin mit ihrem Weidevieh und oft auch in gemütlichem Beisammensein mit zukehrenden Wanderern.

Die Almgebäude umfassen eine hübsche, ziemlich neue Almhütte sowie eine alte Heuschupfe. Die Mähwiese rund um die Hütten ist nicht groß, aber verhältnismäßig flach, und wer

66

Orientierung und Schwierigkeit
Für etwas berggewohnte Geher leicht und problemlos
Karten 1:50.000
Kompass, Blatt 56 (Brixen); Freytag-Berndt, Blatt S 4 (Sterzing – Jaufenpass – Brixen)

Zeit	Strecke	Höhenmeter
2 ½ – 3 Std.	6,7 km	540 Hm

Die Hütten der Zirmaitalm; mit der Karspitze im Hintergrund

jahreszeitlich nicht zu spät dran ist, trifft hier ein kleines buntes Blumenmeer an.

Diese blühende Kanzel hoch über dem Mündungsgebiet des Pustertales in das Eisacktal wird umgeben von dunkelgrünen Zirbenwäldern, von denen die Alm denn auch ihren Namen hat, der sich aus einem romanischen »Cirmeto« (Zirmach, Gebiet mit Zirben) gebildet hat. Zwischen den knorrigen Bergzirben liegt dann noch das Weidegebiet, das sich gegen die Karspitze hinaufzieht; es ist allerdings nicht groß und dazu steil, steinig und karg. Und deshalb ist nur das Vieh des Moarbauern da und kein Fremdvieh.

Die Alm hat in der jüngeren Vergangenheit mehrmals den Besitzer gewechselt; sie gehörte zuerst einem Bauern in Schalders, dann dem Feichter in Gereut ober Tils, und heute steht sie im Besitz des erwähnten Moarbauern in Vahrn.

Wegverlauf: Vom Gostnerhof in Spiluck (1380 m; Gasthaus; hierher Straße von Vahrn herauf) stets der Markierung 2 folgend durch Wald westwärts hinauf zur Steinwiesalm (1537 m; nicht bewirtschaftet) und weiterhin auf Weg 2 durch steilen Wald hinauf zur Zirmaitalm (1891 m; Ausschank; ab Spiluck gut 1½ Std.).
Abstieg: Über den Aufstiegsweg, gut 1 Std.

Auf der Klammalm in Ratschings

Wipptal

Auf der Inneren Wumblsalm: Hütte mit dem althergebrachten Schindeldach

Von Ratschings zu den Wumblsalmen 1906 m

Weidegebiet zwischen Jaufen- und Kreuzspitze

Oberhalb der Waldgrenze ziehen sich an der Südseite des Ratschinger Tales eine Reihe von Hangverflachungen hin mit einer Reihe von Almen; so liegen im äußeren Bereich die Kalcher, Rinner und die Landleralm, im inneren Bereich dagegen, inmitten einer unangetasteten Landschaft, die beiden Wumblsalmen, die Äußere und die Innere, welch letztere auch Innerberg genannt wird. Gesprochen wird »Fumbl(e)s«, und es scheint, dass wir es mit einem zusammengezogenen »auf Umbls« zu tun haben, weshalb früher auch Umblsalmen geschrieben wurde; in einer urkundlichen Erwähnung von 1546 heißt es hingegen »Albe auf Abls«, während der Atlas Tyrolensis von 1774 »Umbls Alpe« schreibt. Und damit ist gesagt, dass der Almname noch so manches Rätsel aufgibt.

Die Hütten der Äußeren Wumblsalm, auf der nur Ratschinger Vieh gesömmert wird, liegen in 1865 Meter Höhe, ein gutes Stück oberhalb der Waldgrenze, und jene der Inneren Alm, deren 150 Rinder großteils aus dem Passeiertal kommen, liegen nur geringfügig höher, in 1907 Meter Höhe.

67

Orientierung und Schwierigkeit
Leicht und problemlos

Karten 1:50.000
Kompass, Blatt 44 (Sterzing); Freytag-Berndt, Blatt S 4 (Sterzing – Jaufenpass – Brixen)

2 ½ – 3 Std.	8,5 km	442 Hm

Die Äußere Wumblsalm in Ratschings gegen die östlichen Wipptaler Berge

Zwischen den beiden Almen, die einfache Einkehrmöglichkeit bieten und sich durch ausgedehnte Weidegebiete auszeichnen, zieht sich von der Saxnerspitze ein kleiner Querkamm herunter, an dessen Ende ein Wetterkreuz steht. Dieser kleine Kamm ist aber mühelos überquerbar, sodass es sich anbietet, die beiden Almen in Form einer geschlossenen Rundtour zu erwandern.

Die beiden Almen bieten einerseits einen hübschen Rundblick auf die Berge, die das innere Ratschingstal umschließen, andererseits aber auch eine weitreichende Schau nach Osten zu den vergletscherten Hochgipfeln der Zillertaler Alpen.

Wegverlauf: Anfahrt zunächst von Bichl in Ratschings gut 4 km talein bis zur links abzweigenden Markierung 10 (1525 m; Beginn eines Forstweges). Nun zu Fuß stets den Wegweisern »Innere Wumblsalm« und der Markierung 10 folgend zuerst kurz auf Forstweg und dann auf dem bald abzweigenden Fußweg durch Steilwald hinauf zur Hangverflachung »Michleben« (ca. 1750 m) und dann weniger steil zum Waldrand und teilweise auf dem breiten Güterweg zur Inneren Wumblsalm (1906 m); ab Ausgangspunkt gut 1 Std. Von der Inneren Alm auf Steig 15 durch die Almhänge ostwärts zu kleinem Höhenrücken (1967 m) und jenseits leicht absteigend in insgesamt 3/4 Std. zur Äußeren Wumblsalm (1865 m).
Abstieg: Auf dem breiten Zufahrtsweg nordostwärts durch Wald und Wiesen leicht absteigend zu Weggabel nahe der Waldhütte (1744 m), hier links ab, auf dem Güterweg eben und kurz leicht ansteigend westwärts zum im Aufstieg begangenen Weg 10 und auf diesem wieder hinunter zum Ausgangspunkt; ab Äußerer Alm 1 Std.

Wanderziele von der Alm aus: Die Wumblsalmen sind westseitig durch den Steig 15 mit der Klammalm verbunden (Gehzeit 1 Std.), ostseitig durch Steig 15 A mit den Almen im Bereich der Bergstation des Ratschinger Sesselliftes (1 Std.). Von der Inneren Wumblsalm kann auf Steig 10 und 12 in gut 1 Std. auch zu den Übelseen (2313 m) aufgestiegen werden.

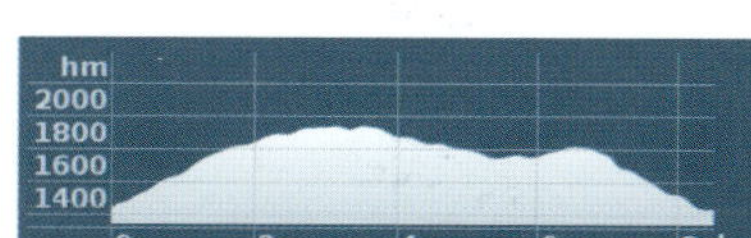

Die Klammalm in Ratschings unter der aus weißem Marmor aufgebauten Hohen Kreuzspitze

Von Flading zur Klammalm 1925 m

Die Alm über dem Ratschinger Talschluss

68

Orientierung und Schwierigkeit
Für etwas gehgewohnte Wanderer leicht und problemlos
Karten 1:50.000
Kompass, Blatt 44 (Sterzing); Freytag-Berndt, Blatt S 4 (Sterzing – Jaufenpass – Brixen)

2 ½ Std. | 4,9 km | 443 Hm

Die Alm liegt westlich über Flading im Ratschinger Talschluss. Ihr Name lässt eher an eine bedrohliche Felsschlucht als an freundliche Bergwiesen denken, doch die Felsklamm, die der Interessentschaftsalm den Namen gegeben hat, ist nur klein und berührt das Almgebiet und die Wanderwege so gut wie nicht.

Was hingegen auf der Klammalm das Bild beherrscht, sind ausgedehnte, auf drei Seiten hoch hinauf ziehende Grashänge, vor allem aber am Fuß dieser Grashänge eine völlig ebene, sehr große Wiese, der sogenannte Klammalmboden, der in ferner Vergangenheit ein See war und talseitig vom baumbestandenen Hocheck abgedämmt wird.

Auf diesem Boden wird nach wie vor Heu geerntet, das dann zu Tal »gedrahtelt« wird, wobei heute auch die Materialbahn der Klammalm gute Dienste leistet. Der ebene Boden wird auf drei Seiten von markanten Gipfeln umschlossen, von denen die aus weißem Marmorgestein aufgebaute Hohe

Aufstieg zur Klammalm

Kreuzspitze die beeindruckendste Berggestalt ist, aber auch Zirmeidspitze, Weiße und Hohe Ferse sind ausgeprägte Gipfel.

Der Aufstieg zur Klammalm beginnt im Weiler Flading im Ratschinger Talschluss, wo eine Hausruine neben dem Weg angeblich das Heimathaus des Hexenmeisters Pfeifer Huisele gewesen sein soll, der auch in dieser Gegend gern sein Unwesen trieb; höher oben am Weg liegen hingegen die Mauerreste der einstigen Fladinger Alm, die auch Schölzhorn-Kaser hieß und schon längst aufgelassen ist.

Anders die Klammalm; sie ist voll bewirtschaftet, bietet schon seit vielen Jahren Ausschank, und die Almleute betreuen nicht nur 60 Rinder und an die 40 Ziegen, sondern bereiten auch Butter, Graukäse und Ziegenkäse.

Wegverlauf: Vom Weiler Flading im Ratschinger Talschluss (1482 m; Jausenstation, Parkmöglichkeiten; hierher gute Straße von Sterzing über Stange herein) auf Weg 12 durch Wald hinauf zu Weggabel, links weiterhin auf Weg 12 mittelsteil zu den Grashängen der aufgelassenen Fladinger Alm und dann steiler an steinigen Grashängen empor zur Klammalm (1925 m); ab Flading knapp 1½ Std.
Abstieg: Von der Alm auf Weg 12 A über den Klammalmboden hinüber zu dessen Nordrand, von dort auf Steig 30 steil hinunter zur erwähnten Weggabel am Aufstiegsweg und über diesen wieder zurück zum Ausgangspunkt; ab Klammalm gut 1 Std.

Die Schneideralm – einen Abstecher wert!

Wurzeralmen und Schneideralm 1987 m

Wanderziele an den Hängen des Mareiter Steins

69

Orientierung und Schwierigkeit
Für gehgewohnte Wanderer leicht und problemlos
Karten 1:50.000
Kompass, Blatt 44 (Sterzing); Freytag-Berndt, Blatt S 4 (Sterzing – Jaufenpass – Brixen)

3 ½ – 4 Std. | 8,4 km | 630 Hm

Die nach dem Wurzerhof in Mareit benannten Almen liegen, nur durch einen kleinen Geländerücken voneinander getrennt, in einem sehr großen Almbecken, das im Westen und Süden von Bergkämmen eingefasst wird, nach Nordosten aber den Blick freigibt zu den Dolomitzacken der Telfer Weißen und zu den östlichen Wipptaler Bergen.

Die Äußere Wurzeralm gehört zum gleichnamigen Hof, ihre malerische Hütte ist zwar nicht groß, aber sie hat noch das althergebrachte Aussehen bewahrt, ist aus Holz gezimmert und trägt noch ein Schindeldach; wer hier einkehrt, lernt eine Alm kennen, die sich im Laufe der Zeit kaum verändert hat.

Die Innere Wurzeralm ist als Interessentschaftsalm in jeder Hinsicht eine gute Spur größer; das gilt für das Weidegebiet, für die aufgetriebene Viehherde und es gilt für das Almgebäude, das ein kleines Wohnhaus mit Gastwirtschaft und den landwirtschaftlichen Zubau umfasst.

Hier irgendwo soll es gewesen sein, dass das Pfeifer Huisele, der berühmt-berüchtigte Wipptaler Hexenmeister, sich in

Die malerische Hütte der Äußeren Wurzeralm in Ridnaun

einen schwarzen Stier verwandelte und wild herumtobend Angst und Schrecken verbreitete, um sich dann aber wieder in einen Menschen zurückzuverwandeln und die verängstigten Almleute herzhaft auszulachen.

Wer auf dem schönen Waldweg zur Äußeren Wurzeralm aufgestiegen und zur inneren Alm weitergewandert ist, begnügt sich vielleicht mit dem Erreichten. Aber ich möchte doch den kurzen Abstecher zur kleinen, heimeligen Schneideralm empfehlen, wo ein gutes Dutzend Rinder weiden und die malerischen, bewirtschafteten Hütten ganz besonders hübsch gelegen sind.

Wegverlauf: Vom Weiler Gasse in Ridnaun gleich nach dem Joggilerhof (1357 m) den Wegweisern »Mareiter Stein« und »Wurzeralmen« folgend auf einem Sträßchen durch Wiesen hinauf zum Wald, dann auf dem »Forstweg Entholz« (spärliche Mark. 25, der abzweigende Steig bleibt unberücksichtigt) rund ½ Std. bergan, dann auf abzweigendem, breitem Weg mit guter Markierung 25 im Wald gerade bergan zur Äußeren Wurzeralm (1822 m; einfacher Ausschank; ab Ausgangspunkt gut 1½ Std.) und auf der querenden Forststraße in leicht ansteigender Waldquerung in ½ Std. zur Inneren Wurzeralm (1910 m; Almgaststätte).
Abstieg: Dem Wegweiser »Gasse« und der guten Markierung 25 B folgend zuerst über Grasgelände hinunter zur alten Hütte der Inneren Wurzeralm, dann im Wald auf dem Fußweg hinunter zu dem im Aufstieg begangenen Forstweg und wieder zurück zum Ausgangspunkt; ab Innerer Wurzeralm gut 1 Std.
Wanderziel von der Alm aus: Von der Inneren Wurzeralm dem Wegweiser »Schneideralm« folgend auf einem Steig in 20 Minuten hinauf zu einem Kammrücken und zu den nahen Hütten der Schneideralm (1987 m; einfacher Ausschank); danach am besten wieder zurück zur Inneren Wurzeralm.

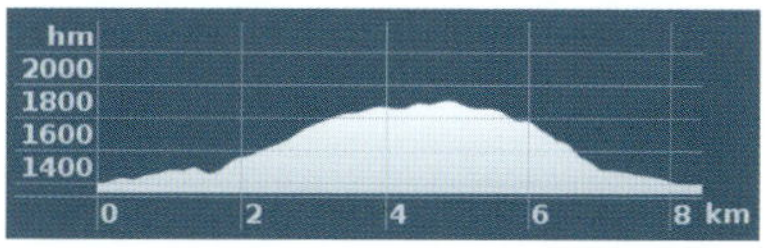

Blühende Bergwiesen am Aufstieg zur Gewingesalm

Gewingesalm und Martalm 2059 m

Rundwanderung auf der Ridnauner Südseite

Beim breit hingelagerten Gewingeshof im inneren Ridnauntal beginnt der schöne alte Waldweg, der uns etwas steil, aber dafür ohne viele Umschweife hinaufführt zur Unteren Gewingesalm oder, genauer gesagt, zu deren Bergmähdern.

Diese blumen- und auch wollgrasreichen Mähwiesen liegen in einer weiten Gebirgsmulde, so wie die meisten Ridnauner Bergmähder in Mulden oder kleinen Tälern liegen, die für den Bergbauern wegen der guten Heuerträge schon immer wichtig waren und auf denen vor und nach der Zeit auf der Hochalm auch das Vieh noch eine Weile bleiben darf.

Unser Weg aber führt weiter hinauf zum freien und aussichtsreichen Bergrücken, auf dem die Hütte der Oberen Gewingesalm liegt; hier verbringen auch Hirten und Weidevieh den Hochsommer, und obwohl oder vielleicht gerade weil die Almhütte noch eine solche und kein Berggasthaus ist, wächst einem das Plätzchen am Fuß der Zunderspitze rasch ans Herz.

Schließlich nehmen wir aber doch Abschied und steigen ins schmale Falmezontal ab, wo uns am rauschenden Bach mit der

70

Orientierung und Schwierigkeit
Für gehgewohnte Bergwanderer unschwierig
Karten 1:50.000
Kompass, Blatt 44 (Sterzing); Freytag-Berndt, Blatt S 4 (Sterzing – Jaufenpass – Brixen)

3 ½ Std. | 9,2 km | 709 Hm

Die Martalm im Ridnauner Falmezontal

Martalm (gesprochen wird »Mòrt«, die Alm gehört zum gleichnamigen Hof) eine stattliche, an schönen Sommertagen viel besuchte und nicht nur von Menschen, sondern auch von Rindern, Ziegen, Schafen und Hühnern umschwärmte Almschenke erwartet, die von den meisten Besuchern allerdings auf dem bequemen Weg durch das Falmezontal herein erwandert wird.

Ein kurzes Stück dieses einsamen Hochtals, das heute auch Staudenbergtal genannt wird, lernen wir dann beim weiteren Abstieg kennen, allerdings biegen wir bald in schattige Bergwälder ein, durch die wir wieder zum Ausgangspunkt zurückkehren.

Wegverlauf: Von der Feuerwehrhalle gegenüber dem Gewingeshof im inneren Ridnauntal (1350 m) den Wegweisern zur Gewinges- und Martalm folgend auf ziemlich breitem Weg mit nummernloser Markierung durch Wald und über zwei Lichtungen mittelsteil in 25 Minuten zur Querung mit der zur Martalm führenden Forststraße, auf dem teils breiten, teils schmalen Fußweg mittelsteil durch Wald hinauf zu den Bergwiesen (in 1782 m die Hütte der Unteren Gewingesalm), durch diese auf markiertem Fußsteig empor und zuletzt auf dem Forstweg zu der hinter einem Geländerücken liegenden Hütte der Oberen Gewingesalm (2059 m; ab Ausgangspunkt gut 2 Std.).
Abstieg: Von der Alm dem Wegweiser zur Martalm und der nummernlosen Markierung folgend auf Steigspuren kurz am Zwergstrauchhang hinab und dann in mäßig bis stark absteigender Querung der Grashänge westwärts hinunter zur Martalm (1735 m; ab Gewingesalm ca. 40 Min.). Schließlich nicht auf dem markierten, durch das Tal absteigenden Fußweg, sondern auf der Forststraße am östlichen Talhang hinaus zur Linkskehre, auf dem rechts abzweigenden Forstweg die Waldhänge querend zur Kreuzung mit dem im Aufstieg begangenen Weg und auf diesem hinunter zum Ausgangspunkt; ab Martalm gut 1 Std.
Gipfelwanderung von der Alm aus: Von der Oberen Gewingesalm ist die Zunderspitze (2445 m) in ca. 1 Std. auf markierten Steigspuren problemlos erreichbar.

Die Aglsalm unter den Ridnauner Hochgipfeln (in Bildmitte der Becher)

Vom Ridnauner Talschluss zur Aglsalm 2004 m

Hochalm im Bann der zentralen Stubaier Alpen

Wenn man vom Ridnauner Talschluss zu der im Titel genannten Alm ansteigt, teilt man den Weg ein Stück weit mit den Hochalpinisten. Doch spätestens am ebenen Senner- oder Aglsboden lässt man die Leute, die zu den Gletschern und Dreitausendern aufsteigen, zügig weiterziehen. Sie haben noch einen langen Weg vor sich, der Almwanderer hingegen kann sich Zeit nehmen und in der Aglsbodenalm (auch Sennerbodenalm genannt) Rast einlegen, um neue Kräfte zu sammeln für den zweiten Teil des Anstiegs.

Während der erste Teil des Weges dem Verlauf des wasserreichen, teilweise in tiefer Felsklamm talaus rauschenden Fernerbaches folgt und großteils nur mäßig ansteigt, geht es ab dem Agls- oder Sennerboden nicht mehr dem Talverlauf nach, sondern nordostseitig durch die Grashänge empor, wo sich zum alten steilen Fußpfad in letzter Zeit ein gemütlicherer Güterweg gesellt hat, der den Almleuten die Bewirtschaftung und dem Wanderer das Steigen erleichtert.

71

Orientierung und Schwierigkeit
Für gehgewohnte Bergwanderer unschwierig

Karten 1:50.000
Kompass, Blatt 44 (Sterzing);
Freytag-Berndt, Blatt S 4 (Sterzing – Jaufenpass – Brixen)

Zeit	Strecke	Höhenmeter
3 ½ Std.	7,7 km	587 Hm

Flussregenpfeifer am Aglsboden

Haben wir schließlich die Hütten der Aglsalm erreicht, die am vorderen Rand einer recht ausgedehnten Hangverflachung liegen, erwartet uns ein schöner Blick über das Ridnauntal und hin bis zu den Dolomiten, vor allem aber die prächtige Schau zu den nahen Ridnauner Hochgipfeln.

Die Alm wird in alten Publikationen und Karten zuweilen auch als Untere Aglsalm bezeichnet, was insofern erstaunt, als es ja keine obere Aglsalm gibt. Doch einst war das anders, da hat es eine solche gegeben, und bereits in einer Urkunde von 1592 lesen wir von den »albmen Oberäggls und Unndteräggls«. Die Hütte jener oberen Alm fiel jedoch einer Schneelawine des Katastrophenwinters 1887/88 zum Opfer. Sie wurde nie wieder aufgebaut, und übrig blieb die untere, eben die heutige Aglsalm, unser Wanderziel.

Wegverlauf: Vom Ridnauner Talschluss (1417 m; hier Parkplätze, die ehemalige Erzaufbereitung, das Museum und sonstige Baulichkeiten des ehemaligen Bergwerks am Schneeberg) auf Weg 9 rechts hinauf und dem Fernerbach entlang nur mäßig ansteigend talauf zum weiten Agls- oder Sennerboden (ca. 1700 m; im Hintergrund des Bodens die bewirtschaftete Hütte der Aglsbodenalm, 1717 m); am Ostrand des Bodens zweigt der Steig 9 A vom Hauptweg, der zu den Schutzhütten führt, rechts ab und führt, den neuen Güterweg mehrmals kreuzend, steil über Grashänge hinauf zur Aglsalm (2004 m; Einkehrmöglichkeit; ab Ausgangspunkt 2 Std.).

Der Abstieg erfolgt auf dem Anstiegsweg (oder im unteren Teil evtl. auch über die Forststraße); insgesamt 1½ Std.

Wanderziel von der Alm aus: Zum Pfurnsee (2456 m) – von der Alm auf dem an einer Stelle leicht ausgesetzten Steig 9 A über die Steilhänge empor zum See (2456 m; ab Alm knapp 1½ Std.), von wo evtl. auch über die Grohmannhütte abgestiegen werden kann.

Die Ochsenalm am Telfer Berg gegen die Ridnauner Berge

Von Sterzing zu den Telfer Almen 1907 m

Wiesen und Weiden unter markanten Dolomitzinnen

Bei dieser Wanderung nutzen wir die Möglichkeit, mit der Roßkopfumlaufbahn bis auf eine Höhe von 1900 Meter zu fahren, um dann auf dem östlichsten Abschnitt des bekannten Ridnauner Höhenweges zwei hübsche Almen kennenzulernen, von wo wir dann auf markierten Wegen zu Fuß wieder nach Sterzing absteigen.

Diese Wanderung führt nach dem Erreichen der ausgedehnten Roßkopfwiesen auf einem alten, aber trotzdem auffallend breiten Höhenweg durch die aussichtsreichen Almhänge westwärts. Die für einen alten Bergweg ungewöhnliche Breite aber erklärt sich daraus, dass es sich um den einstigen Erzweg handelt, auf dem das Silber und Blei vom Telfer Bergwerk mittels Ochsenkarren über das Flaner Jöchl nach Gossensaß abtransportiert wurde.

Schon bald liegt etwas unter dem Weg die bewirtschaftete Kuhalm, und dann erreichen wir die Ochsenalm; es sind dies zwei hübsche kleine Almen mit Einkehrmöglichkeit hoch über

72

Orientierung und Schwierigkeit
Unschwierige Wanderung auf großteils guten Wegen
Karten 1:50.000
Kompass, Blatt 44 (Sterzing);
Freytag-Berndt, Blatt S 4
(Sterzing – Jaufenpass – Brixen)

3 – 3 ½ Std.	11,6 km	950 Hm

Die Telfer Bergwiesen mit der Freundalm

dem Ridnauner Tal mit schöner Aussicht zu den Bergen der nördlichen Sarntaler und südlichen Stubaier Alpen. Von der Ochsenalm kann man kurze Abstecher zum Ferchwasserle, einer besonders guten Wasserquelle, oder zum ehemaligen Bergbaugebiet unter den Telfer Weißen unternehmen.

Der Abstieg von der Ochsenalm führt uns dann jedenfalls zur ganzjährig bewohnten Freundalm, wo es wieder Einkehrmöglichkeit gibt, und von dort steigen wir auf dem sogenannten »Unteren Erzweg« weiter talab. Dabei treffen wir eine Quelle, deren Name »Witwenbrünnl« lautet, der nach der Volkstradition von folgendem Ereignis stammt: Einmal, als der Bergbau unter den Telfer Weißen in voller Blüte stand, ereignete sich dort oben ein schweres Grubenunglück, es gab Tote. Ein Hirte lief nach Telfes hinab, um die Schreckensnachricht zu überbringen, da begegnete er unterwegs den Frauen einiger verunglückter Knappen. Und das war bei besagter Quelle, die man seither eben Witwenbrünndl nennt.

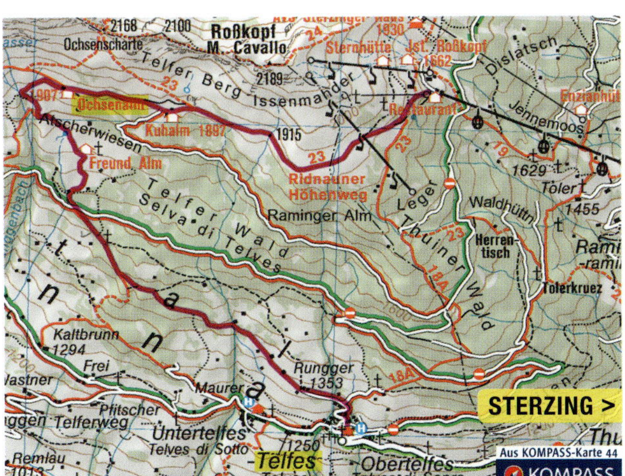

Wegverlauf: Von Sterzing (950 m; Nordparkplatz) mit der Umlaufseilbahn hinauf zum Roßkopf (Bergstation: 1900 m); in der Nähe das »Sterzingerhaus« des Südtiroler Alpenvereins sowie die bewirtschaftete »Sternhütte«. Von der Seilbahn-Bergstation nun auf breitem Weg (Mark. 23) durch mittelsteile Grashänge nahezu eben westwärts gegen die Kuhalm (deren Hütte liegt ein Stück unterhalb des Weges, 1897 m) und in schöner ebener Wanderung bequem weiter zur Ochsenalm (1907 m; Ausschank; ab Roßkopf ca. 1 Std.); ein ca. 20-minütiger Abstecher auf dem breiten Weg westwärts bringt zum ehemaligen Bergwerk.
Abstieg: Von der Ochsenalm auf markiertem Waldweg hinunter zur Freundalm (1725 m; Ausschank), auf dem bezeichneten, nun durchwegs breiten Weg durch die Wiese und den Wald hinunter zum Witwenbrünnl (1560 m), weiter hinunter nach Obertelfes (1258 m; Gasthaus), auf dem alten Telfer Weg (markiert, Wegweiser »Sterzing«) abseits der Straße hinunter nach Thuins (1100 m; Gastbetriebe), hier nicht gleich gerade hinab, sondern am Gasthaus »Thuiner Waldele« vorbei zu einem Bildstock und erst jetzt rechts auf schmalem Sträßchen hinunter nach Sterzing; ab Ochsenalm 2–2½ Std.

Die Alrißalm in Pflersch mit dem 3096 Meter hohen Tribulaun

Zur Alrißalm in Pflersch 1534 m

Wo sich der Tribulaun am schönsten zeigt

Die schönste Alm von Pflersch lag einst, so berichtet die Sage, ganz drin, hoch über dem Talschluss, wo jetzt der Feuersteingletscher liegt; doch die Abweisung eines armen Bettlers durch die reichen Almleute wurde damit bestraft, dass der Gletscher die Alm unter sich begrub.

Anders steht es um jene Alm, von der es in einer Urkunde von 1569 heißt, dass »ein Stück Infang und eine Alm in Alriß« dem Lorenz Hofer vom Pfaffenhof gehöre. Denn untergegangen oder auch nur aufgelassen ist die Alrißalm noch keineswegs.

Die südlich über St. Anton liegende Alm besitzt noch intakte Almhütten, auf den Hochweiden des schönen, von der Wetterspitze und dem Felshorn des Maratsch überragten Alrißtales erfreuen sich ein paar Dutzend Rinder der sommerlichen Freiheit, und das alles ist nicht nur bequem zu erwandern, sondern liegt auch landschaftlich sehr schön der berühmten, über 3000 Meter hohen Dolomitgestalt des Tribulauns gegenüber.

73

Orientierung und Schwierigkeit
In jeder Hinsicht leicht und problemlos
Karten 1:50.000
Kompass, Blatt 44 (Sterzing);
Freytag-Berndt, Blatt S 4
(Sterzing – Jaufenpass – Brixen)

1 ¾ Std. | 3,5 km | 319 Hm

Weidevieh im Alrißtal gegen die Wetterspitze

Wegverlauf: Vom Talboden in St. Anton in Innerpflersch (1215 m) stets dem Wegweiser »Alriß« folgend zuerst südwärts auf breiter Brücke über den Talbach, kurz auf der nach Stein führenden Straße hinan zu Straßengabel, hier links ab und stets der Markierung 27 folgend teils auf dem breiten Forstweg, teils dessen Kehren auf dem alten Fußweg abkürzend durch die steilen Waldhänge hinauf zur Alrißalm (1534 m; Ausschank); ab St. Anton 1 Std. Abstieg: Auf dem beschriebenen Weg; 3/4 Std.
Wanderziele von der Alm aus: Lohnend ist ein beliebig langer Abstecher zu den eigentlichen Almweiden von Alriß im gleichnamigen Hochtal, durch das der Weg 27 ansteigt; hübsch ist auch ein etwa 10-minütiger Spaziergang auf ebenem Forstweg ostwärts zur Waldlichtung Hauseben.

Die hübsche Almschenke und die anderen in Holz errichteten Baulichkeiten von Alriß bilden zusammen mit dem Brunnentrog und dem Wegkreuz fast schon ein kleines Almdorf am oberen Rand einer steilen Mähwiese. Hier wird ausgeschenkt, das Vieh wird versorgt, und hier werden auch köstliche Almbutter und Wipptaler Graukäse bereitet.

Wer Alriß (so die übliche Schreibung, gesprochen wird aber »Alries«) in seiner Gesamtheit kennen lernen möchte, sollte sich aber nicht mit dem Besuch der Hütte begnügen, sondern vielleicht zur nahen bezaubernden Wiese Hauseben spazieren, wo wir wohl jenen Weg zu suchen haben, den eine Urkunde von 1554 als »Knappenweg, der nach Alriß geht«, erwähnt; und wer durch das erwähnte Alrißtal ein Stück ansteigt, lernt das eigentliche, von drei Bauern gemeinschaftlich genutzte Weidegebiet von Alriß kennen. Dort oben erzählen Steine mit Dengellöchern und verfallene Hütten aber auch von der Zeit, in der man in solchen Höhen noch fleißig das würzige Berggras gemäht hat.

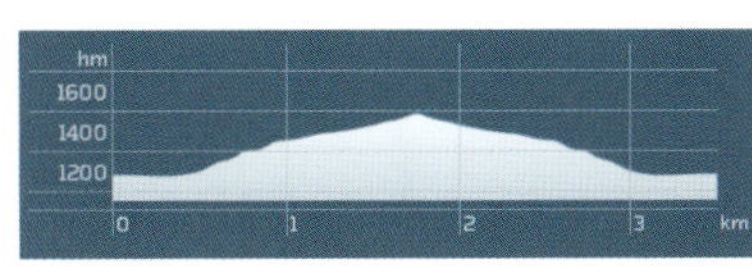

Die Ziroger Bergwiesen gegen die Kalkwand

Ziroger Alm und Enzianhütte 1894 m

Sagenumwobenes Wanderziel im Brennergebiet

74

Orientierung und Schwierigkeit
Für gehgewohnte Wanderer leicht und problemlos

Karten 1:50.000
Kompass, Blatt 44 (Sterzing); Freytag-Berndt, Blatt S 4 (Sterzing – Jaufenpass – Brixen)

3 ½ Std. | 8,9 km | 584 Hm

Zirog ist ein sehr ausgedehntes Almgebiet oberhalb der Häusergruppe Brennerbad, die etwas südlich des Brenners liegt und wegen ihrer warmen Quellen einst weithin berühmt war.

Zwar wird die Alm von einem Fahrweg erschlossen, doch dieser ist aufgrund seiner Länge als Zugang für den Wanderer völlig ungeeignet und man gibt daher für den Auf- und Abstieg auf jeden Fall dem Fußweg den Vorzug, der durch die schattigen Nadelwälder und über die kleine Badalm teilweise in sorgsam angelegten, nur mäßig ansteigenden Serpentinen zu den Alm- und Heuhütten und zu den weiten Bergwiesen von Zirog führt. Und man wird von dort auch noch den knapp halbstündigen Weiterweg zur Enzianhütte am Rande der kleinen Leitneralm bewältigen, die nicht nur eine gemütliche Almschenke ist, sondern eine besonders schöne Aussicht bietet, zumal sie an einem freien Bergrücken steht.

Überragt wird das von vielen kleinen Wasserläufen durchzogene Ziroger Almgebiet von den bizarren Felsgestalten der

Blütenpracht (Greiskraut) auf Zirog

»Kapuziner«, von der Daxspitze und der hübschen Pyramide der Kalkwandstange. Der Name dieses letztgenannten Berges deutet an, dass wir hier auf den Ziroger Höhen auch mit kalkliebender Alpenflora rechnen dürfen, die ja bekanntlich von ganz besonderer Schönheit ist, man denke nur an Alpenmohn, Akelei, Türkenbund, Feuerlilie und Edelweiß.

So schön die Bergblumen von Zirog, so geschätzt wird von den Bauern auch das Ziroger Bergheu, das früher freilich weit großflächiger gemäht wurde als heute, woran noch viele Heuhütten erinnern.

Früher war es allerdings auch recht unheimlich hier oben, denn da musste der Schneider-Putz als »Ziroger Manndl« umgehen, und der büßende Berggeist neckte die Mäher und Recherinnen bei der Heuarbeit, die Sennerin beim »Kasen« und »Schlegln«, und auch sonst trieb der kleine Unhold allerlei Schabernack, bis er endlich erlöst wurde und die Ziroger Alm für immer verließ.

Wegverlauf: Von Brennerbad (1310 m) auf Weg 4 nach Unterquerung der Autobahn durch die steilen Waldhänge großteils in Serpentinen hinauf zur kleinen Badalm (1601 m), dann weiterhin der Mark. 4 folgend zu den Hütten der ausgedehnten Ziroger Alm (1762 m; Ausschank; ab Brennerbad 1½ Std.) und teils auf Steig 4, teils auf breitem Weg 11 hinauf zur Enzianhütte (1894 m; private Schutzhütte, fast ganzjährig geöffnet; ab Brennerbad 2 Std.).
Abstieg wie Aufstieg; ab Enzianhütte knapp 1½ Std.

Die Grubbergalm an der Pfitscher Sonnenseite mit der 3058 Meter hohen Grabspitze im Hintergrund

Von Kematen zur Grubbergalm 2002 m

Auf der Sonnenseite des Pfitscher Tales

Die Alm liegt oberhalb Kematen in Pfitsch, am Weg, der zum Wolfendorn führt. Daher ist sie für die Besteiger dieses markanten Gipfels ein angenehmer Rastort. Aber gewiss nicht kleiner ist die Zahl derer, die eigens wegen der Alm heraufkommen, stellt doch auch sie ein durchaus erstrebenswertes Wanderziel dar.

Dabei kann man sogar zwischen drei Wegen wählen: dem klassischen Fußweg von Kematen herauf, der Forststraße und schließlich dem Zickzacksteig, der vom Weiler Grube, nach dem die Alm benannt ist, zumal sie ja auch dorthin gehört, durch steile Waldhänge zur Alm ansteigt. Für einigermaßen gehgewohnte Wanderer schlage ich hier den erstgenannten Weg für den Aufstieg und den letztgenannten für den Abstieg vor.

Ein kleines Stück westlich der Alm verzeichnen manche Karten noch einen Grafsee; der ist zwar schon längst verlandet, doch dafür liegt etwas tiefer, hinter einem Lawinendamm die Hatzllacke, in der sich die Gipfel der Pfitscher Südseite widerspiegeln.

75

Orientierung und Schwierigkeit
Für etwas gehgewohnte Wanderer leicht und problemlos

Karten 1:50.000
Kompass, Blatt 44 (Sterzing); Freytag-Berndt, Blatt S 4 (Sterzing – Jaufenpass – Brixen)

3 Std. | 7,6 km | 562 Hm

An unserem Aufstiegsweg: die Hatzllacke mit den südseitigen Pfitscher Bergen

An diesem Seelein und bald darauf an den Hütten der Issenalm führt unser Weg vorbei, dann geht es noch ein Stück durch Wald, und ganz unvermittelt steht man vor der Hütte der Grubbergalm. Hier, in etwas über 2000 Meter Höhe, ist die Aussicht zum Kranz der rundherum aufragenden Hochgipfel der westlichen Zillertaler Alpen und zum Teil auch der Sarntaler Alpen natürlich besonders umfassend, aber hübsch ist auch der saftiggrüne, fast brettlebene Wiesenboden vor der Hütte, der einst ein kleiner See war.

Die vor etlichen Jahren zur Gänze in Holz errichtete Hütte bietet den Almleuten vom Jörgenhof unten in Grube das wichtige Obdach und den Wanderern willkommene Einkehrmöglichkeit; und den 60 Stück Galtvieh stehen die ausgedehnten, wenn auch ziemlich steinigen Bergweiden zur Verfügung, die sich gegen die mauerglatte Südwand des Wolfendorn hinaufziehen.

Wegverlauf: Von Kematen in Pfitsch (1440 m) dem Wegweiser »Grubbergalm« und der Markierung 5 folgend durch die Wiesen und durch eine breite Waldschneise (der Steig hier schwach, die Markierung gut) gerade und ziemlich steil empor, dann rechts durch schönen Wald auf besserem Weg mäßig ansteigend hinauf zum Rand eines wassergefüllten Rückhaltebeckens (1848 m; Hatzllacke), dann auf dem Forstweg weiter bergan (stets Mark. 5) durch Waldgelände mäßig steil zu Weggabel mit Wegweisern und links abzweigend hinauf zur nahen Grubbergalm (2002 m; Ausschank; ab Kematen 1½ Std.).
Abstieg: Wieder zurück zur Weggabel, nun dem Wegweiser »Grube« folgend auf Fußsteig im Wald bergab (auch dieser Steig ist mit Nr. 5 markiert), bald kurz auf Forststraße, dann wieder auf dem Steig bzw. Weg in Serpentinen durch Steilwald bergab, zuletzt kurz auf Forststraße zu Straßengabel, rechts dem Wegweiser »Kematen« folgend westwärts zum Waldrand und hinunter nach Kematen; ab Alm 1½ Std.

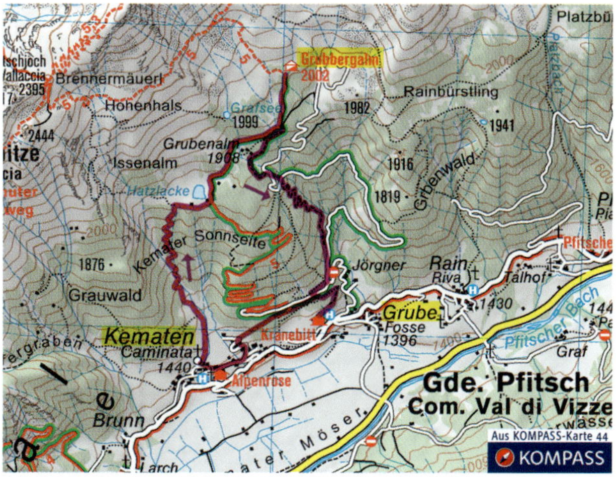

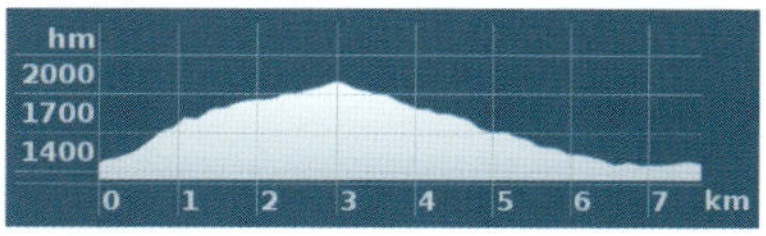

Das herrliche Almenreich der Simile-Mahd-Alm in den Maulser Bergen

Von Freienfeld zur Simile-Mahd-Alm 2011 m

Die sonnige Hochalm unterm Höllenkragen

76

Orientierung und Schwierigkeit
Für einigermaßen gehgewohnte Wanderer leicht und problemlos
Karten 1:50.000
Kompass, Blatt 44 (Sterzing); Freytag-Berndt, Blatt S 4 (Sterzing – Jaufenpass – Brixen)

3 – 3 ½ Std. | 11,9 km | 621 Hm

Der Name der Simile-Mahd-Alm verrät einerseits ihre Zugehörigkeit zum Similehof in Niederflans und erzählt andererseits von den Zeiten, als hier die Bergwiesen noch großflächig gemäht wurden. Aber wenn auch diese Mäharbeit weitgehend der Vergangenheit angehört, so ist die Alm doch keineswegs aufgelassen. Denn zum einen bietet die Hütte Einkehrmöglichkeit, und zum andern weiden auf den Bergwiesen immerhin rund 70 bis 80 Rinder und dazu zahlreiche Pferde. Außerdem ist die Alm, seit 1980 die heutige Hütte errichtet wurde, auch ein wichtiger Stützpunkt im westlichen Teil des bekannten Pfunderer Höhenweges.

Zugleich freilich ist die Alm aufgrund ihrer freien und schönen Lage an den grünen, mit viel Edelweiß geschmückten Hängen des oberen Sengestales auch ein lohnendes Ziel, das auf gutem Weg fast bequem zu erwandern ist.

Doch sollte man nicht blindlings nur dem Ziel zustreben, denn sonst übersieht man die Wiesen am Weg, auf denen einst die Höfe von Senges standen, man übersieht den Bildstock mit der Holzfigur des hl. Valentin, des gerade in dieser Gegend so verehrten Viehpatrons, und man übersieht den »Tuiflstuen«, auf dem der Höllische seine Spuren einbrannte, bevor er das Sengestal für immer verließ.

Freilich, solange Teufel und Dämonen hier im einsamen Hochtal hausten, war es nicht geheuer, und so kann man schon verstehen, warum die Hirten der Almen im Herbst, am Abend vor dem Almabtrieb, mit ihren langen »Goasln« erst einmal den Weg von allem Gespenstergesindel »freischnöllten«.

Das verdross die Berggeister wohl, und als ein Schlangenbanner die Alm oben auch noch vom giftigen Gewürm befreite und man am Weg den Bildstock mit dem hl. Valentin aufstellte, da verzogen sich auch die letzten Unholde, und seither können Senner und Wanderer wieder furchtlos und unbehelligt durch das Sengestal hinansteigen zu den freien Höhen der Almen.

Weidevieh am Weg zur Simile-Mahd-Alm

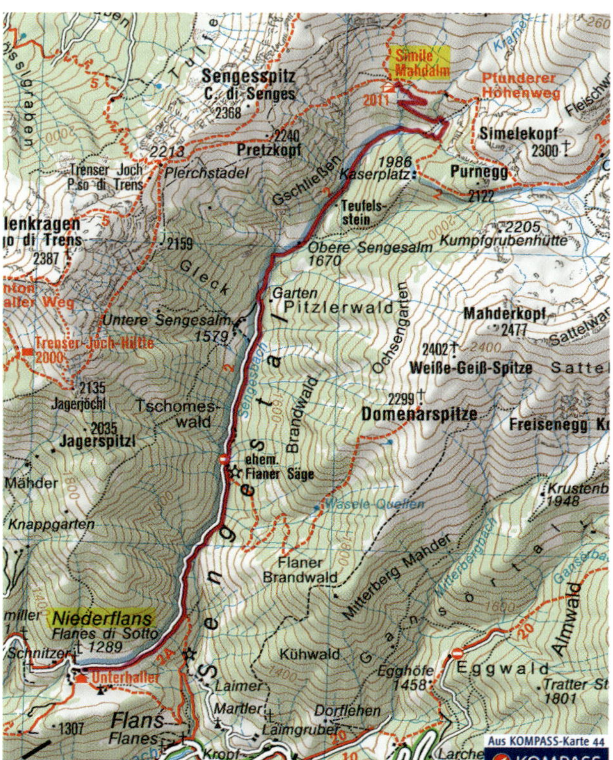

Wegverlauf: Anfahrt am besten von Trens über Valgenäun nach Niederflans (1289 m) und auf nicht gesperrtem, ungeteertem Fahrweg bis zur Flaner Säge im Sengestal; dort kleiner Naturparkplatz (ca. 1390 m). Von dort stets auf breitem Traktorweg (Mark. 2 A und 2) zuerst in Bachnähe und zweimal auf Brücken diesen übersetzend talein, an einem hübschen Bildstock, dann an einer Wiese (Untere Sengesalm, 1579 m) und an einer Wiese mit der Hütte der Oberen Sengesalm (1670 m) vorbei großteils mäßig ansteigend hinauf zu Bergwiesen im Talschluss und nach einer Linkskehre hinauf zur Hütte der Simile-Mahd-Alm (2011 m); ab Flaner Säge knapp 2 Std.
Abstieg: Wie Aufstieg, knapp 1½ Std.

Auf der Pfoialm in Gsies

Pustertal, Gadertal, Tauferer-Ahrntal

Almidylle an unserem Weg mit Blick zu den Sarntaler Alpen

Almspaziergang zur Ronerhütte 1832 m

Flache Bergwiesen hoch über Rodeneck

Fährt man von Mühlbach im unteren Pustertal über Nauders und die Anerberghöfe bergan, erreicht man am großen Zumisparkplatz den höchstmöglichen Ausgangspunkt für die Wanderung über die Rodenecker und Lüsner Almen. Vom genannten Parkplatz könnte man viele Stunden lang meist eben über die Almen wandern, doch bietet sich schon bald die Ronerhütte als lohnendes Wanderziel an.

Die stattliche Almschenke ist sowohl auf dem breiten Güterweg, den vor allem Familien mit Kindern bevorzugen, wie auch auf dem abseits davon verlaufenden alten »Konfinweg«, der die Grenze zwischen den Gemeinden Rodeneck und Lüsen bildet, in einer nahezu ebenen, relativ kurzen Wanderung erreichbar.

Trotz der Kürze bietet sich dabei aber ein gutes Kennenlernen dieser Höhen. Man blickt von da einerseits zur prächtigen Berggestalt des Peitlerkofels, während man auf der Nordseite die unvergletscherten Pfunderer Berge und die ver-

77

Orientierung und Schwierigkeit
In jeder Hinsicht leicht und problemlos; auch für schwächere Geher geeignet

Karten 1:50.000
Kompass, Blatt 56 (Brixen);
Freytag-Berndt, Blatt S 4
(Sterzing – Jaufenpass – Brixen)

2 bzw. 3 Std.	6,4 km	214 Hm

Die Ronerhütte auf den Almhöhen von Rodeneck und Lüsen

gletscherte Gipfelkette des Zillertaler Hauptkammes vor sich hat; die Almflora ist so bezaubernd wie vielfältig, da und dort ist Vieh auf der Weide, und die Begehung durch mittelsteinzeitliche Jäger ist auf der Roneralm durch Silexfunde belegt.

Der Name der Roneralm, der unter anderem um 1780 als »Bergwiesen Rannach« aufscheint, geht übrigens auf das mittelhochdeutsche »rone« zurück, was so viel wie Baumstrunk bedeutet. Und demnach war die heutige Alm ursprünglich eine Gegend mit umgestürzten Bäumen oder altem Gehölz.

Von der Ronerhütte kann man, wie gesagt, beliebig weit ostwärts wandern, oder man kann auch einen kurzen Abstecher zur nahen Hirschleitenalm machen, die allerdings keine Einkehrmöglichkeit bietet. Vor allem aber sei hier als Rückweg der schöne Abstieg durch Wald und Wiesen zum Gschlorerhof und die Rückkehr von dort zum Ausgangspunkt empfohlen.

Wegverlauf: Vom Zumis-Parkplatz (1725 m; hierher gute Straße von Mühlbach über Nauders herauf) zuerst kurz auf dem breiten Fahrweg und dann nach Belieben entweder auf dem Hauptweg oder auf dem Fußweg ohne nennenswerte Höhenunterschiede zunächst durch Wald und dann über die freien Almböden ohne jegliche Orientierungsprobleme nordostwärts zu einem kleinen Jöchl und zur nahen Ronerhütte (1832 m; Almschenke); ab Zumisparkplatz knapp 1 Std.
Rückweg: Entweder auf einem der beiden Zugangswege oder auf folgender Route: Von der Ronerhütte auf Fahrweg 2/14 kurz in Richtung Osten, bei Wegteilung rechts ab und stets auf schönem Fußweg (Markierung 14) durch Wald und über zwei Almrodungen mäßig steil hinab zum Gschlorerhof (1618 m), von da westwärts auf der Höfestraße die Hänge querend zum Gasthaus Villpeder (1637 m) und teilweise auf markiertem Abkürzungssteig hinauf zum Parkplatz (ein höher die Waldhänge querender, an sich hübscher Fußweg wird heute kaum mehr begangen); ab Ronerhütte knapp 2 Std.

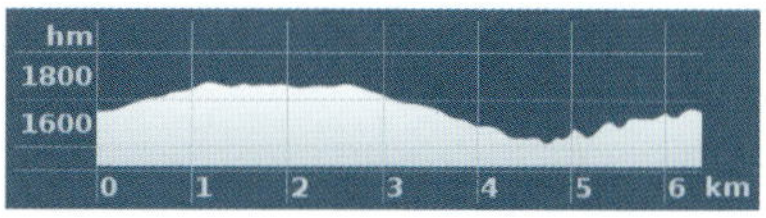

Über dem Talschluss von Vals im unteren Pustertal: Die Fane-Alm, eines der malerischsten Hüttendörfer Südtirols

Zur berühmten Fane-Alm 1739 m

Hüttendorf über dem Talschluss von Vals

Die Fane, eine große Gemeinschaftsalm, ist ein richtiges kleines Sommerdorf: Wohnhütten, Heuhütten, Viehställe, eine kleine Kirche und zwei Almschenken – alles fein säuberlich zusammengeschart und von Wiesen umgeben. Das gibt es kein zweites Mal in Südtirol. Und das Bild, das diese drei Dutzend schindelgedeckten Blockhütten bieten, machen die Fane-Alm (gesprochen wird meist einfach nur »Faane«) auch zu einer der bekanntesten Almen des Landes.

Der Kessel, in dem die Fane liegt, ist ein großes Almgebiet mit Viehweiden und Mähwiesen, aber almwirtschaftlich gesehen gehören zum Gemeinschaftsbesitz der Bauern von Vals auch die Labisebenalm und die Pfannalm, auch wenn diese in landschaftlicher Hinsicht durch die Felsklamm der »Schrame« von der Fane getrennt sind.

Das Vieh weidet nach dem Almauftrieb zuerst nämlich eine Zeitlang auf der Fane und geht dann im Hochsommer, wenn hier das Heu eingebracht wird, auf die oberen Almen, und im Spätsommer bleibt das Vieh wieder ein paar Wochen auf der Fane, bevor es endgültig ins Tal zieht.

78

Orientierung und Schwierigkeit
In jeder Hinsicht leicht und problemlos
Karten 1:50.000
Kompass, Blatt 56 (Brixen) und Blatt 44 (Sterzing); Freytag-Berndt Blatt S 4 (Sterzing – Jaufenpass – Brixen)

3 – 3 ½ Std. | 6,6 km | 385 Hm

Blauer Natternkopf auf der Fane-Alm

Das Almdorf Fane mit seinen Einkehrmöglichkeiten bildet bei den gemütlicheren Wanderern natürlich das Hauptziel, doch viele besuchen auch die Pfannalm, ohne sich dessen so recht bewusst zu werden. Denn wer von der Fane durch die genannte Schrame zur Brixner Hütte aufsteigt, wandert an der Hütte der Pfannalm vorbei und befindet sich im Gebiet der Brixner Hütte auf dem Pfannalmboden.

Die Labisebenalm, deren Zugang nach der Schrame links abzweigt, ist als Wanderziel weniger bekannt, aber hier führt immerhin der Weg zum Wilden See vorbei, und außerdem besitzt Labiseben nach wie vor erhebliche almwirtschaftliche Bedeutung. Um den ursprünglich sehr mühsamen Zugang über die sogenannte »Fenne« zu erleichtern, wurde bereits im späten 19. Jahrhundert ein erster Weg in die Felsen der Schrame gesprengt, der dann um 1985 verbreitert wurde.

Um diese Hochalmen ranken sich so manche Sagen. So wird erzählt, ein Hirte der Labisebenalm habe einst das Vieh über die sogenannte Beistandwand (»Beistand« ist der Mundartausdruck für Bienenstand) in den Tod gesprengt und musste deshalb als Gespenst umgehen, bis ihm 1898 die Erbauung des Kirchleins auf der Fane endlich die Erlösung brachte. Ein Senner auf der Pfannalm hingegen, der sich an der Almmilch versündigt hatte, musste als Wintersenner umgehen und wurde erst erlöst, als ein Vorbeigehender die vom Almgeist angebotene Milch trank.

Der Wanderweg zur Fane-Alm

Rechts: Berghirte auf Labiseben, der Alm, die ein Stück oberhalb der bekannten Fane-Alm liegt

Nicht ins Reich der Sage gehört, dass der auf den Almen Fane, Labiseben und Pfanne hergestellte Almkäse schon in Schriften des 16. Jahrhunderts gerühmt wird und eine Art Qualitätssiegel in Form des Wappens der Herren von Wolkenstein trug.

Was die seltsamen Namen der Almen betrifft, denkt man bei Fane an einen Zusammenhang mit lat. »patina« (Teller, Schüssel) und bei Pfanne an die Kochpfanne. Die Labisebenalm hingegen gehört zu jenen Gebieten, die nach den »Labisen«, einer Ampferart, benannt sind.

Wegverlauf: Vom Dorf Vals (1354 m) auf der Talstraße hinein zu einem großen Parkplatz, 2,5 km hinter dem Dorf (1396 m; hierher auch mit dem Auto), auf dem Sträßchen (Mark. 17) kurz talein zur Kurzkofelhütte (Almschenke, 1422 m), weiter talein und dann allmählich durch freie Hänge ansteigend zu einem Steilhang mit mehreren Straßenkehren, hier beliebig auf dem Sträßchen oder über den Abkürzungssteig empor zum oberen Parkplatz (ca. 1700 m), nun eben hinein zum Bach und nach der Brücke kurz hinan zur Fane-Alm (1739 m); ab Vals knapp 2 Std. Abstieg: Wie Aufstieg, knapp 1½ Std.

Wanderziele von der Fane aus: Wer auch das obere, zur Fane gehörende Almgebiet kennenlernen möchte, wandere auf dem breiten Weg 17 durch die Felsschlucht der »Schrame« hinauf zu Wegteilung, von wo links der breite Weg zur Labisebenalm führt (2138 m; ab Fane gut 1 Std.), Weg 17 hingegen geradeaus hinauf zur Pfannalmhütte (2141 m; ab Fane 1 Std.) und weiter zur Brixner Hütte (Schutzhütte mit Sommerbewirtschaftung, 2300 m, ab Fane knapp 2 Std.).

Eine der blumengeschmückten Almhütten im inneren Altfaßtal bei Meransen

Zu den Almen im Altfaßtal 1850 m

Wanderung im Bergreich von Meransen

Das Altfaßtal, dessen Name bereits seit 1225 in den alten Urkunden wiederholt aufscheint, ist wohl eines der schönsten Almtäler Südtirols. Es ist zwar ein Seitenast des von Mühlbach nordwärts streichenden Valser Tales, doch da die Mündungsstufe rund 400 Höhenmeter äußerst steil und wild abfällt, führt der Hauptzugang ins Altfaßtal vom Höhendorf Meransen.

So wandert man als »Quereinsteiger« von den Walderhöfen eben hinein und hat mit der Großberghütte, die keine Hütte, sondern ein recht stattliches Almgasthaus ist, auch schon gleich den deutschen Namen der gesamten Almgegend vor sich: nämlich Großberg. Die Großberghütte steht an der Stelle eines einstigen Berghöfls, das 1595 als »gut gehaissen Altvass« und um 1780 als »Altfassgut« aufscheint und 1920 abgebrannt ist.

Weiter talein gibt es unweit eines alten Kalkofens eine Stelle, an der man prähistorische Scherben gefunden hat, im Übrigen aber besteht das Tal ganz einfach nur aus Bergwiesen und nochmals Bergwiesen. Dazwischen rauscht natürlich der klare, an einer Stelle sich in unzähligen Mäanderwindungen

79

Orientierung und Schwierigkeit
In jeder Hinsicht leicht und problemlos
Karten 1:50.000
Kompass, Blatt 56 (Brixen);
Freytag-Berndt, Blatt S 4
(Sterzing – Jaufenpass – Brixen)

4 Std.	13,9 km	436 Hm

»Goldsuche« im kristallklaren Altfaßbach

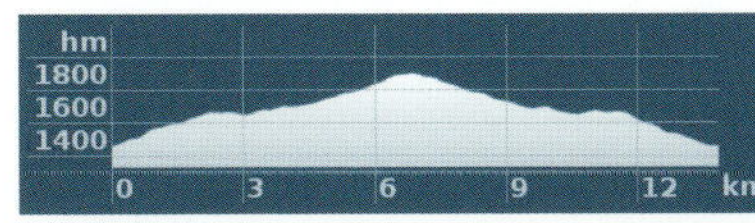

dahinschlängelnde Altfaßbach talaus, in den Wiesen stehen hin und hin wettergebräunte Heuhütten, und mittendurch wandern wir auf einem breiten Güterweg dahin, der an die Landstraßen vergangener Zeiten erinnert. Die eine und andere Alm- oder Mahdhütte trägt den Namen des Hofes, zu dem sie gehört, die Asmolalm auf gut Halbweg hingegen hat den Namen nicht entlehnt, sondern hieß immer schon selbst so, und das seit Jahrhunderten.

Schließlich erreichen wir die Wieserhütte und die Pranterstadlhütte, zwei rustikale Almschenken mit vielen Blumen an Fenstern und Söllern und, im Hochsommer, mit vielen Besuchern. Und dahinter breiten sich die Wiesen der alten Kuhalm aus, in deren Mitte eine letzte Hütte steht, bevor die Felshänge und der Bergpfad ansteigen zu den drei Seefeldseen.

Wegverlauf: Von Meransen (1414 m; hierher von Mühlbach mit Pkw oder Seilbahn) in ½ Std. zu Fuß der Markierung 14/15 folgend hinauf zu den Walderhöfen (1560 m), von da auf der breiten Almzufahrt mit Markierung 14 durch Wald nahezu eben hinein zum Altfaßbach, bald darauf durch Wiesen weiter zur Großberghütte im äußeren Altfaßtal (1644 m; Gaststätte; ab Meransen 1¼ Std.) und von da durch das Almtal auf dem breiten Weg teils fast eben, teils nur leicht ansteigend an verschiedenen Hütten vorbei talein zu den Almschenken Pranterstadlhütte und Wieserhütte (1833 bzw. 1850 m; ab Meransen 2½ Std.).
Rückkehr nach Meransen: Am besten auf dem beschriebenen Zugangsweg, 1½ Std.
Wanderziel von der Alm aus: Aufstieg zum Großen Seefeldsee – von der Wieserhütte mit zunehmender Steilheit auf Steig 14/15 in gut 1 Std. hinauf zum See (2271 m); die beiden oberen, kleineren Seen liegen in rund 2500 m Höhe (ab großem See ca. ¾ Std.).

Die grüne Welt der Englalm oberhalb Terenten im Pustertal

Von Terenten zur Englalm 1828 m

Wiesen und Weiden unter der Eidechsspitze

80

Orientierung und Schwierigkeit
In jeder Hinsicht leicht und problemlos
Karten 1:50.000
Kompass, Blatt 56 (Brixen);
Freytag-Berndt, Blatt S 4
(Sterzing – Jaufenpass – Brixen)

3 ½ Std. | 8,2 km | 613 Hm

Die Englalm liegt bereits ein gutes Stück oberhalb der Waldgrenze, aber dennoch nur 1826 Meter hoch. Denn hier, wie in vielen anderen Almgebieten auch, wurde die Waldgrenze durch Rodung hinabgedrückt und verläuft nun in einer Höhe von rund 1700 Metern. So dehnen sich im Bereich der Englalm große Viehweiden und Wiesen aus, es blüht und grünt hier schon relativ früh, und das stattliche Almgebäude, das auch Einkehrmöglichkeit bietet, macht deutlich, welche Bedeutung diese Alm vor allem in früheren Zeiten für ihren Besitzer, den Oberleitnerbauern in Terenten, besaß.

Heute hat die Alm auch touristische Bedeutung, liegt sie doch zum einen am viel begangenen Aufstieg zum Kompfossee bzw. zur Eidechsspitze, während sie andererseits ein beliebtes Ziel für gemäßigtere Wanderer ist.

Für den Aufstieg ist zwar eine Gehzeit von rund zwei Stunden zu veranschlagen, doch der Weg, der an Höfen vorbei, durch schöne Nadelwälder und über weite Wiesen führt, ist

Zwergaugentrost auf der Englalm

Wegverlauf: Vom großen Parkplatz in Terenten (1210 m) der Markierung 2 folgend zunächst auf einem Fahrweg zwischen den Häusern nordwestlich hinein ins Terentner Tal (mundartlich »Ternertal«), auf Brücke über den Bach und jenseits der Beschilderung »Eidechsspitze« folgend an einigen Höfen vorbei talauf. Dann auf dem großteils mäßig steilen Traktorweg durch Nadelwald hinauf zu den Almwiesen und, an einer ersten Almhütte vorbei, weiter zur Englalm (1826 m; Ausschank); ab Terenten 2 Std.
Der Abstieg erfolgt am besten auf dem Anstiegsweg, 1½ Std.

durchaus nicht arm an Eindrücken. Und hinzu kommt, dass die Alm sich in aussichtsreicher Lage befindet und vor allem eine faszinierende Schau zu den Dolomiten bietet.

Die Sage weiß zu berichten, dass es auf der Englalm einst recht unheimlich war und am helllichten Tag spukte. Der Almbesitzer Sebastian Engl, der Oberleitnerbauer in Terenten, stand nämlich mit dem Teufel im Bunde und konnte von seinem Hof im Dorf aus auf der Alm das Arbeitsgerät der Senner tanzen lassen. Und die Gämsen ließ er einfach »anfrieren«, sodass er dann nur noch mit dem Leibhaftigen herauffliegen brauchte, um die armen Tiere aus der Nähe abzuschießen.

Doch der Oberleitner hat sich vor seinem Tode bekehrt, und seither spukt es auf unserer Alm nicht mehr. So kann man die Wanderung heute unbesorgt antreten, ohne befürchten zu müssen, einem tanzenden Korb oder festgebannten Gamsbock zu begegnen.

Der von markanten Gipfeln umrahmte Almboden von Kleinfanes

Zur Alm Kleinfanes 2040 m

Berühmtes Sagenreich im Gadertal

81

Orientierung und Schwierigkeit
Für gehgewohnte Wanderer leicht und problemlos
Karten 1:50.000
Kompass, Blatt 57 (Bruneck – Toblach); Freytag-Berndt, Blatt S 3 (Pustertal – Bruneck – Drei Zinnen)

3 ½ Std. | 10,2 km | 500 Hm

Von St. Vigil in Enneberg führt eine Straße talein und endet schließlich beim Gasthaus Pederü, das inmitten eines großen ebenen Talbodens steht. Doch so eben der Talboden, so steil und hoch aufragend sind die Felsflanken, die ihn zu beiden Seiten umschließen. Und im Hintergrund des Felsentales steigen gewaltige Geröllhänge an, in deren Hintergrund sich wiederum schroffe Dolomitfelsen erheben.

Über die genannten Geröllhänge, die teilweise allerdings von ausgedehnten Legföhren bewachsen sind, steigen wir teils auf dem alten Fußweg, teils über die ungeteerte Almzufahrt hinauf. Alles rundherum ist felsig und schroff und fast abweisend öde. Nur eben die dunkelgrünen Latschen, dann auch Zirben und Lärchen und der kleine Piciodèlsee beleben die bleiche Felsszenerie.

Doch dann, schon weit oben und fast ganz plötzlich, tut sich der große, weite, im Vergleich zur bisherigen Umgebung saftiggrüne Kessel von Kleinfanes auf, eine der schönsten Landschaften der Dolomiten.

Hier liegt der bezaubernde, sagenumwobene Grünsee am Tiefstpunkt jenes weiten, von schönen Zirbenbeständen und gestuften Karstböden gekennzeichneten Kessels, der von einer Reihe ausgeprägter Felsgipfel umrahmt wird.

Dieser Gebirgskessel, dem sich südseitig, jenseits des Limojochs, der Kessel von Großfanes anschließt, ist der zentrale Schauplatz der berühmten Dolomitensage vom Volk der Fanes, er ist mit seinen beiden Schutzhütten Stützpunkt für prächtige Gipfeltouren, aber er ist auch eine große Almmulde.

Freilich hat auch diese Alm viel von ihrer landwirtschaftlichen Bedeutung von einst verloren, und ganz so bedeutend und üppig, wie dies die Sage erscheinen lässt, wird die Alm Kleinfanes wohl auch nie gewesen sein. Aber bevor im Ersten Weltkrieg hier so manches verändert wurde und dann in den Zwischenkriegsjahren die beiden Schutzhütten entstanden, bestand hier immerhin ein richtiges Almdorf, dessen Hütten zum Teil noch heute erhalten sind und bei genauerem Hinsehen noch immer davon erzählen, dass Kleinfanes einmal nur eine Alm war, eine Alm und nichts anderes. Und wenn man es als hütten- oder gipfelstürmender Tourist auch gar nicht richtig wahrnimmt, so grasen doch auch heute noch auf den Grasböden überall Rinder und bieten ein Bild beschaulichster Almharmonie. Und solange das so ist, darf sich Kleinfanes rühmen, eine lebendige Alm inmitten der großen Felsbastionen der Dolomiten zu sein.

Weidevieh auf Kleinfanes

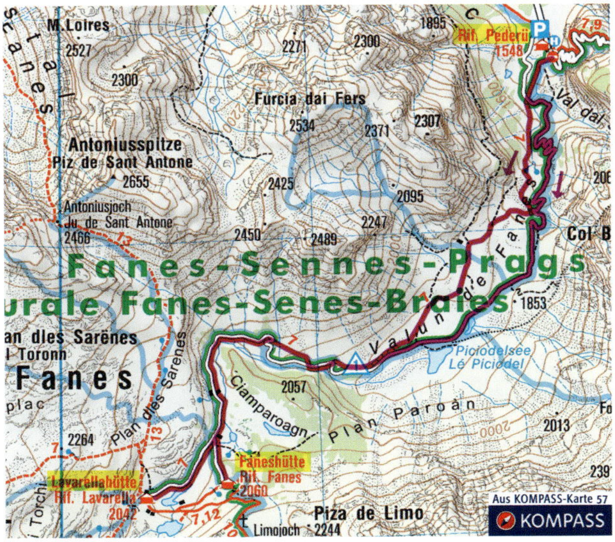

Wegverlauf: Vom Gasthaus Pederü (1545 m; hierher Straße von St. Vigil in Enneberg) entweder auf dem breiten Fahrweg (nur mäßig steil, aber lang) oder auf dem beschilderten und markierten Fußweg abseits des Fahrweges ziemlich steil über Geröll hinauf zu einer großen Hangverflachung und dann teils auf dem Fußweg, teils auf dem Fahrweg in dem sich verengenden Felsental großteils mäßig steil hinauf zu den ersten Rasenböden und Almhütten und zum Hauptbecken mit dem Grünsee, den Schutzhütten, Grasflächen und Almhütten (ca. 2040 m; die große Faneshütte und die Lavarellahütte sind private Schutzhütten mit Sommerbewirtschaftung); ab Pederü 2 Std. Abstieg: Wie Aufstieg; knapp 1½ Std.

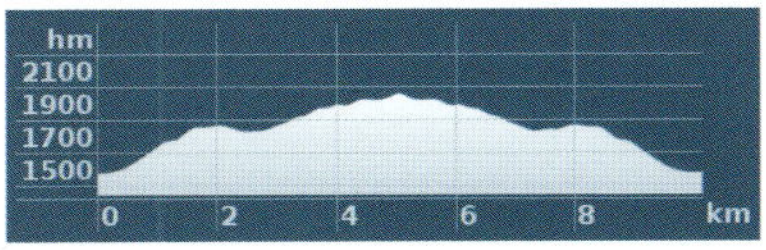

Das alte Hüttendorf der Senesalm

Fodara Vedla und Senes 2176 m

Almplateau zwischen St. Vigil und Cortina

82

Orientierung und Schwierigkeit
Für etwas gehgewohnte Wanderer leicht und problemlos
Karten 1:50.000
Kompass, Blatt 57 (Bruneck – Toblach); Freytag-Berndt, Blatt S 3 (Pustertal – Bruneck – Drei Zinnen)

3 ½ – 4 Std. | 12,6 km | 660 Hm

Das Gebiet von Fodara Vedla und Senes (Sennes) breitet sich auf den ostseitigen Höhen des innersten Rautales aus, das südlich von St. Vigil in Enneberg zwischen steile Felswände eingeschnitten ist. Auf den genannten Höhen befinden sich drei von Pederü aus zugängliche Schutzhütten, von denen zwei, die Fodara-Vedla-Hütte und die Seneshütte, bereits 1937 erbaut wurden, während die Munt-de-Senes-Hütte oder Senesalmhütte erst 1978 errichtet wurde.

Doch mögen diese Hütten auch durchaus einen bestimmten Schutzhüttencharakter besitzen, so haben sie hinsichtlich ihrer Lage doch auch den Charakter von Almschenken und sind deshalb auch sehr beliebte Wanderziele inmitten grüner, freundlicher Inseln, die von einer zwar karstigen, aber doch beeindruckenden Felslandschaft umgeben werden.

Hinzu kommt, dass sich zu den genannten Einkehrstätten auch richtige Almgebäude gesellen, die auf Fodara Vedla und Senes sogar hübsche kleine Almdörfer bilden.

Die Alm Fodara Vedla

Die in einer Geländemulde liegenden Almhütten von Fodara Vedla werden einerseits von grünen Rasenböden umgeben, andererseits aber auch noch von dichten Legföhrenbeständen und schütterem Baumbewuchs, und unweit der Alm liegt der kleine See von Fodara Vedla, der im Sommer allerdings meist austrocknet.

Die Senesalm liegt etwas höher, bereits in baumfreiem Gelände, allerdings breitet sich teilweise auch hier das Dunkelgrün üppiger Latschenfelder aus. Ansonsten aber sind es Karstböden und grüne Hochweiden, die das Landschaftsbild bestimmen. Und dazwischen liegt auch hier der Rest eines verlandeten Bergsees.

Rund 20 Gehminuten oberhalb der alten Senesalm liegt die dritte und höchstgelegene Alm in diesem Bereich, nämlich die Gemeindealm Munt de Senes, deren Gebäude erst um 1980 errichtet wurden und aus großen Viehställen sowie dem Wohngebäude mit der Almschenke bestehen. Denn auf dieser Gemeindealm wird intensive Almwirtschaft betrieben mit rund 130 Rindern, mit Butter- und Käsebereitung.

Die Almen Fodara Vedla und Senes liegen auf Südtiroler Gebiet und gehören gemeindemäßig wie auch hinsichtlich ihrer Besitzer und Bewirtschafter zu Enneberg. Doch so klar und endgültig die Grenze heute verläuft, so umstritten war sie in alter Zeit; denn auch die Ampezzaner und Cadoriner wollten die Weidegründe nutzen, es kam zu gewalttätigen Auseinander-

Die Hochalm Munt de Senes

Rechte Seite: Sonnenuntergang auf den Höhen von Sennes

setzungen, und eine der Sagen, die sich um den langwierigen Almstreit ranken, weiß sogar, dass es auf der Tamersc-Alm im Rautal zu einer regelrechten Schlacht gekommen sei und die Angreifer mordend und brandschatzend bis nach St. Vigil vorgestoßen seien, wo sie dann allerdings vom Ritter Prack zu Asch, dessen Pferd den Sattel des hl. Georg trug, zurückgeworfen wurden.

Geschichtlich und im Hinblick auf die uralte Grenze ist schließlich noch erwähnenswert, dass es sich bei dem um 1400 als »marckstain« erwähnten Berg Piera Maura, der sich über Fodara Vedla erhebt, möglicherweise um jenen »montem aurinam« handelt, der bereits um das Jahr 1002 als Grenzpunkt urkundlich aufscheint.

Wegverlauf: Vom Gasthaus Pederü im innersten Rautal (1545 m; hierher gute Straße von St. Vigil herein) der Markierung 7/9 folgend zuerst auf breitem Schotterweg in steilen Kehren ostwärts am felsbegrenzten Steilhang empor bis zu Weggabel auf ca. 1900 m, hier rechts abzweigend mit Markierung 9 in wenigen Minuten zur Alm Fodara Vedla (1966 m; Ausschank; ab Pederü 1½ Std.), dann auf links abzweigendem Weg (Mark. 7) durch Wald hinauf und später wieder auf dem breiten Fahrweg nahezu eben hinüber zum Hüttendorf der alten Senesalm (2116 m; Ausschank); ab Pederü 2 Std. Von dort schließlich in weiteren 20 Minuten, den entsprechenden Wegweisern folgend, auf breitem Güterweg nordwestwärts durch ein Tälchen hinauf und zuletzt links hinüber zur Alm Munt de Senes (2176 m; Ausschank), ab Seneshütte 20 Minuten.
Abstieg: Wie Aufstieg, 1½ Std.

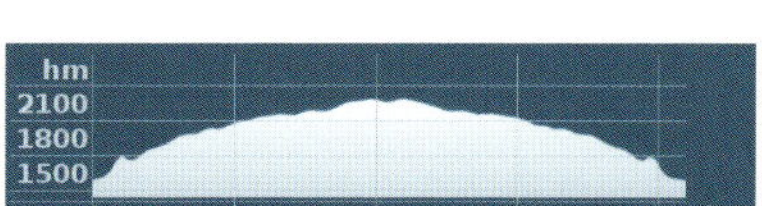

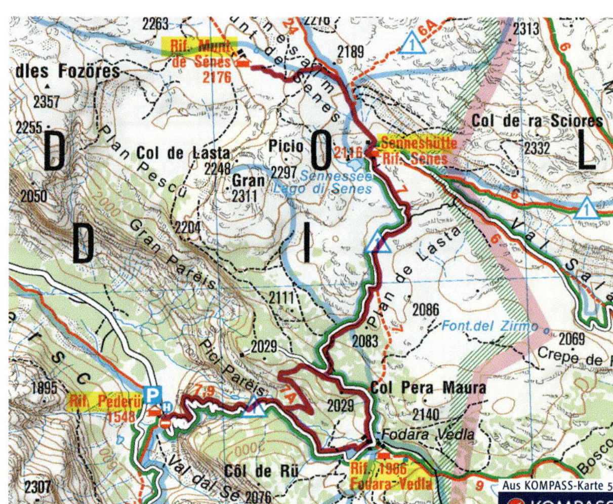

Die Schönbergalm mit dem gleichnamigen Berggipfel bei Weißenbach

Zur Schönbergalm 1792 m

Wanderziel auf der Sonnenseite von Weißenbach

83

Orientierung und Schwierigkeit
Leichte und problemlose Wanderung, auch für schwächere Geher geeignet
Karten 1:50.000
Kompass, Blatt 82 (Tauferer-Ahrntal); Freytag-Berndt, Blatt 152 (Mayrhofen – Zillergrund – Ahrntal)

2 ½ Std. | 7,6 km | 458 Hm

An den Sonnenhängen des äußeren Weißenbachtales, das bei Luttach westseitig vom Ahrntal abzweigt, befinden sich im unteren Teil etliche verstreute Bauernhöfe inmitten steiler Wiesen. Oberhalb derselben dehnen sich Waldhänge aus, und dort, wo diese Waldhänge allmählich in die sogenannte Waldkampf- und Zwergstrauchzone übergehen, liegt die Schönbergalm. Die altersbraunen Blockhütten stehen unweit einer Geländemulde etwas erhöht am Hang und blicken weit über das Land.

Von Weißenbach herauf erreichen wir sie in gut anderthalbstündigem Aufstieg, bei dem wir teilweise zwischen dem alten steilen Fußpfad und dem neueren bequemen Forstweg wählen können. Die hübsche Schönbergalm bietet Rast und Einkehr, im Gegensatz zu den etwas höher gelegenen, heute leider aufgelassenen Kaserle-Oberhütten.

Blick von der Schönbergalm zu den östlichen Ahrntaler Bergen

Rund anderthalb Gehstunden höher befindet sich übrigens der gern besuchte Kalkgipfel des Schönbergs (2273 m), dessen Gipfelkreuz schon in Karten des 18. Jahrhunderts verzeichnet und wohl von den Hirten der Schönbergalm aufgestellt wurde.

Das alles macht die Schönbergalm zu einem gern besuchten Wanderziel.

Wegverlauf: Von der Ortsmitte in Weißenbach (1334 m; hierher von Luttach im Ahrntal abzweigende Straße) der Markierung 5 und Beschilderung »Schönberg« folgend auf der am Sonnenhang leicht ansteigend talaus führenden Höfezufahrt in etwa 10 Minuten zum Bruggerhof und dann bald nach Belieben auf dem Forstweg oder auf dem steilen alten, zwar nicht mehr markierten, aber noch gut begehbaren Fußweg durch die steilen Waldhänge hinauf zur Schönbergalm (1792 m; Ausschank; ab Weißenbach 1½ Std.).
Abstieg: Wie Aufstieg, gut 1 Std.

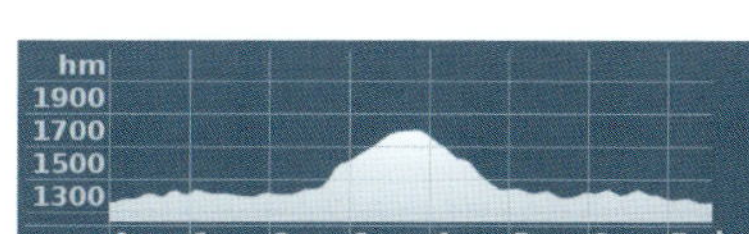

Heueinbringung auf der Pichleralm (oberhalb der Niederhoferalm)

Von St. Johann zur Niederhoferalm 1603 m

Blick zum vergletscherten Zillertaler Hauptkamm

84

Orientierung und Schwierigkeit
Für etwas gehgewohnte Wanderer leicht und problemlos

Karten 1:50.000
Kompass, Blatt 82 (Tauferer-Ahrntal); Freytag-Berndt, Blatt 152 (Mayrhofen – Zillergrund – Ahrntal)

3 ½ Std. | 8,3 km | 583 Hm

Südöstlich von St. Johann in Ahrn zieht sich die Höfelandschaft des Gföllberges mit ihren Wiesen und Bauernhäusern hinauf bis zum Sandbichlerhof in rund 1460 Meter Höhe; und eine halbe Gehstunde höher liegt dann die Rodung der Niederhoferalm, deren Name schon sagt, zu welchem Hof unten am Gföllberg sie gehört.

Mit ihrer stattlichen Blockhütte vor der Kulisse des vergletscherten Zillertaler Hauptkammes gilt sie als eine der hübschesten Almen des Ahrntals, und der Volksmund weiß zu berichten, dass sie einst ein ganzjährig bewirtschafteter Hof gewesen sei. Heute ist die Alm, auf der ich erst kürzlich noch Vieh auf der Weide sah, vor allem eine gern besuchte Gaststätte, und an schönen Sommertagen herrscht hier mitunter viel Betrieb.

Die Niederhoferalm ist aber nicht die einzige Alm hier am Gföllberg, sondern nur die erste, unterste. Denn bergaufwärts liegen noch drei weitere, nämlich die Pichleralm, die Oberhoferalm und die Gruberalm, auch sie alle nach den Höfen

Die Niederhoferalm oberhalb St. Johann im Ahrntal gegen den Zillertaler Hauptkamm

benannt, denen sie angehören. In der obersten wird vor allem von den Einheimischen gern zugekehrt und die prächtige Aussicht genossen, ansonsten aber steht auf diesen drei Almen noch die Almwirtschaft und die Heumahd im Vordergrund.

Jedenfalls habe ich erst jüngst noch auf der einen dem Senner zugeschaut, wie er im großen Kupferkessel über dem offenen Feuer den charakteristischen Graukäse bereitete, während hier wie auf den anderen Bergwiesen viele fleißige Hände mit der Einbringung des Bergheus beschäftigt waren.

Wer also aus echtem Interesse an der alpenländischen Kultur die althergebrachte Almatmosphäre kennen lernen will, wo noch die Einfachheit und Ruhe zu Hause sind, wo die »Kaser« noch den unverwechselbaren Rauchgeruch des offenen Feuers an sich hat und nicht auf modernen Massenbetrieb umgestellt wurde, der tut gut daran, die kleine Mühe auf sich zu nehmen und auch die oberen Almen am Gföllberg zu besuchen.

Wegverlauf: Von St. Johann in Ahrn (1020 m) stets der Markierung 6 (anfangs auch 33) und der Beschilderung »Niederhoferalm« folgend zuerst durch das Dorf hinüber zu dessen Ostrand (Festhalle), von dort auf der Höfezufahrt großteils durch Wiesen hinauf zum Gruberhof (1180 m; Jausenstation), dann noch eine Kehre der Höfestraße ausgehend bis zum Wald, von da auf dem abkürzenden Fußsteig (Mark. 6) rechts hinauf bis in die Nähe des Sandbichlerhofes (1463 m; keine Gaststätte; hierher ab St. Johann ca. 1½ Std.) und von da entweder auf dem kürzeren, aber steileren Fußweg oder auf der längeren, weniger steilen Forststraße den entsprechenden Wegweisern folgend in ½ bzw. ¾ Std. problemlos hinauf zur Niederhoferalm (1603 m; Ausschank); ab St. Johann ca. 2 Std. Von da evtl. Abstecher auf unmarkierten Steigen zu den oberen Almen (die oberste, die Gruberalm, liegt 1839 m hoch, ab Niederhoferalm ¾ Std.).
Abstieg: Wie Aufstieg, 1½ Std.

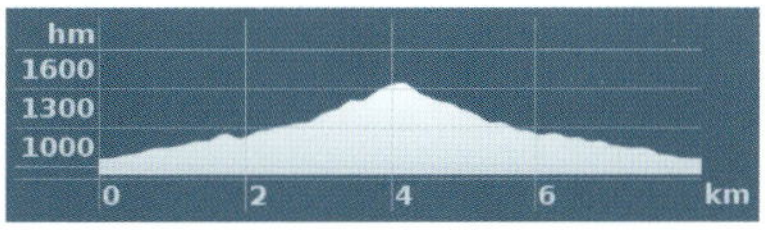

Die Wollbachalm oberhalb St. Jakob im Ahrntal

Von St. Jakob zur Wollbachalm 1607 m

Kurzwanderung auf der Ahrntaler Sonnenseite

Wer von der Gegend von St. Jakob im Ahrntal nordseitig hinaufschaut, hält es angesichts der Steilheit des Geländes nicht für möglich, dass da oben im scheinbar so wilden Wollbachtal eine einladende, fast völlig ebene Almlandschaft liegt. Und doch ist es so, und der bewusst gewählte Ausdruck »Landschaft« ist keinesweg übertrieben. Denn wenn die Karte geografisch durchaus korrekt dort auch nur die Wollbachalm verzeichnet, so besteht das Gebiet besitzmäßig doch aus mehreren Einzelalmen. So stehen in dem ausgedehnten grünen Boden, den ein Kranz markanter Hochgebirgsgipfel und insbesondere die prächtige Felsgestalt der Rotwand überragt, denn auch gleich mehrere selbständige Almhütten, die zusammen fast wie ein kleiner Streuweiler aussehen.

Die einzelnen Hütten werden nach den Höfen, zu denen sie gehören, benannt, alles zusammen nennt sich aber Wollbachalm, und diesen Namen trägt insbesondere auch die in der heutigen Form 1986 errichtete Hütte des Niederkofler-

85

Orientierung und Schwierigkeit
Für etwas gehgewohnte Wanderer leicht und problemlos, wenn auch teilweise steil
Karten 1:50.000
Kompass, Blatt 82 (Tauferer-Ahrntal); Freytag-Berndt, Blatt 152 (Mayrhofen – Zillergrund – Ahrntal)

2 ½ Std.	5,8 km	427 Hm

Roter Holunder auf der Wollbachalm

bauern, mit der eine beliebte Almschenke verbunden ist. Es gibt also auch Einkehrmöglichkeit hier oben, im Übrigen aber wird immer noch auch echte Almwirtschaft betrieben und einige Dutzend Rinder bevölkern den Sommer über die Weideflächen.

Wie einleitend gesagt, gibt es unterhalb – und auch oberhalb – der schönen flachen Alm eigentlich fast nur Steilgelände, und dementsprechend sind auch die alten Fußpfade, die zur Alm führen, steil und anstrengend. Aber der zu bewältigende Höhenunterschied hält sich in Grenzen, die Wege führen großteils durch schattigen Nadelwald, und in Teilen erfolgen Auf- und Abstieg auf nur mäßig steilen Hof- und Almzufahrten, sodass die Wanderung zur Wollbachalm doch weit weniger mühsam ist als es auf den ersten Blick den Anschein hat.

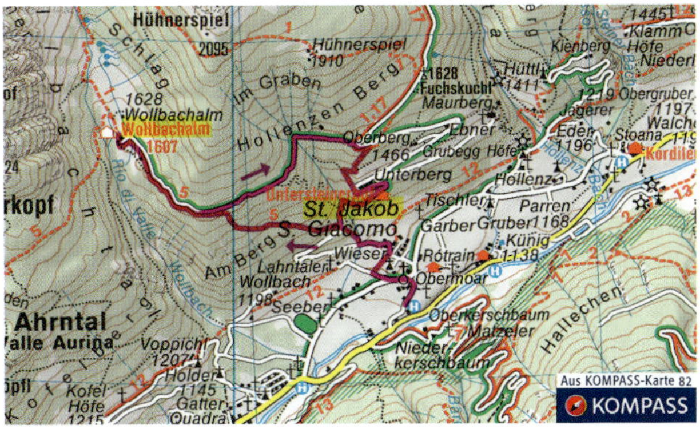

Wegverlauf: Von der Kirche St. Jakob im Ahrntal (1180 m) stets der Beschilderung »Wollbachalm« und der Markierung 5 folgend zuerst teils auf Höfezufahrt, teils abseits davon durch Wiesen hinauf zum Wald, durch diesen auf Steig 5 sehr steil, aber unschwierig hinauf und zuletzt etwa 5 Minuten auf Forststraße nahezu eben zur Wollbachalm (1607 m; Ausschank); ab St. Jakob knapp 1½ Std.
Abstieg: Auf der Forststraße knapp 10 Minuten ostwärts, dann auf Steig 1 (etwas weniger steil als Steig 5) durch Wald hinunter zum Kaiserhof an einer Straßenkehre, dann teils auf der Straße, teils auf dem Waldsteig hinab zu den Wiesen und zurück nach St. Jakob; ab Wollbachalm 1 Std.

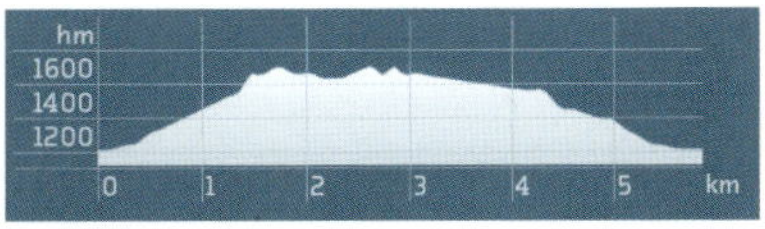

Die Hütte der Rötalm im gleichnamigen Hochtal

Bruggeralm und Rötalm im Ahrntal 2116 m

... und das einstige Kupferbergwerk

86

Orientierung und Schwierigkeit
Für etwas gehgewohnte Wanderer in jeder Hinsicht leicht und problemlos
Karten 1:50.000
Kompass, Blatt 82 (Tauferer-Ahrntal); Freytag-Berndt, Blatt 152 (Mayrhofen – Zillergrund – Ahrntal)

3 ½ Std. | 6,8 km | 540 Hm

Dies ist eine Wanderung, die uns in die Nähe stolzer Gletschergipfel bringt. Denn unser Hauptziel ist die am Weg zur Lenkjöchlhütte gelegene Rötalm im inneren Ahrntal, und von dort könnte man ein halbes Dutzend Dreitausender besteigen, angefangen von der Merbspitze im Westen bis zur fast 3500 Meter hohen Rötspitze im Osten.

Doch wir begnügen uns mit dem Anblick dieser hochalpinen Pracht, zu der sich, jenseits des Ahrntales, auch die Berge des Zillertaler Hauptkammes gesellen. Im unteren Teil des Anstiegs führt der Weg außerdem an Stollen des einstigen Kupferbergwerks vorbei, und unweit des Weges stürzt der 60 Meter hohe Wasserfall des Rötbaches zu Tal.

Wir nehmen nicht den kürzestmöglichen Weg zur Rötalm, sondern schlagen die lohnende Variante über die Bruggeralm ein. Dadurch ergibt sich einerseits eine schöne Runde und andererseits auch die Begehung eines kurzen, aber hübschen Höhenweges. So führt uns der Waldweg zuerst zur stattlichen,

An unserem Weg: die Bruggeralm im Ahrntal

am Rand einer ausgedehnten Wiesenrodung gelegenen Hütte der Bruggeralm, deren altes Dach jüngst erfreulicherweise wieder durch ein Schindeldach ersetzt wurde. Hier bietet sich Einkehrmöglichkeit und hier wird, wie auf anderen Ahrntaler Almen und auf der Rötalm auch, Almbutter und Graukäse bereitet.

Liegt die Bruggeralm noch unterhalb der Waldgrenze, so führt uns der Weiterweg allmählich in die baumfreie Almzone hinauf, und nach einem guten Stück ebener Hangquerung mit schönem Ausblick zu den Ahrntaler Bergen stehen wir unvermittelt vor der steinernen Hütte der Rötalm. Hier kann man einkehren und vielleicht auch der Sennerin beim Klöppeln oder dem Senner beim Holzschnitzen zusehen, und hier befinden wir uns auch am Rande der grünen, völlig ebenen Böden des prächtigen Röttales, auf denen an die 30 Rinder weiden.

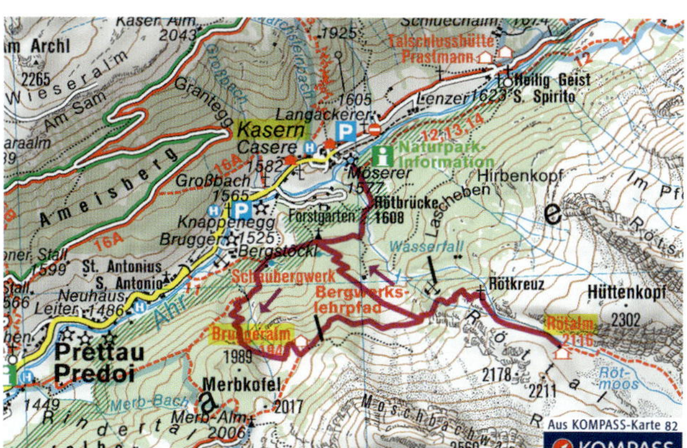

Wegverlauf: Von Kasern im Ahrntal (1595 m; am inneren Dorfrand großer Parkplatz) der Beschilderung »Rötalm« und der Markierung 11 folgend zuerst über den Talbach, jenseits am Hang leicht ansteigend talaus zur Brücke über den Rötbach, danach auf dem Weg 11 durch Wald hinauf bis zum rechts abzweigenden Weg zur Bruggeralm (Schild) und auf diesem, weiterhin durch Wald, hinauf zur Bruggeralm (1940 m; Einkehrmöglichkeit; ab Kasern gut 1 Std.). Nun der Beschilderung »Rötalm« folgend ostwärts zunächst noch durch Lärchenwald hinauf und dann oberhalb der Baumgrenze auf schönem Höhensteig teils leicht ansteigend, teils eben zur Rötalm (2116 m; Ausschank); ab Bruggeralm etwa 3/4 Std. Abstieg: Von der Almhütte auf Weg 11 kurz talaus zum Rötkreuz, teilweise über Steinstufen und an Bergwerksresten vorbei hinab zur oben genannten Weggabel und wie im Aufstieg zurück nach Kasern; ab Rötalm knapp 1 1/2 Std.

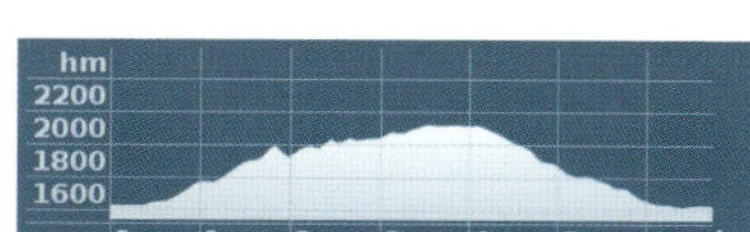

Die Knuttenalm im gleichnamigen Hochtal bei Rein

Durra-Alm und Knuttenalm 2096 m

Sonnige Rundwanderung von Rein aus

Das Dorf Rein im Tauferer-Ahrntal ist berühmt für seine einzigartige Hochgebirgsumrahmung mit ihren prächtigen Gletschern und Dreitausendern.

Aber das Gebiet ist auch reich an Almen und damit weniger hochalpinen Bildern, und in dieser Hinsicht bietet insbesondere das von Rein nordostwärts streichende Knuttental verschiedene Wandermöglichkeiten, von denen hier der Aufstieg zur Durra-Alm mit der Runde über die Knuttenalm vorgestellt sei.

Der von Rein geradewegs zur Durra-Alm ansteigende Fußweg, der teils durch lichte Bestände knorriger Zirben, teils durch Grashänge großteils nur mittelsteil und streckenweise sogar in ebener Hangquerung bergan führt, ist ein erstes schönes Erlebnis in einer von neuzeitlichen Eingriffen noch völlig verschont gebliebenen Landschaft.

Und das gilt dann erfreulicherweise auch für die Alm selbst; aber sie bietet dennoch Einkehrmöglichkeit und ist ein beliebtes Wanderziel in aussichtsreicher Lage hoch über dem unbesiedelten Knuttental.

87

Orientierung und Schwierigkeit
Für etwas berggewohnte Wanderer in jeder Hinsicht leicht und problemlos; zur Hälfte aber nur schmale Bergpfade

Karten 1:50.000
Kompass, Blatt 82 (Tauferer-Ahrntal); Freytag-Berndt, Blatt 152 (Mayrhofen – Zillergrund – Ahrntal)

2 ½ – 3 Std. | 7,2 km | 406 Hm

Die Durra-Alm bei Rein in Taufers

Für den Abstieg empfehle ich, wie gesagt, den »Umweg« über die Knuttenalm, wodurch unsere Wanderung zur geschlossenen Rundtour wird. Dabei ist der Steig von der Durra-Alm zur Knuttenalm landschaftlich noch schöner als der zurückgelegte Aufstieg zur ersten Alm, durchquert er doch fast ausschließlich zwar steile, aber herrliche Grashänge, über denen die unverwechselbare Felsgestalt der Gabelspitze in den Himmel ragt.

Am Ende des Steiges erwartet uns dann mit der großen Knuttenalm, die rund 200 Weiderechte umfasst, ein kleines Almdorf mit einer Reihe von Almhütten und darunter auch eine viel besuchte Almschenke.

Von der Knuttenalm kehren wir schließlich auf dem breiten Talweg nach Rein zurück, in gemütlicher Wanderung durch blühende Wiesen und begleitet vom rauschenden Bach.

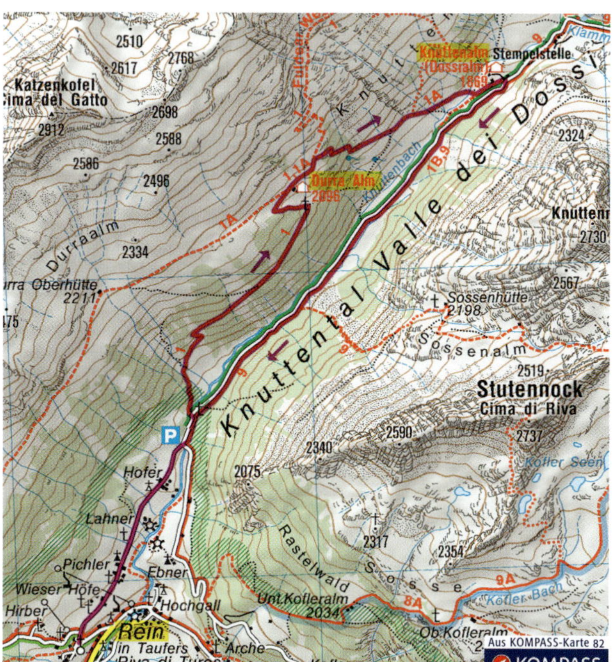

Wegverlauf: Vom großen Parkplatz 1,5 km hinter Rein in Taufers am Eingang ins Knuttental (1690 m) auf Steig 1 vom Talweg links ab (Wegweiser »Durra-Alm«), zuerst kurz durch freie Grashänge und dann durch Bergwald teils etwas steil, teils fast eben hinauf zu steilen Bergwiesen und zur Hütte der Durra-Alm (2096 m; Ausschank); ab Parkplatz 1 Std. Abstieg über die Knuttenalm: Auf Steig 1 A (gut markiert und beschildert) durch die freien Grashänge zuerst ein Stück nahezu eben, dann bald ziemlich stark absteigend und zuletzt kurz aufsteigend in knapp 3/4 Std. zum kleinen Almdorf der Knuttenalm (1869 m; Ausschank); von da schließlich teils auf dem ungeteerten Güterweg, teils abseits davon auf unmarkierten Pfaden, die meist neben dem Bach durch Grasgelände führen, in gemütlicher Wanderung talaus und zurück zum Parkplatz; ab Knuttenalm 1 Std., ab Durra-Alm knapp 2 Std.

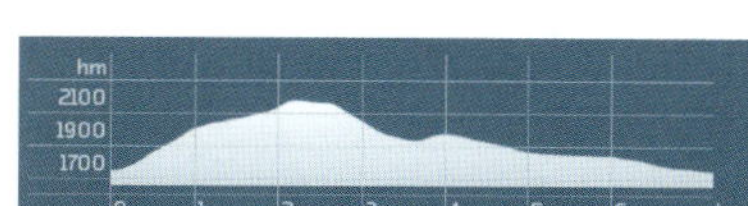

Unser Wanderziel bei Olang: Die Lanzwiese mit Almhütten und Weidevieh

Angereralm und Lanzwiesenalm 1823 m

Wanderung unter den Olanger Dolomiten

Den markanten Felsgestalten, die auf der Südseite des Olanger Beckens in den Himmel ragen und das kleine Gebirge der »Olanger Dolomiten« bilden, ist eine große Waldkuppe vorgelagert, und diese Kuppe, die den Namen Lanzwiesenkopf trägt, ist das Ziel unserer Wanderung, die wir unweit von Oberolang beginnen.

Vorbei an den einsamen Riedlerhöfen führt uns der Weg zunächst durch schönen Bergwald mittelsteil hinauf, doch schon bald tut sich plötzlich eine große Lichtung auf, und vor uns liegt die Wiesenrodung der Angereralm mit ihrer Almschenke am oberen Rand der waldumrahmten, sicher nicht selten von Rehen besuchten Wiesen.

Doch die Angereralm ist wohl ein hübscher Rastort, aber nicht die einzige Alm an dieser Waldkuppe und noch nicht unser eigentliches Ziel. Denn das liegt oben, nahe dem Höchstpunkt des Hügels. Auch dort ist, allerdings auf dem zu einem flachen Sattel absinkenden Südhang des Hügels, der Wald

88

Orientierung und Schwierigkeit
Für etwas gehgewohnte Wanderer leicht und problemlos

Karten 1:50.000
Kompass, Blatt 57 (Bruneck–Toblach); Freytag-Berndt, Blatt S 3 (Pustertal–Bruneck–Drei Zinnen)

3 ½ Std. | 7,3 km | 663 Hm

An unserem Weg liegt die Angereralm.

gerodet und es breitet sich die sogenannte Lanzwiese aus, ein sonniges Almgebiet, auf dem ein paar Dutzend Rinder weiden, die Almhütte Einkehrmöglichkeit bietet und die Lage mit dem Blick hinauf zu den senkrechten Felsen des Flatschkofels und des Maurerkopfes zum Verweilen einlädt.

Da erinnert man sich vielleicht auch der Sage vom Schatz, der am Fuß der Felsen verborgen liegt. Dort erschien nämlich einmal einem Hirtenmädchen eine in weiße Seide gekleidete, auf einer großen goldenen Glocke sitzende Jungfrau, die das Mädchen bat, sie um reichen Lohn zu erlösen. Doch die Erlösung gelang nicht, die Jungfrau verschwand weinend im Berg und mit ihr die Glocke, und noch heute hört man zuweilen das Klagen der Frau bis herüber zur Alm auf der Lanzwiese.

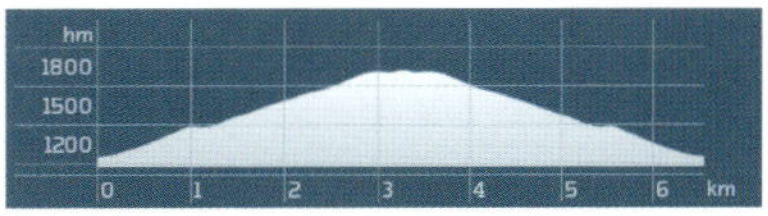

Wegverlauf: Anfahrt von Oberolang auf Höfezufahrt bis zu kleinem Parkplatz (ca. 1160 m) unterhalb der Riedlerhöfe. Von da nun der Markierung 6 A folgend auf mittelsteilem Fußweg in ½ Std. durch Wald hinauf zur Angereralm (1401 m; Ausschank) und auf dem Fußweg 6 A weiter durchwegs etwas steil und mehrmals breite Forstwege querend durch Wald empor; in 1680 m Höhe mündet unser Pfad in den von Mitterolang heraufkommenden Weg 6 ein, und dieser bringt uns weiterhin im Wald hinauf zur Lanzwiese mit ihren Almgebäuden (1823 m; Gaststätte); ab Ausgangspunkt knapp 2 Std.

Abstieg: Auf dem beschriebenen Anstiegsweg, 1½ Std.

Wanderziel von der Alm aus: Höhenweg zur Brunstalm (1898 m) – großteils schmaler Bergpfad, Markierung A, 2 Std.

Die Grünwaldalm, überragt vom Großen Jaufen

Grünwaldalm und Hochalm 2114 m

Zu den Almen im Westen des Pragser Wildsees

89

Orientierung und Schwierigkeit
Für gehgewohnte Wanderer leicht und problemlos
Karten 1:50.000
Kompass, Blatt 57 (Bruneck – Toblach); Freytag-Berndt, Blatt S 3 (Pustertal – Bruneck – Drei Zinnen)

3 ½ – 4 Std.	9,9 km	618 Hm

Unsere Wanderung beginnt am bekannten Pragser Wildsee, der in einen tiefen urweltlichen Bergtrichter gebettet ist und im Naturpark Prags-Sennes-Prags liegt.
Ein hübscher Spazierweg führt uns am Westufer des Sees entlang, bevor uns das einsame, von Lärchenwald umschlossene und von Felsbergen überragte Grünwaldtal aufnimmt.

Nach kaum einer Gehstunde lädt die gleichnamige Alm, die mit ihrer Hütte und der ausgedehnten Wiese im flachen Talboden liegt, zu einer ersten Rast und Einkehr ein. Dann geht es weiter durch das Grünwaldtal hinein zu einer kleinen alten Almrodung und hinauf zur Hochalm (oder Hochalpe) mit ihrem kleinen Hüttendorf und dem grünen, teilweise von Steilhängen umschlossenen Wiesenboden. Die Haupthütte bietet auch hier Einkehrmöglichkeit.

Das Weidegbiet der über hundert Rinder, die teils aus Enneberg, teils aus Olang stammen, umfasst natürlich nicht nur den genannten Grasboden, sondern breitet sich an den Südhängen der sogenannten Olanger Dolomiten aus.

Die Hochalm in den Pragser Dolomiten

Wegverlauf: Vom Parkplatz bzw. Hotel am Pragser Wildsee (1496 m; hierher zwischen Welsberg und Niederdorf abzweigende Straße) auf dem Waldweg 1 nahe dem Westufer hinein bis zum südlichen Ende des Sees und weiterhin auf dem breiten Weg (nun Mark. 19) durch Wald nur leicht ansteigend zur Grünwaldalm (1590 m; Ausschank; ab Ausgangspunkt ¾ Std.). Dann auf Weg 19 durch das Grünwaldtal nur sehr leicht ansteigend hinein zur Alten Kaser (1751 m) und auf dem weiterhin markierten Steig zunehmend steiler empor zur Hochalm (2114 m; Ausschank; ab Grünwaldalm gut 1½ Std.).
Der Abstieg erfolgt über den Aufstiegsweg in 1½ Std.

Der ladinische Name Fojedüra gründet sich darauf, dass die Alm gemeindemäßig zu Enneberg gehört. Zur Hochalm gehört auch der hübsche, westseitig ein Stück höher liegende Hochalpensee, während im Osten und Süden die imposanten Felsgestalten der Pragser Dolomiten aufragen. Und im Bereich der Lapaduresscharte, dem Übergang nach Olang, befindet sich das sagenumwobene Goldbrünndl, aus dem einst goldhaltiges Wasser floss, bis die Habgier der Hirten zum Versiegen der Quelle führte. So weiß es jedenfalls die Sage.

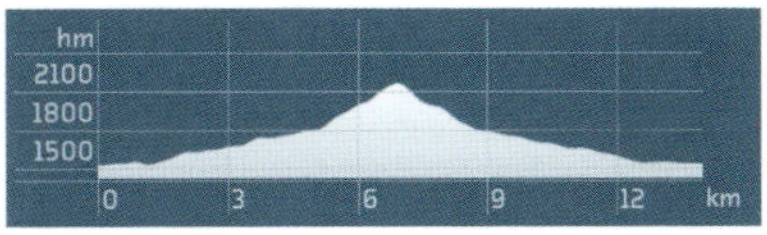

Auf der Grente-Alm in Antholz, darüber Magerstein und Hochgall

Zur Grente-Alm 2002 m

Rundtour hoch über Antholz-Mittertal

Von der Antholzer Talsohle bis hinauf zur Grente-Alm beträgt der Höhenunterschied rund viermal so viel wie von der Alm hinauf zur Berglinie, die den Horizont bildet. Und gerade das trägt stark dazu bei, dass diese Alm den Eindruck besonderer Höhe und Weltabgeschiedenheit erweckt. Hinzu kommt aber auch die Steilheit der Hänge, aus denen die Giebel der Hütten wie Schiffsbuge in den Himmel hinausragen.

Tatsächlich sind auch die alten Fußwege da hinauf steil, und wer Gelegenheit hat, der Heuernte auf den steilen Wiesen beizuwohnen, findet die Bestätigung für den oben geschilderten Eindruck.

Und doch, ganz so, wie es aussieht, ist es nicht. Denn für den, der nicht hastet, sind die Wege kein Problem, die Leute, die das Heu einbringen, sind an die Steilheit gewöhnt, und die Lage der Hütten, die zwei verschiedenen Bauern gehören und von denen eine auch Einkehrmöglichkeit bietet, ist nicht so extrem wie man von unten herauf vermutet. Jedenfalls schützt sie

90

Orientierung und Schwierigkeit
Für gehgewohnte Wanderer leicht und problemlos

Karten 1:50.000
Kompass, Blatt 57 (Bruneck – Toblach); Freytag-Berndt, Blatt S 3 (Pustertal – Bruneck – Drei Zinnen)

3 Std. | 4,4 km | 520 Hm

der oberhalb befindliche Wald vor Lawinen, und zumindest der Platz, auf dem die Hütten stehen, ist vollkommen eben.

Heueinbringung auf der Grente-Alm

Andererseits aber ist »die Gränte«, wie der Einheimische die Alm nennt, dank ihrer freien und hohen Lage ein herrlicher Aussichtspunkt, und wer keine rechte Vorstellung vom Aussehen des gesamten Antholzer Tales hat – von hier oben gewinnt er sie.

Hier oben kann man aber auch Einsicht gewinnen in die Herstellung und den Geschmack von Almbutter und Graukäse, und wer den Almleuten genau zuhört, erfährt, was die großblättrigen »Lòbbissn« sind, die den Mähern die Arbeitsfreude vergällen, aber gut zum Einwickeln der Butterknollen dienen.

Da im oberen Teil zwei Wege unabhängig voneinander zur Alm führen, lässt sich durch Begehung des einen im Aufstieg und des anderen im Abstieg eine hübsche Rundwanderung gestalten. Dabei führt uns der Abstieg auch über die Waldlichtung der ehemaligen Wiesenmannalm (mundartlich »Wissemannalbl«), wo es früher arg gegeistert haben soll.

Wegverlauf: Zunächst Anfahrt von einer Häusergruppe 500 m südlich von Antholz-Mittertal (1230 m), stets den Wegweisern »Rammelstein« bzw. »Grente« sowie der Markierung 6 folgend auf schmaler Höfestraße hinauf zum Wald und zu einem Naturparkplatz (1482 m; zu Fuß hierher knapp 1 Std.). Vom Parkplatz nun nicht auf der Forststraße weiter, sondern auf dem Fußweg 6 durch Wald gerade hinauf zu einer Wiese mit Hütte, nach kurzer Verfolgung eines Güterweges wieder auf dem Steig 6 hinauf zu den Grentewiesen und zu den Almhütten (2002 m; Ausschank); ab Ausgangspunkt gut 1½ Std.
Abstieg: Entweder auf dem Anstiegsweg oder, lohnender, auf folgender Route: Von den Hütten auf einem etwas weiter südlich beginnenden, aber ebenfalls mit Nr. 6 markierten Fußsteig durchwegs mittelsteil im Wald hinunter zu kleiner Lichtung mit Brünnl (ehem. Wiesenmannalm, 1725 m), weiter hinunter zu Forstweg und auf diesem (stets Mark. 6) in längerer Waldquerung nordwärts zurück zum Parkplatz; ab Alm knapp 1½ Std.

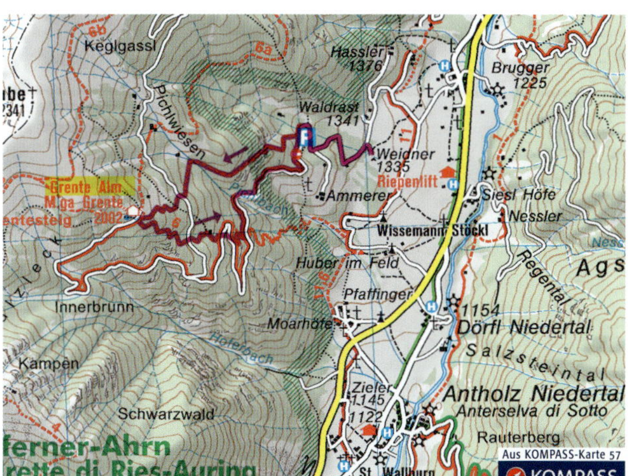

Die malerische Hütte der Kumpfleralm in Antholz

Zur Kumpfleralm 1653 m

Kurzwanderung auf der Antholzer Westseite

Genau westlich über dem Dorf Antholz-Mittertal liegt am westlichen Talhang in 1325 Meter Höhe der Klammerhof, und wiederum genau westlich über diesem und über einem sehr steilen Waldgürtel liegt die Kumpfleralm, die zum Klammerhof gehört, deren Name aber noch an ihre ehemalige Zugehörigkeit zum Kumpflerhof erinnert.

Ein noch älterer Name der heutigen Alm hingegen ist längst erloschen; er lautete Tasach- oder Tasergütl, und damit ist bereits gesagt, dass die Kumpfleralm einst ein ganzjährig bewohnter kleiner Bauernhof war, auf dem man, in rund 1650 Meter Höhe, sogar noch Getreide angebaut haben soll.

Nun wäre die Höhe von rund 1650 Meter Höhe nicht gerade extrem zu nennen, und auch die relative Höhe von 400 Höhenmeter über der Talsohle ist nicht gerade viel, aber in Antholz gibt es auch sonst keine Dauersiedlungen, sondern nur mehr Almen in dieser Höhenlage. Tatsache ist jedenfalls, dass das Tasachgütl schon vor Jahrhunderten in eine Alm umgewandelt wurde.

91

Orientierung und Schwierigkeit
In jeder Hinsicht leicht und problemlos
Karten 1:50.000
Kompass, Blatt 82 (Tauferer-Ahrntal);
Freytag-Berndt, Blatt S 3
(Pustertal – Bruneck – Drei Zinnen)

2 ½ Std.	6,6 km	412 Hm

Blüten der Königskerze auf der Kumpfleralm

Um 1950 erhielt die Kumpfleralm ein neues Almgebäude, doch in den vergangenen Jahren war sie verwaist und verlassen. Um so erfreulicher, dass nun wieder Leben eingezogen ist und dass mit der Almwirtschaft – man hat rund zwei Dutzend Stück Vieh hier – auch eine gute und gemütliche Almschenke verbunden ist, für die man sogar eigens die Stubentäfelung eines umgebauten Bauernhauses hierher übertragen hat. Und da die Alm, wie gesagt, auch nicht besonders hoch liegt, ist sie ein ideales Wanderziel für Leute ohne Gewaltmarsch-Ambitionen.

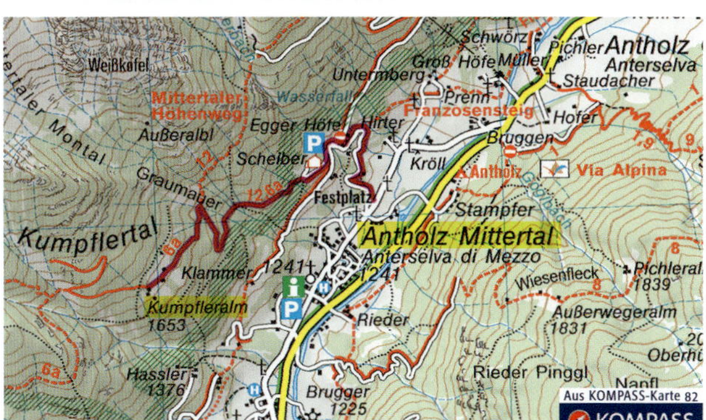

Wegverlauf: Von Antholz-Mittertal (1241 m) der Beschilderung Kumpfleralm folgend zuerst auf schmaler Höfestraße nordwärts hinauf zu einem kleinen Parkplatz nahe den Eggerhöfen im gleichnamigen Bachgraben (ca. 1350 m; hierher auch mit dem Auto möglich, ab da Fahrverbot), auf der Hofzufahrt durch die steilen Wiesen zur Rechtskehre nahe dem Scheiberhof und auf dem breiten Güterweg mäßig durch Wald ansteigend zur Kumpfleralm (1653 m; Ausschank); ab Ausgangspunkt knapp 1½ Std.
Abstieg: Auf dem beschriebenen Aufstiegsweg, 1 Std.

Die Brennhütte unweit der Schwörzalm mit dem gewaltigen Magerstein im Hintergrund

Zur Schwörzalm in Antholz 1658 m

Bekannte Alm unter dem mächtigen Magerstein

92

Orientierung und Schwierigkeit
Für etwas gehgewohnte Wanderer in jeder Hinsicht leicht und problemlos
Karten 1:50.000
Kompass, Blatt 82 (Tauferer-Ahrntal); Freytag-Berndt, Blatt S 3 (Pustertal – Bruneck – Drei Zinnen)

2 ½ – 3 Std. | 7,2 km | 417 Hm

Die Schwörzalm, die seit Kurzem auch Ausschank bietet, ist das Hauptziel unserer Wanderung.

Schon der Blick vom Tal hinauf weist die weit übers Land schauende Schwörzalm mit ihrer gemauerten Hütte und der hellgrünen, von dunkelgrünem Wald umrahmten Wiese unter der mächtigen Felswand des Magersteins als besonders hübsches Plätzchen aus.

Hat man dann den Aufstieg hinter sich, entpuppt sich die grüne Wiese, das sogenannte »Raut« (Rodung), zwar wirklich so steil, wie man vom Tal aus vermutet hat, aber dafür ist der Boden rund um die Hütte geräumig und schön eben.

Die nach wie vor zum Schwörzhof gehörige Alm war der Legende nach eine Zeitlang der Fluchtort des seligen Bischofs Hartmann von Brixen, als er von gottlosen Raubrittern verfolgt wurde; in einer kleinen Höhle unter einem Felsblock soll er sich verborgen gehalten haben, auf dem Felsblock selbst hinterließ er einen Fußabdruck, und wohl auch zwischen dem nahen

Die Hütte der Schwörzalm in Antholz

Goldbrünndl und dem heiligmäßigen Mann wird es irgendeinen geheimnisvollen Zusammenhang geben.

Die Schwörzalm ist aber nicht die einzige Alm hier oben. Denn jenseits des Baches liegen noch die Brennalm und die Bergeralm, auf welch letzterer es früher gegeistert haben soll.

Wer nun den nachfolgend beschriebenen Abstiegsweg einschlägt, lernt die beiden Almen aus nächster Nähe kennen. Man braucht nur auf dem breiten Güterweg die mächtigen Granitsteinhalden zu queren, die sich am Fuße des fast 3300 Meter hohen, gerade über uns aufragenden Magersteins abgelagert haben, und schon betritt man die kleine versteckte Welt der Brennalm und der etwas tiefer gelegenen Bergeralm, die zwar keine Almschenken, aber deshalb nicht weniger eindrucksvoll sind.

Hier traf ich erst jüngst noch die alten malerischen, zur Gänze in Holz errichteten Hütten, weidendes Vieh und einen alten Hirten an, mit dem ich bei vorzüglicher Almmilch und selbstgemachtem Käse lange plauderte und von dem ich viel über das Antholzer Almleben erfuhr, bevor ich mit leiser Wehmut Abschied nahm von dieser zauberhaften Idylle.

Wegverlauf: Von Antholz-Mittertal (1241 m) auf der alten Talstraße nordostwärts ca. 20 Minuten talein zu den Höfen Kröll und Berger (ca. 1300 m), dann auf Weg 4 in der bisherigen Richtung den Klamm- und Rauterbach querend hinein zu den steilen Waldhängen unter der Schwörzalm und durch sie im Zickzack steil, aber problemlos hinauf zur Hütte (1658 m; Ausschank); ab Ausgangspunkt 1½ Std.
Abstieg: Von der Schwörzalm auf breitem Güterweg nahezu eben den nahen Rauter- und Klammbach querend hinüber zur Wiese mit der Hütte der Brennalm, kurz hinunter zur Bergeralm (1623 m) und stets der Beschilderung »Antholz-Mittertal« folgend teils auf dem alten Fußweg, teils auf dem breiten Forstweg durch die Waldhänge hinunter zu den Bauernhöfen und zurück zum Ausgangspunkt; ab Schwörzalm gut 1 Std.

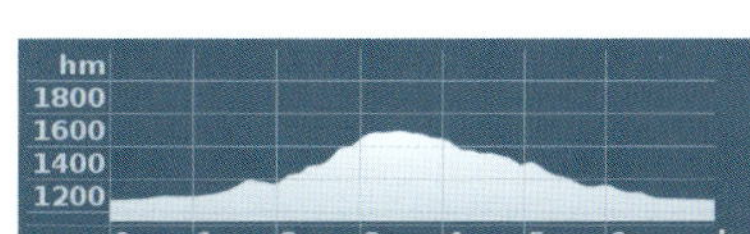

Die Steinzgeralm in der Bergflur Montal

Zur Steinzgeralm 1891 m

Wanderziel über dem Antholzer See

93

Orientierung und Schwierigkeit
Für etwas gehgewohnte Wanderer leicht und problemlos
Karten 1:50.000
Kompass, Blatt 82 (Tauferer-Ahrntal); Freytag-Berndt, Blatt S 3 (Pustertal – Bruneck – Drei Zinnen)

2 Std.	3,3 km	249 Hm

Bei diesem Wanderziel handelt es sich um eine noch im Waldbereich gelegene Almrodung östlich über dem Antholzer See. Die Alm, auf der rund 30 Stück Vieh, darunter fünf Milchkühe, gesömmert werden, gehört zum Steinzgerhof, einem der alten Antholzer Erbhöfe draußen in Antholz-Obertal.

Schöne Aussicht vor allem auf die gegenüberliegenden Hochgipfel der Rieserfernergruppe kennzeichnet die Alm, und die Haupthütte ist ein stattlicher Blockbau mit gemütlicher Einkehrmöglichkeit inmitten einer idyllischen, von Wald und Bergwiesen geprägten Naturlandschaft.

Ausgeschenkt wird hier schon lange, und die Alm gehört zu den beliebten Wanderzielen des Tales, was allerdings nicht verwundert. Denn sorgt einerseits schon der nahe Antholzer See für große Beliebtheit des ganzen Gebietes, so tut der relativ kurze Zugang zur Alm ein Übriges.

Die hier besprochene Steinzgeralm ist genau genommen nur die untere Alm, während ein gutes Stück höher am Berg

Unser Weg zur Steinzgeralm beginnt am Antholzer See.

die obere Alm liegt mit der 2076 Meter hoch gelegenen Oberhütte, einer einfachen Unterstandshütte; dort hält sich aber niemand mehr ständig auf und nach dem Vieh schauen die zwei Hütbuben, die ihren »Hauptwohnsitz« auf der unteren Alm haben.

So wie die Alm nach dem Hof genannt wird, zu dem sie heute gehört, so nannte man sie früher einmal Passleralm, weil sie eben jenem Bauern gehörte. Doch die ganze Gegend, das heißt das steile Waldtal, der Bach und das ausgedehnte Weidegebiet unter der Rotwand, trägt den viel älteren Namen Montal (gesprochen »Mòntol«), und das Gebiet gliedert sich in Vorder- und Hintermontal. So bestehen auch hier – wie auf mancher anderen Alm – der alte Gegendname und der jüngere Besitzername nebeneinander, und damit wird verständlich, warum die Karten für ein und dieselbe Alm zwei Namen führen.

Da die Alm zwei Zugänge hat, schlage ich nachfolgend den Aufstieg über den alten Fußweg vor und den Abstieg über den Forstweg und die Staller-Sattel-Straße, wodurch sich eine hübsche Rundwanderung ergibt; doch kann der bequeme Güterweg selbstverständlich auch für den Aufstieg benützt werden.

Wegverlauf: Vom Nordostende des Antholzer Sees (1642 m) kurz auf der Straße bergan, dann nahe der »Enzianhütte« (1650 m) rechts ab und der Markierung 7 folgend auf Serpentinenweg im steilen Wald südostwärts ziemlich gerade empor zur Alm (1891 m; Ausschank); knapp 1 Std.
Abstieg: Auf dem bequemen Forstweg nordostwärts leicht absteigend zur Staller-Sattel-Straße und auf dieser zurück zum Ausgangspunkt; ab Alm ¾ Std.
Alternativtour: Runde mit Einschluss des Staller Sattels möglich.

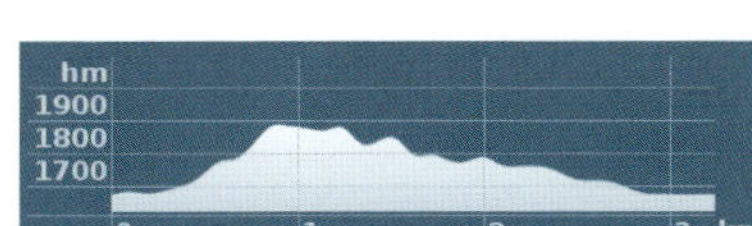

Die Taistner Vorderalm gegen die Dolomiten

Zur Taistner Vorderalm 1992 m

Vom Mudlerhof zum Fuß des Rudlhorns

94

Orientierung und Schwierigkeit
In jeder Hinsicht leicht und problemlos
Karten 1:50.000
Kompass, Blatt 57 (Bruneck – Toblach); Freytag-Berndt, Blatt S 3 (Pustertal – Bruneck – Drei Zinnen)

2 ½ Std. | 8,2 km | 408 Hm

Obwohl auf fast 2000 Meter Höhe gelegen, gehört die Taistner Vorderalm zu jenen Wanderzielen, deren Besuch sich auch schwächere Geher zutrauen dürfen, da sie von relativ hoch gelegenem Ausgangspunkt auf nur leicht ansteigendem Forstweg bequem zu erreichen ist.

Das Erlebnis des Almbesuchs beinhaltet zum einen den Reiz der schönen Nadelwälder, die man durchquert, zum anderen die schönen Ausblicke auf das Hochpustertal und zu den Pragser und Sextner Dolomiten. Und beim Aufstieg hat man meistenteils auch das Rudlhorn vor sich, das über der alten und der neueren Hütte der Taistner Vorderalm kühn und spitz in den Himmel sticht und der Bezeichnung »Horn« alle Ehre macht.

Schon wegen der genannten Höhenlage war die Taistner Vorderalm (die Taistner Hinteralm liegt ziemlich weit von ihr entfernt) in alter Zeit sicher nie ein ganzjährig bewirtschafteter Hof, aber nunmehr ist sie schon seit Jahren auch wintersüber

Die selten gewordene Bartflechte am Weg zur Taistner Vorderalm

die Wohnstätte einer Familie, die in dem neu errichteten Gebäude auch eine viel besuchte Almschenke betreibt.

So herrscht hier manchmal reger Wanderbetrieb, aber ansonsten sind Naturbelassenheit und Ruhe die Hauptelemente dieser Gegend hoch über Welsberg und Taisten; touristische Attraktivität muss eben nicht zwangsläufig mit Landschaftszerstörung einhergehen.

Wegverlauf: Anfahrt von Taisten im Pustertal (1203 m) auf asphaltierter Höfestraße durch Wiesenhänge hinauf zu den prächtig gelegenen Guggenberghöfen und großteils durch Wald weiter hinauf zum kleinen Parkplatz bald oberhalb des Mudlerhofes (Jausenstation, 1584 m). Von da nun zu Fuß auf dem breiten, für Pkw-Verkehr gesperrten Forstweg in durchwegs nur leicht ansteigender Wanderung durch die Waldhänge ohne jegliche Orientierungsprobleme hinauf zur Taistner Vorderalm (1992 m; Jausenstation); ab Mudlerhof knapp 1½ Std. Abstieg: Auf dem beschriebenen Aufstiegsweg in gut 1 Std.

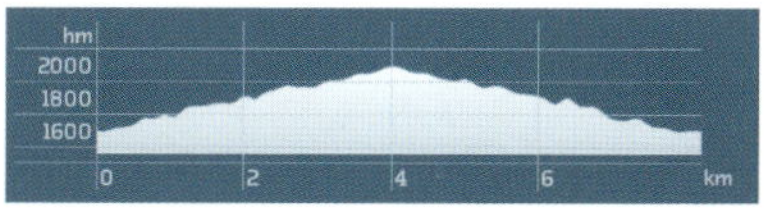

Die Hinterschuherhütte (auch Randlhütte), eine der malerischen Alm- und Einkehrhütten von Versell

Ins Hochtal von Versell 1942 m

Malerische Almen über dem äußeren Gsieser Tal

95

Orientierung und Schwierigkeit
Für etwas gehgewohnte Wanderer leicht und problemlos

Karten 1:50.000
Kompass, Blatt 57 (Bruneck – Toblach); Freytag-Berndt, Blatt S 3 (Pustertal – Bruneck – Drei Zinnen)

3 ½ Std. | 9 km | 666 Hm

So schmal, steil und dicht bewaldet mündet das Verselltal bei St. Martin ostseitig in das Gsieser Haupttal, dass man es kaum wahrnimmt. So war auch der alte, heute nur noch eher schlecht als recht begehbare Heuzieherweg wegen seiner Wildheit und Gefährlichkeit berüchtigt. Aber man muss nicht diesen steinschlaggefährdeten Pfad wählen, denn durch die felsigen Flanken steigt ein breiter Serpentinenweg an und führt zu den malerisch hintereinander aufgereihten Außerhütten, hinter denen das wirklich hornförmige Hörneggele auf der gegenüberliegenden Talseite spitz und keck in den Himmel ragt.

Dann nimmt das Tal mit seinem rauschenden Bergbach an Steilheit ab und der breite Weg erreicht schon bald die eigentlichen Almen.

Angesichts der Enge und Steilheit des unteren Talabschnitts ist man freudig überrascht über die ausgedehnten Almhänge im oberen Teil von Versell, und so teilen sich das ganze Gebiet denn auch ein halbes Dutzend Gsieser Bauern unter sich auf.

Weidevieh auf den Bergwiesen von Versell in Gsies

Jeder Bauer hat seine Almhütte, und zwei davon, der Hinterschuher und der Tolder, bieten in ihren großteils aus Holz erbauten Hütten auch Ausschank. Denn so schmal das Verselltal auch zwischen Hochstein und Hochhorn eingezwängt sein mag, die blühenden Almen, auf denen insgesamt noch immer an die 100 Stück Vieh weiden, werden von Einheimischen und Gästen gern besucht, und außerdem führen hier mit dem Gsieser Almenweg 2000 und dem Übergang nach Villgraten auch Routen von einer gewissen touristischen Bedeutung durch.

Aber die stattliche Zahl der aufgetriebenen Rinder zeigt, dass die Almwirtschaft hier durchaus noch Bedeutung hat, und wer das ganze Gebiet von Versell kennen lernen will, sollte es nicht bei der Einkehr in einer der Almschenken bewenden lassen, sondern auch noch ein Stück weiter bergan steigen.

Wegverlauf: Von der Kirche in St. Martin in Gsies (1276 m) auf dem breiten, nicht zu verfehlenden, durchwegs ziemlich steilen Forstweg (Mark. 44) zuerst in Kehren durch steilen, felsdurchsetzten Wald hinauf zu den Außerhütten (1640 m) und nun weniger steil weiterhin durch Wald talein zu den eigentlichen Almen, wo man im Aufstiegssinn links des Weges zuerst die Hinterschuherhütte (1862 m; Ausschank) und 10 Minuten weiter die Tolderhütte (1942 m; ebenfalls Ausschank; in manchen Karten auch »Stegele«) erreicht; ab Ausgangspunkt knapp 2 Std.
Abstieg: Auf dem Anstiegsweg (knapp 1½ Std.).

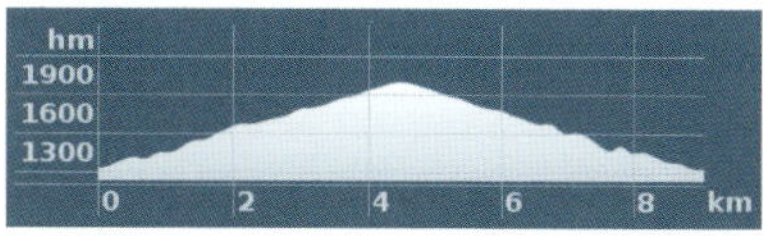

Die ausgedehnten Bergwiesen der Stumpfalm unter der Körlspitze

Stumpfalm und Kaseralm 2076 m

... und ein Stück Gsieser Almenweg 2000

96

Orientierung und Schwierigkeit
Für einigermaßen gehgewohnte Wanderer in jeder Hinsicht leicht und problemlos
Karten 1:50.000
Kompass, Blatt 57 (Bruneck – Toblach); Freytag-Berndt, Blatt S 3 (Pustertal – Bruneck – Drei Zinnen)

3 Std. | 9,9 km | 585 Hm

Für Almwanderungen eignet sich das Gsieser Tal ganz besonders gut, wo sich im Bereich oder knapp oberhalb der Waldgrenze rundherum die eine Alm an die andere reiht. Horizontal verlaufende Hirtenpfade verbanden schon immer viele dieser Almen miteinander, und heute kann man über den bekannten »Almenweg 2000« das ganze Gsieser Tal von Alm zu Alm wandernd umrunden.

Bei der hier vorgeschlagenen Wanderung berühren wir ein Stück des genannten Höhenweges und erleben so seine landschaftliche Schönheit, in erster Linie allerdings wollen wir zwei typische Gsieser Almen näher kennen lernen und in Form einer Rundtour erwandern.

Zuerst steigen wir in langer, aber bequemer Wanderung durch prächtige Nadelwälder zur bekannten Stumpfalm an, die mit ihren ausgedehnten Wiesenhängen und Hütten zu den schönsten Almen des Pustertals zählt und uns mit einer stattlichen Almschenke erwartet.

Die Kaseralm im warmen Sonnenlicht des späten Nachmittags

Dann durchqueren wir auf nahezu ebenem Weg die herrlichen Bergwiesen, die sich einerseits weit hangabwärts erstrecken, andererseits aber auch wie ein Amphitheater ziemlich weit ansteigen. Im Frühsommer sind diese Bergwiesen ein wahres Blütenmeer, und im Hochsommer werden sie, wie seit Jahrhunderten schon, fleißig gemäht und liefern viel erstklassiges Bergheu.

Nach der Durchquerung der Stumpfalm biegt unser Weg um einen kleinen Bergrücken herum, und wir treten ein in das kleine Reich der Kaseralm; mit der stattlichen Sennhütte macht sie ihrem Namen alle Ehre, denn »Kaser« heißt nichts anderes als Sennhütte. So steht denn hier auch weniger die Heuernte als die Weidewirtschaft im Vordergrund; Einkehrmöglichkeit gibt es freilich auch hier.

Nachdem wir so nun eine Mahd-Alm und eine Kaseralm durchwandert haben, steigen wir wieder talwärts und beenden dort, wo wir die Wanderung begonnen haben, unsere mehrstündige Rundtour, die einen guten Einblick in die Gsieser Almenwelt gewährt und zugleich auch durch eine herrliche Naturlandschaft geführt hat.

Wegverlauf: Von St. Magdalena in Gsies bzw. von den etwas dahinter liegenden Bruggerhöfen (1482 m; verschiedene Wegweiser) stets der Markierung 47 und der Beschilderung »Stumpfalm« folgend zuerst kurz auf einem Asphaltsträßchen und dann auf ungeteertem Forstweg nur leicht ansteigend in weiten Kehren durch ausgedehnte Waldhänge hinauf zur hübsch gelegenen Hütte der Stumpfalm (2000 m; Ausschank); ab Ausgangspunkt 1½ Std. Nun links auf dem nicht zu verfehlenden breiten Almgüterweg die schönen Bergwiesen und die Almhänge in kaum merklicher Steigung querend nordwärts zur Kaseralm (2076 m; Ausschank; ab Stumpfalm etwa 20 Min.), von da auf querendem Hangsteig hinein ins Pfoital und durch dieses (Mark. 13) bald durch Wald hinunter zum Ausgangspunkt; ab Kaseralm gut 1 Std.

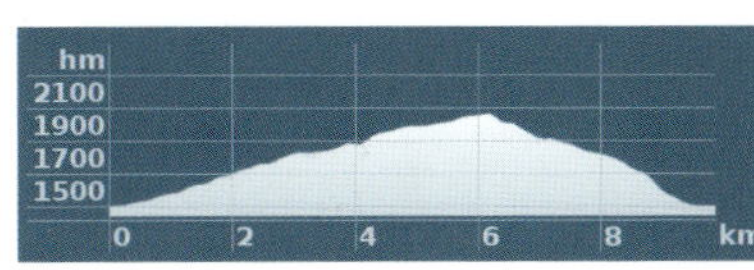

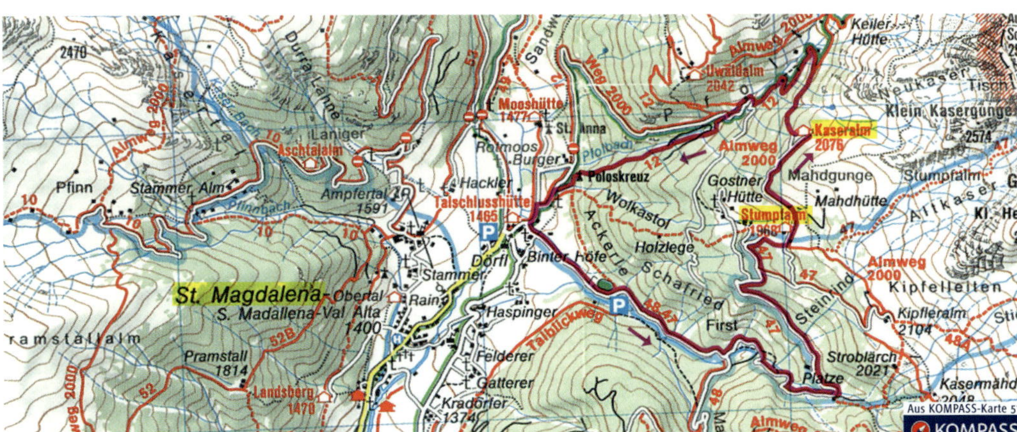

Die Hütten der Uwaldalm hoch über dem innersten Gsieser Tal

Über die Pfoialm zur Uwaldalm 2042 m

Wanderung über dem Gsieser Talschluss

Wie ein besonders schön gelegener Paarhof stehen die beiden Gebäude der Uwaldalm (gesprochen wird »Uwòld« mit Zweitsilbenbetonung) hoch oben über St. Magdalena in Gsies und lassen schon vom Tal aus die Aussicht erahnen, die man von dort oben genießt, und die umfasst tatsächlich mehr oder weniger das gesamte Gsieser Tal.

Hier kann natürlich nicht näher auf den seltsamen Namen der Alm eingegangen werden, nur soviel sei gesagt, dass wir in Karten und Urkunden so unterschiedliche Schreibungen wie Nuwald, Uhwald, Uhrwald und Urwald, aber auch Klasterhütte, Klanst und Klasten (so schon im Atlas Tyrolensis von 1774) antreffen; und gesprochen wurde früher angeblich auch »Noiwald«.

Man hat in den letzten Jahren auf der Uwaldalm so manches erneuert, auch Einkehrmöglichkeit gibt es, und für die Besteiger der Hochkreuzspitze erfüllt die Alm, die rund drei Dutzend Rindern Weidemöglichkeit bietet, auch ein wenig die Funktion einer Schutzhütte.

97

Orientierung und Schwierigkeit
Für etwas gehgewohnte Wanderer leicht und problemlos

Karten 1:50.000
Kompass, Blatt 57 (Bruneck – Toblach); Freytag-Berndt, Blatt S 3 (Pustertal – Bruneck – Drei Zinnen)

3 ½ Std. | 8,3 km | 644 Hm

Heuernte auf den Pfoialmen

Als Zugänge besitzt die Alm zwei Hauptwege: den alten Fußweg und den neueren Güterweg. Kombiniert man beide, ergibt sich eine hübsche Rundwanderung.

Aber es gibt noch einen Weg, den man zu einer Rundwanderung heranziehen kann, nämlich den außerordentlich hübschen, im Sommer durch blühende Hänge führenden Höhensteig, der über die Almen im Pfoital zur Uwaldalm führt.

Diesen Weg schlage ich für den Aufstieg vor, mag er auch länger sein als der direkt zur Uwaldalm führende Hauptweg. Denn der Besuch des weiten Almbeckens des Pfoitales mit seinen Hütten, den schönen Bergwiesen und dem Vieh auf der Weide – das alles ist ein landschaftliches, aber auch almkundliches Erlebnis für sich. Und wer gerade zur rechten Zeit da vorbeikommt, erlebt auch die hochsommerliche Heumahd.

Schließlich draußen auf der Uwaldalm angelangt, genießt man dann mehr die Aussicht und Einkehrmöglichkeit als die Alm an sich. Hier hat man jedenfalls das Wanderziel erreicht und kann dann frei entscheiden, ob man für den Abstieg den bequemen Güterweg oder den steileren Fußweg wählt.

Wegverlauf: Von der Talschlusshütte kurz nach St. Magdalena in Gsies (1465 m; Parkplatz) rechts über den Bach und auf Hofzufahrt ein Stück hinein gegen den Burgerhof bis zum rechts abzweigenden Weg 12/13, nun auf diesem mittelsteil im Pfoital durch Wald hinauf zu Weggabel, hier den links zur Uwaldalm abzweigenden Weg unberücksichtigt lassen und auf Weg 13 weiter durch das Pfoital hinauf zu den Wiesen und bis unter die Keilerhütte (ca. 2050 m), hier links ab und auf querendem Almweg durch die Grashänge nur leicht ansteigend hinaus zur Uwaldalm (2042 m; Ausschank); gut 2 Std.

Abstieg: Entweder zur Gänze auf dem breiten und bequemen, aber ziemlich langen Forstweg oder auf dem alten, kürzeren, aber steileren Fußweg (Mark. 12), der im unteren Teil mit dem Aufstiegsweg identisch ist; ab Uwaldalm 1–1½ Std.

Gipfelwanderung von der Alm aus: Hochkreuzspitze (2740 m; Steig 12, nicht schwierige Gipfeltour).

Die Silvesteralm im gleichnamigen Hochtal nordöstlich von Toblach

Zur Silvesteralm 1800 m

Weidegebiet mit kostbarem Höhenkirchlein

98

Orientierung und Schwierigkeit
In jeder Hinsicht leicht und problemlos; auch für Familien und schwächere Geher geeignet
Karten 1:50.000
Kompass, Blatt 57 (Bruneck – Toblach); Freytag-Berndt, Blatt S 3 (Pustertal – Bruneck – Drei Zinnen)

2 ½ Std. | 8,4 km | 208 Hm

Von Toblach zieht das Silvestertal nordostwärts hinauf gegen das bekannte Toblacher Pfannhorn, dreht am Fuß des Bergaufbaus aber nach Osten ab, dreht sich dann, nunmehr als Blankental, wieder nordwärts und wendet sich schließlich noch einmal kurz nach Osten.

In diesem einsamen, gewundenen Hochtal liegt nun unser Wanderziel, die Silvesteralm, in 1800 Meter Höhe und damit noch unterhalb der natürlichen Waldgrenze. Aber im unmittelbaren Bereich der Almhütte, mit der ein Ausschank verbunden ist, und dann auch im bergwärts leicht ansteigenden Blankental ist der Wald teilweise in Wiesen und Weiden umgewandelt worden, und noch höher oben breiten sich dann ohnehin die natürlichen Bergweiden aus, auf denen man im Hochsommer beachtliche Herden antreffen kann.

Der Weg zur Silvesteralm ist ein Weg für Gemütliche. Denn erstens beginnt er im Weiler Kandellen relativ hoch und zweitens steigt er durchwegs nur leicht an. Demnach handelt es

Weidevieh auf der Silvesteralm

sich um einen angenehmen Gang durch das waldreiche Silvestertal neben dem rauschenden Silvesterbach hinauf zur Almhütte, die der Nachmittagssonne zugewandt ist.

So kann es durchaus sein, dass sich nach dem Aufstieg die Müdigkeit noch in Grenzen hält und man nach einem zusätzlichen Kurzwanderziel sucht. Und da bietet sich nun der lohnende Abstecher zum Silvesterkirchlein an, das in kaum halbstündigem Aufstieg unschwierig erreichbar ist. Das mit gotischen Fresken ausgeschmückte Kirchlein in 1912 Meter Höhe gehört zu den wertvollsten Höhenheiligtümern Südtirols, und es ist der höchstgelegene Standort im Lande, den man dem Schutzpatron für das Weidevieh ausgesucht hat. Silvestertal, Silvesteralm und Silvesterkirchlein bilden so etwas wie eine unzertrennliche Einheit, die auch als solche kennen gelernt sein will.

Wegverlauf: Zur Silvesteralm (1800 m): Zunächst Anfahrt von Toblach auf der Autostraße durch das Silvestertal und an Wahlen vorbei nordostwärts hinauf zum sogenannten Stofferhaus (1391 m) und hier bei der Straßenteilung rechts weiter zu einem Parkplatz unter dem Schönegger-Hof (»Schönegger-Säge«, ca. 1520 m; zu Fuß hierher 1½ Std.). Von da nun zu Fuß meist in Bachnähe auf dem Güterweg (Mark. 1 B) durch das waldreiche Silvestertal in großteils nur leichtem Anstieg zuerst ostwärts und zuletzt nordostwärts hinauf zu Bachbrücke und rechts kurz hinaus zur Alm (1800 m; Ausschank); ab Parkplatz 1½ Std. Abstieg: Wie Aufstieg; gut 1 Std.

Wanderziel von der Hütte aus: Abstecher zum Silvesterkirchlein (1912 m) – von der Almhütte auf dem breiten Weg 1A nahezu eben kurz südwärts zum Silvestersattel (1805 m) und auf kleinem Steig nordwärts über eine Waldschneise empor zum Kirchlein (meist offen); ab Alm knapp ½ Std.

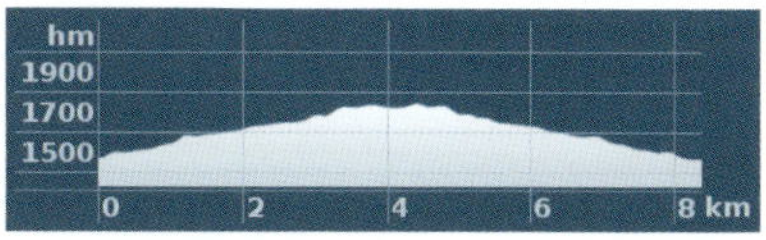

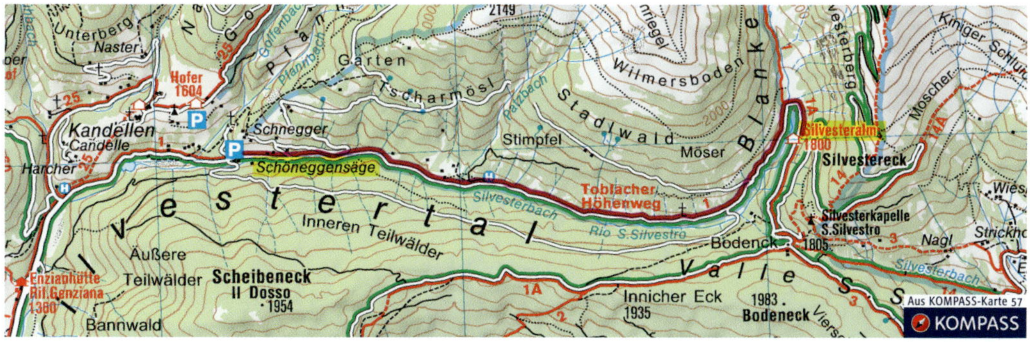

Die Klammbachalm in Sexten mit ihren ausgedehnten Weideflächen

Von Sexten-Moos zur Klammbachalm 1944 m

Auf breitem Forstweg zum beliebten Ziel

99

Orientierung und Schwierigkeit
In jeder Hinsicht leichte Wanderung auf bequemen Wegen
Karten 1:50.000
Kompass, Blatt 58 (Sextener Dolomiten); Freytag-Berndt, Blatt S 10 (Sextener Dolomiten – Ampezzo – Marmarole)

3 ½ Std. | 11,5 km | 607 Hm

Wie die etwas weiter südlich gelegene Nemesalm, liegt auch die Klammbachalm auf der grünen Ostseite des Sextentales, und mag sie auch etwas kleiner und geschichtlich etwas weniger bedeutend sein als jene, so bietet sie dafür einen noch schöneren Einblick in die Bergwelt der Sextner Dolomiten.

Das gilt für die in Holz errichtete Almhütte, die auch gemütliche Gaststätte ist, und es gilt ganz besonders für eine der Hütte vorgelagerte Wiesenkuppe, auf der sich auch das Weidevieh besonders gern aufhält, oder besser gesagt, ein Teil des Almviehs; denn insgesamt beherbergt die Klammbachalm im Sommer immerhin an die 250 Stück, und die versammeln sich natürlich nicht alle auf der genannten Kuppe, sondern verteilen sich über die gesamten Hochweiden, die sich an den nur mäßig steilen, unbewaldeten Berghängen ausbreiten.